中国文化遗产研究院 文物保护科技系列·2021年

大河村遗址仰韶文化房基保护修复研究

中国文化遗产研究院
郑州市大河村考古遗址公园　著
孙　延　忠／胡　继　忠

文物出版社

图书在版编目（CIP）数据

大河村遗址仰韶文化房基保护修复研究／孙延忠，胡继忠著．—北京：文物出版社，2021.10
ISBN 978－7－5010－7188－3

Ⅰ.①大… Ⅱ.①孙…②胡… Ⅲ.①大河村（考古地名）－仰韶文化－建筑群组合－文物保护－研究报告②大河村（考古地名）－仰韶文化－建筑群组合－修复－研究报告 Ⅳ.①K878.34②TU746.3

中国版本图书馆 CIP 数据核字（2021）第 155311 号

大河村遗址仰韶文化房基保护修复研究

著　　者：孙延忠　胡继忠

责任编辑：李　睿
封面设计：王文娴
责任印制：陈　杰

出版发行：文物出版社
社　　址：北京市东城区东直门内北小街 2 号楼
邮　　编：100007
网　　址：www.wenwu.com
经　　销：新华书店
印　　刷：宝蕾元仁浩（天津）印刷有限公司
开　　本：889mm×1194mm　1/16
印　　张：13.5
版　　次：2021 年 10 月第 1 版
印　　次：2021 年 10 月第 1 次印刷
书　　号：ISBN 978－7－5010－7188－3
定　　价：228.00 元

本书版权独家所有，非经授权，不得复制翻印

目录 CONTENTS

序言

前言

第一部分　考古篇
PART 01

第一章　大河村遗址概况 02

第一节　遗址地理位置 02

第二节　遗址发掘历程 02

第三节　遗址保护历程 05

第四节　遗址基本情况 07

第五节　遗址仰韶文化房基时代特征 12

第六节　遗址价值评估 38

第二部分　勘察篇
PART 02

第二章　大河村遗址场地岩土勘察 44

第一节　遗址场地条件 44

第二节　遗址场地震效应评价 52

第三节　遗址岩土工程分析评价 54

第四节　遗址区域气候条件 55

第三章　仰韶文化房基（F1-F9）本体勘察 56

第一节　房基保存现状 56

第二节　房基建筑特征 69

第三节　房基建筑材料及工艺 71

第四节　房基病害类型与病因分析 85

第三部分　设计篇

PART 03

第四章　仰韶文化房基（F1-F9）保护加固方案 100

第一节　房基保护目的及原则 100
第二节　房基保护加固方案 101
第三节　房基保存环境监测方案 104

第四部分　施工篇

PART 04

第五章　仰韶文化房基（F1-F9）保护修复 108

第一节　房基表面清洁 108
第二节　房基墙体坍塌及掏蚀区域修补加固 110
第三节　房基墙体红烧土块归位粘结加固 114
第四节　房基墙体空鼓及剥离等灌浆加固 120
第五节　房基墙体裂隙修补加固 123
第六节　房基墙体红烧土无损排盐处理 126
第七节　房基墙体红烧土酥碱粉化渗透加固 129
第八节　房基窖穴的保护加固 135
第九节　房基烧火台及柱洞的保护加固 137
第十节　房基保护加固修复效果 140

第六章　房基数字化信息留取 146

第一节　数据采集方案 146
第二节　数据采集 150
第三节　数据处理 152
第四节　扫描成果 159

第七章　工程组织与管理 163

第一节　工程准备阶段管理 163
第二节　保护工程施工现场管理 168
第三节　施工资料保护修复档案 175

第八章　房基预防性保护建议 177

第五部分 总结篇

PART 05

第九章　房基（F1-F9）保护工程总结　182

附　件　房基 F1-F4 保护修复档案表　184

参考文献　206

序言

郑州大河村遗址是一处非常重要的仰韶文化大型聚落遗址，是仰韶先民在这里生产、生活2400多年创造并遗存至今的重要文化遗产。它不仅是中原地区仰韶文化的典型代表，也是具有世界意义的大型远古遗迹。特别是其中发现的仰韶文化房基，距今已有5000多年，是我国也是世界上迄今为止发现的年代久远且保存完好的史前居住建筑遗迹，对中国古代建筑史的研究、当时社会的组织结构以及婚姻、家庭发展状况等领域的科学研究都能提供实证。据研究，大河村仰韶文化房基为典型的"木骨整塑"陶房建筑形式，采用黏土泥料筑成墙壁、居住面、屋内设施等，用火烧烤之后整体达到陶化程度；房基红烧土是目前发现的最早人工制造的建筑材料，它的出现标志着中国建筑材料的第一次革命，在世界建筑材料史上也占有重要的地位。

本书作者主要从事岩土类文物材料工艺分析、病害机理分析、保护技术研究、保护工程实施等工作，长期工作在文物保护第一线，在遵循传统保护理念的基础上，深入思考，积极探索，不断研究新技术、新材料，并将其应用于文物保护实践中，取得了较好的成果。作者致力于将课题研究与工程项目相结合，坚持以工程项目需求引领科研方向，以科研成果带动保护工程实施。《大河村遗址仰韶文化房基保护修复研究》一书是作者将"大河村遗址仰韶文化房基保护修复项目"的保护成果和"水硬性石灰在土遗址保护加固修复中应用研究"的课题研究成果相结合的重要产物。"大河村遗址仰韶文化房基保护修复项目"是我院承担的设计施工一体化保护工程项目，科学研究贯穿于工程项目实施的全过程，并将所取得的科研成果应用到保护工程项目中，取得了较好的保护修复效果。此外，"大河村遗址仰韶文化房基（F1–F9）保护加固修复工程"还荣获了中国文化遗产研究院优秀工程项目二等奖。此书针对大河村遗址仰韶文化房基红烧土典型特性，从仰韶文化房基的价值评估、建造形制、建筑材料工艺分析、病害调查与分析、保护材料及工艺研究、保护方案设计、保护工程实施、保护效果跟踪监测与评估、数字化信息留存、保护工程管理等方面进行系统总结研究，借助课题研究成果，初步总结出土遗址清洁、脱盐、灌浆、修补、加固等保护材料及工艺流程与步骤。保护工程的开展，保存和延续了房基真实的历史信息和价值，为遗址的科学保存提供了重要的保障。

  大河村仰韶文化房基的保护是目前国内实施并完成的一项重要的红烧土类遗址的保护修复项目，本书比较系统地介绍了整个保护修复工作中的相关研究与探索、改进与创新、对保护修复理念和保护原则的践行、多学科融合解决技术难题的方式以及保护材料和保护工艺等的研究成果，希望本书的出版能够对同类型红烧土遗址和相似土遗址的保护提供一些参考、借鉴。

2021 年 6 月

前言

郑州大河村遗址是我国20世纪70年代最重要的考古发现之一，其中仰韶文化房基是我国迄今为止发现的保存最完好的史前居住基址，代表性房基（F1-F9）是一组多间相连的长方形房屋建筑群。遗址房基墙体为红烧土，系典型的"木骨整塑"陶房建筑形式，采用黏土泥料筑成墙壁、居住面、屋内设施等，用火烧烤之后整体达到陶化程度。遗址房基内部结构完整，布局清晰，尤其是房基F1～F4保存完好，仍保留有完整的平面布局和1米多高的墙壁，其格局奠定了中国北方传统民居建筑的基本形制。红烧土是目前发现的第一种人工制造的建筑材料，它的出现标志着中国建筑材料的第一次革命，在世界建筑材料史上也占有重要的地位。仰韶文化房基是距今5000多年前人类活动的产物和历史信息的载体，具有历史、艺术和科学价值，为今后对中国古代建筑史、探讨当时社会的组织结构以及婚姻、家庭发展状况等领域的科学研究都能提供实证。

大河村遗址房基（F1-F9）考古发掘后搭建了保护房和陈列室进行原址展示，房基未进行系统保护，导致墙体劣化严重，存在红烧土坍塌、碎裂、开裂、剥离、脱落、酥碱粉化、掏蚀等病害，这些病害不仅影响房基的完整性、稳定性、安全性和艺术性，且仍有继续发展的趋势，严重影响房基的长期保存和展示。房基（F1-F9）本体保护工程前期结合物理、化学、生物、地质、测绘等学科对房基建筑材料、工艺、病害特征、病害机理及病害危害性进行分析、检测与评估；针对房基现存病害，综合文物保护、材料、物理及化学等学科力量开展红烧土保护关键技术研究，并在实验室和现场进行保护加固材料、技术及工艺筛选试验等，通过保护效果评估选出了加固效果好、兼容性强且适应现场保存环境的保护材料和工艺。

房基保护的目的是清除和治理现存病害，采用物理和化学等科学技术手段保护加固墙体红烧土，保证房基的安全性和稳定性，最大限度地将房基所赋存的历史信息留给后人。房基保护坚持以现状保护为前提，以不改变房基的现状为原则，同时在保护工程实施过程中，不允许对房基造成新的破坏和影响。保护工程要始终坚持最小干预原则、可再处理原则、再现房基历史价值与艺术价值原则、可辨识性原则、稳定性原则等。

房基保护修复工程属设计施工一体化科研施工项目，落实"动态设计、信息化施工"的全新理念，将施工与科学研究紧密结合，多学科参与，将科学研究工作始终贯穿于项目实施的全过程。保护遵循最小干预、传统材料兼容性和耐久性原则，坚持先试验后施工、专家顾问组全过程监督指导的政策，保证技术要求、工程目标及工程质量得到最大化的实现；保护工程保存和延续了房基真实的历史信息和价值。房基保护工程将保护修复理念与原则合理运用，多学科融合，切实解决技术难题，总结了红烧土遗址保护修复技术规程，并培养了地方人才，其保护模式及保护成果为相似红烧土遗址的保护修复提供了借鉴。

大河村遗址仰韶文化房基保护工程历时近一年的时间，经过设计单位、监理单位、建设单位、施工单位共同努力完成所有保护内容，达到了施工组织设计中安全、进度、质量等目标，工程资料准备齐全，工程质量与修复效果达到了设计目标和要求。房基的保护修复保证了其真实性、完整性和艺术性，保存和延续了真实的历史信息和价值，极大便利了房基的展示利用，为公众提供了相对真实的观览体验，对大河村遗址的历史、艺术、科学价值的长期保存与展示具有重要意义。

PART
01

第一部分

考古篇

大河村遗址仰韶文化房基保护修复
研究

第一章
大河村遗址概况

第一节　遗址地理位置

郑州市大河村遗址地处西南浅山区与豫东大平原接壤地带，地势平坦且低洼，距古代的莆田泽较近。遗址位于郑州市东北郊，南距郑州市区6公里，北距贾鲁河2.5公里，距黄河7.5公里，地理坐标为东经113°41′38.27″、北纬34°50′37.19″。西北距西山遗址20公里，西距后庄王遗址15公里，距点军台遗址25公里，距青台遗址28公里，距秦王寨遗址32公里。如图1.1所示。

大河村遗址位于连霍高速与中州大道交叉口东南约1千米处的漫坡土岗上，因岗上盛产棉花，当地群众称之为"花岗"。该土岗呈西南-东北走向，南、北两面坡度较大。遗址高出地面约3米左右，平面呈椭圆形，东西长790米，南北宽670米，面积约53万平方米。

第二节　遗址发掘历程

1. 遗址发现

1964年秋，当地杨槐村农民在遗址的西半部进行农业生产时，发现1座唐墓，并将出土遗物铜镜等交给文物部门。当时，郑州市博物馆立即派人到现场进行调查，发现地面上散落着大量的红烧土块、陶片、石器、骨器和蚌器等遗物。据此，初步判断这里是一处包含有仰韶文化的新石器时代遗址。

1972年春，郑州市博物馆又派人进行复查，发现遗址的东半部最高处因平整土地被破坏，约被平去0.8-1.2米。当时刚平整过的地面上散存的遗物更为丰富，其中最为引人注目的是大量红烧土块，多数红烧土块上有清晰的木柱、横木和芦苇痕迹；另外，还有丰富的白衣彩陶，这在同类遗址中较为罕见。经上级有关部门批准，于同年10月进行了试掘。

图1.1 大河村遗址地理位置

2. 遗址发掘历程

大河村遗址的发掘工作大体可分为2个阶段，先后进行了26次考古发掘。

第一阶段：自1972年10月至1987年11月，历时15年，经两次系统的文物钻探，初步探明了遗址的分布范围、主要遗迹的分布情况和文化层的堆积厚度。在此基础上根据地形、地貌和耕地边界将遗址区划分为五区，并连续进行了21次科学考古发掘，揭露面积约5000平方米。

（1）1972年10月，在遗址西部I区最高处且红烧土集中的地方，揭露面积约110平方米。除出土一批仰韶文化、龙山文化的遗物外，还发现了一些房基、灰坑及瓮棺，其中房基F1的北墙保存1米多高。为防止房基被冻坏风化，于同年11月19日停工。

（2）1973年3月~7月，继续清理F1-F4的南半部及其他遗迹，共揭露面积355平方米。清理出房基11座、灰坑20多个，墓葬20余座，并出土一批重要遗物。

（3）1973年10月~1975年10月，又连续进行了5次发掘，共揭露面积1000多平方米。因为地下水位较高或有重要遗迹需要保护，发掘深度都在1~2.5米，清理房基11座、灰坑55个、土坑墓33座、瓮棺葬46座，并出土了一批仰韶文化和龙山文化时期的遗物。

（4）1977年4月~6月，揭露面积50多平方米，发现房基1座、灰坑20个、土坑墓13座、瓮棺葬2座，并出土一批仰韶文化第二期至龙山文化早期的遗物。

（5）1978年3月~1979年7月，揭露面积740多平方米。发现房基5座、灰坑41个、土坑墓53座、瓮棺葬48座，出土一批仰韶文化和龙山文化时期的遗物。

（6）1980年3月，揭露面积337多平方米。发现房基5座、灰坑2个，出土一批仰韶文化时期的遗物。

（7）1981年3月~4月，为解决遗址地层堆积和早期文化内涵问题，揭露面积400多平方米，出土了一批仰韶文化早期的遗物。

（8）1981年10月~1982年4月，两次发掘共揭露面积250多平方米。清理出一批房基、灰坑、墓葬和遗物，出土一批仰韶文化和龙山文化时期的遗物。

（9）1982年9月~10月，配合遗址出土文物陈列室的基建工程，揭露面积200多平方米。发现房基2座、灰坑14个、土坑墓13座、瓮棺葬2座，出土一批遗物。

（10）1983年11月~1984年1月，配合当地群众农业生产和遗址的基建工程，共揭露面积486平方米。发现房基5座、灰坑22个、土坑墓25座、瓮棺葬17座，出土一批仰韶文化、龙山文化和二里头文化时期的遗物。

（11）1984年11月~1985年1月，揭露面积561平方米，出土一批仰韶文化和龙山文化时期的遗物。

（12）1985年3月~5月，地表共揭露961平方米，发掘深度为12.5米，分26个自然层，最下层发掘面积为64平方米。包括仰韶、龙山、二里头和商文化遗存，解决了大河村遗址考古发掘的地层问题，出土了一批珍贵的仰韶文化早期遗物。

（13）1987年11月，配合遗址文物库房基建工程，共揭露面积249平方米。发现灰坑47个、土坑墓5座、灰沟1条，并出土一批仰韶文化、龙山文化和商代文化遗物。

第二阶段：为配合博物馆场馆升级改造和大河村考古遗址公园建设，分别进行了5次考古发掘。

（1）2010年3月~4月，配合遗迹厅保护房建设，布置探沟三条，发掘面积60平方米。发现灰坑19个、土坑墓5座，并出土一批仰韶文化和龙山文化时期的遗物。

（2）2011年6月~9月，配合博物馆遗迹厅保护房建设，布置探方16个，发掘面积950平方米。发现房基8座，土坑墓22座，瓮棺墓18座，灰坑122个，灰沟3条，灶址一处，同时出土有大量的仰韶文化和龙山文化时期的遗物。

（3）2014年6月~8月，配合博物馆消防水池区域建设，布置探方2个，发现灰坑17个，灰沟1条，出土有少量仰韶文化和龙山文化时期的遗物。

（4）2015年5月~10月，配合博物馆遗迹厅展示，布置探方8个，发现房基2座，土坑墓葬2座，瓮棺墓3座，灰坑52个，道路1条，出土一批仰韶文化和龙山文化时期的遗物。

（5）2018年10月至今，配合大河村考古遗址公园建设，陆续发掘面积达数千平方米，出土大量仰韶文化和龙山文化时期的遗物。发掘期间对整个大河村遗址也进行了两次详细的考古勘探，确定了大河村遗址是一处拥有城址、环壕、窑址区、墓葬区和居住区等遗迹的史前大型聚落。

第三节　遗址保护历程

随着大河村遗址考古成果的不断丰富和社会经济的发展，遗址引起了社会各界的广泛关注。自考古发掘及兴建遗址博物馆以来，大河村遗址先后接待了来自国内及海外四十多个国家和地区的数十万观众。大河村遗址博物馆先后被命名为"郑州市青少年思想教育基地"、"郑州市对外宣传基地"、"河南省优秀爱国主义教育基地"，还被旅游部门确定为国家级旅游线"黄河之旅－中华民族之魂"和三条省级旅游线上的重要文物景点。为了更好的保护遗址和对外展示，大河村遗址从考古发掘时便开始了遗址的保护与展示历程。

（1）1973年春，美国考古学代表团的到访，揭开了大河村遗址对外开放的序幕。

（2）1974年，大河村遗址发掘后在房基（F1-F9）原址修建保护房，但未对房基本体进行保护加固处理。一般每年的冬季在保护房门窗上吊挂棉帘保温，特别寒冷时（气温降至零下）室内生火增温，以防止房基墙体冻裂；夏秋季适度开窗通风换气，防止保护房内湿度过大，以抑制房基滋生苔藓与霉菌等生物病害。

（3）1976年，对房基保护房进行了改造和装修，将木门窗修改，加设通风孔，并在墙面粘贴瓷片。

（4）1984年，成立大河村遗址保护管理所，负责对大河村遗址的保护与管理。

（5）1982年～1985年，建成800平方米的文物陈列室，布置了大河村遗址文物陈列展。

（6）1986年，建成遗址博物馆，大河村遗址正式对外开放。

（7）1986年11月，河南省人民政府将大河村遗址公布为河南第二批省级文物保护单位，并划定了保护范围，树立了标志牌和界桩。

（8）1989年，更名为"郑州市大河村遗址博物馆"。

（9）1995年，博物馆原址展示的房基（F1-F9）风化酥碱现象比较严重，制定房基保护方案。保护方案分为两部分：第一期阻断水工程，在房基周围开挖排水沟并用镂孔预制板镶护，以降低毛细水上升高度，使房基地表干燥；第二期化学加固工程，在墙体及地坪干燥之后，用苯丙乳液进行滴渗加固遗址本体。

（10）1996年7月～8月，对遗址房基实施了阻断水工程。经过一年多时间的观察，发现降湿效果不明显。此后，又对保护房增设了排风设备，开设通风口，每天坚持开窗通风排湿。经过一段时间的持续观察和测量，房基地表湿度依然较大，房基依然较为潮湿，无法进行化学加固处理。

（11）1996年～1998年，对仰韶文化房基保护建筑进行了全面修缮，增设了《仰韶文化房基辅助陈列》；1998年维修改造了文物陈列室，重新布置了《大河村遗址文物陈列》，并进行博物馆院内环境治理，建成花园式单位。同年，修筑了从107国道到博物馆的专用道路，为遗址的进一步展示利用奠定了良好基础。

（12）2001年6月，大河村遗址被国务院公布为第五批全国重点文物保护单位。

（13）2004年9月，河南省人民政府对大河村遗址保护范围及建设控制地带进行了调整，将原遗址重点保护区和一般保护区合并统称为遗址保护区，建设控制地带西至河南公路港务局、北接连霍高速，东至河村——安庄乡间公路，南到郑州钓鱼公园。

（14）2005年8月，建设大河村遗址文物库房，库房建筑面积3622平方米。

（15）2009年5月，启动遗址保护房二期改造工程项目，建设内容包括仰韶文化房基保护房改造（建筑面积约3922平方米）和大河村遗址出土文物陈列（陈展面积约2100平

图1.2 大河村遗址博物馆俯视图

方米）。

（16）2011年，编制了郑州大河村遗址保护规划和郑州大河村考古遗址公园规划。

（17）2013年，重建大河村遗址博物馆，对房基F1-F9进行原址展示。如图1.2所示。

第四节　遗址基本情况

大河村遗址是我国20世纪70年代考古重要发现之一，遗址面积之大、文化层堆积之厚、文化内涵之丰富、延续时间之长，是黄河流域数千处古遗址中的佼佼者。

大河村遗址是一处包含有仰韶文化、龙山文化、二里头文化和商文化的大型古代聚落遗址。遗址中各个时期的文化堆积层，依次相迭，最厚处达12.5米。遗址平面呈椭圆形，东西长790米，南北宽670米，面积约53万平方米，是郑州地区规模最大、堆积最厚的一处古代聚落遗址。

从发掘大河村遗址的原始布局看，整个聚落被环壕围绕，数十座房屋集中建筑在遗址的中心地带，形成居住区，房屋周围设有堆放杂物和粮食的窖穴；初步发现大致在居住区的周围，被仰韶文化晚期的城墙环绕；遗址中部偏东有一处饲养牲畜的圈栏，两处公共墓地位于居住区的边缘地带，一处窑址区位于遗址的东部区域。这些都表明古村落是经过事先统一规划而建筑的。

大河村遗址仰韶文化延续了2400多年，包含仰韶文化的产生、发展和消亡的全过程，其发展序列完整，几乎包含了中原地区仰韶文化的所有地方类型，是中原地区仰韶文化的典型代表。

大河村的遗迹和遗物相当丰富，共出土各类房基57座、窖穴和灰坑509座、成人墓葬214座、瓮棺葬192座、灰沟5条，出土陶、石、骨、蚌、角、玉等不同质地的珍贵文物3500多件，各类标本20000余件。既往考古发掘和初步研究结果表明，先民们曾经在此连续居住长达3300多年，经历了原始社会母系氏族的繁荣阶段、父系氏族阶段和奴隶社会的夏商时期。

大河村遗址最重要的是发现了保存完好的连间套房。房屋东西并列成排，彼此相连，共墙而建，各有房门。房屋的结构复杂，建造过程有一定的程序。从多座连为一体的房屋结构看，房舍多以家族为单元，这些房屋又大小不等，反映出那时已存在一定的等级关系。

在大河村遗址出土的各类遗物当中，陶器数量多样、种类繁杂，这表明大河村的制陶技术已经十分发达，人们对陶土性能的认识、器物造型能力、陶器的烧造技术已达到了较高水平。遗址中出土的陶器种类繁多，有鼎、罐、瓮、缸、盆、钵、碗、豆、壶、瓶、杯、盘、甑等等。作为炊器的鼎、罐，陶胎中多夹有砂子或蚌壳碎屑，以提高耐火性，使之在炊煮过程中不易破裂；盆、钵等盛器则多用经淘洗沉淀比较纯净的粘土制成。遗址中还出土有一些壁薄如纸的蛋壳陶器，充分显示了大河村遗址先民高超的制陶技艺。大河村先民不仅注重陶器的实用功能，而且不断追求陶器造型的完美和装饰效果。他们把日常生产、生活中观察到的花草虫鱼、日月星晨等自然现象，用抽象、夸张、变形的手法浓缩成各式精美图案，精心绘于器表，烧造成一件件绚丽多姿的彩陶。巧妙的构思、严谨的布局、流畅的笔触、明快的色彩对比，大河村遗址的彩陶集中体现了中原地区仰韶文化的时代风貌。

在大河村遗址出土的众多彩陶制品中，有一件造型独特的彩陶双连壶，它利用连通器原理将两个造型一样的壶体巧妙地连接在一起，并在表面绘满精美的平行线纹。如图1.3所示。从器物的造型和纹饰上看，双连壶表达了一种平等与沟通的思想观念。据考证，双连壶为一件礼仪用品，是氏族结盟或举行重大庆祝活动时氏族首领或长者对饮的。大河村遗址中多次出土了绘有天象图案的彩陶片。图案中的太阳纹、月亮纹、日晕纹、星座纹等，表现了原始先民对自然的膜拜与感悟，同时它也是我国目前发现最早的天文学实物资料。大河村遗址长达3500年深厚的文化积淀，层层相迭、环环相扣，无疑是镌刻在中原大地上的远古文化的丰碑。

图1.3　大河村仰韶文化的彩陶

1. 遗址地层堆积及分期

大河村遗址包括仰韶文化、龙山文化、二里头和商四种文化遗存。除此之外，在仰韶文化晚期地层中，还有山东大汶口文化和湖北屈家岭文化的一些遗存。

由于遗址面积大，文化层堆积厚，文化内涵丰富，延续时间长，遗址各处文化层的堆积叠压和打破关系各不相同。如图1.4所示。在Ⅰ区的南部和Ⅳ区的中部，因土地被平整过，揭去耕土层就是仰韶晚期文化层，并自上而下的堆积有仰韶晚、中、早期文化层；Ⅰ区、Ⅲ区和Ⅴ区的上层，基本上都有龙山文化层，有些地方偶尔也有二里头和商文化层，但面积较小，文化层堆积较薄，下部都含有仰韶文化层。概括起来，遗址的中部为仰韶文化居住区，文化层堆积最厚，而且遗迹十分丰富，房基层层叠压，窖穴密布；四周多为龙山或龙山以后的二里头和商文化遗存。另外，在遗址的西南部（Ⅰ区的南端）和东北部（Ⅳ区的北部）各有一处墓葬区。

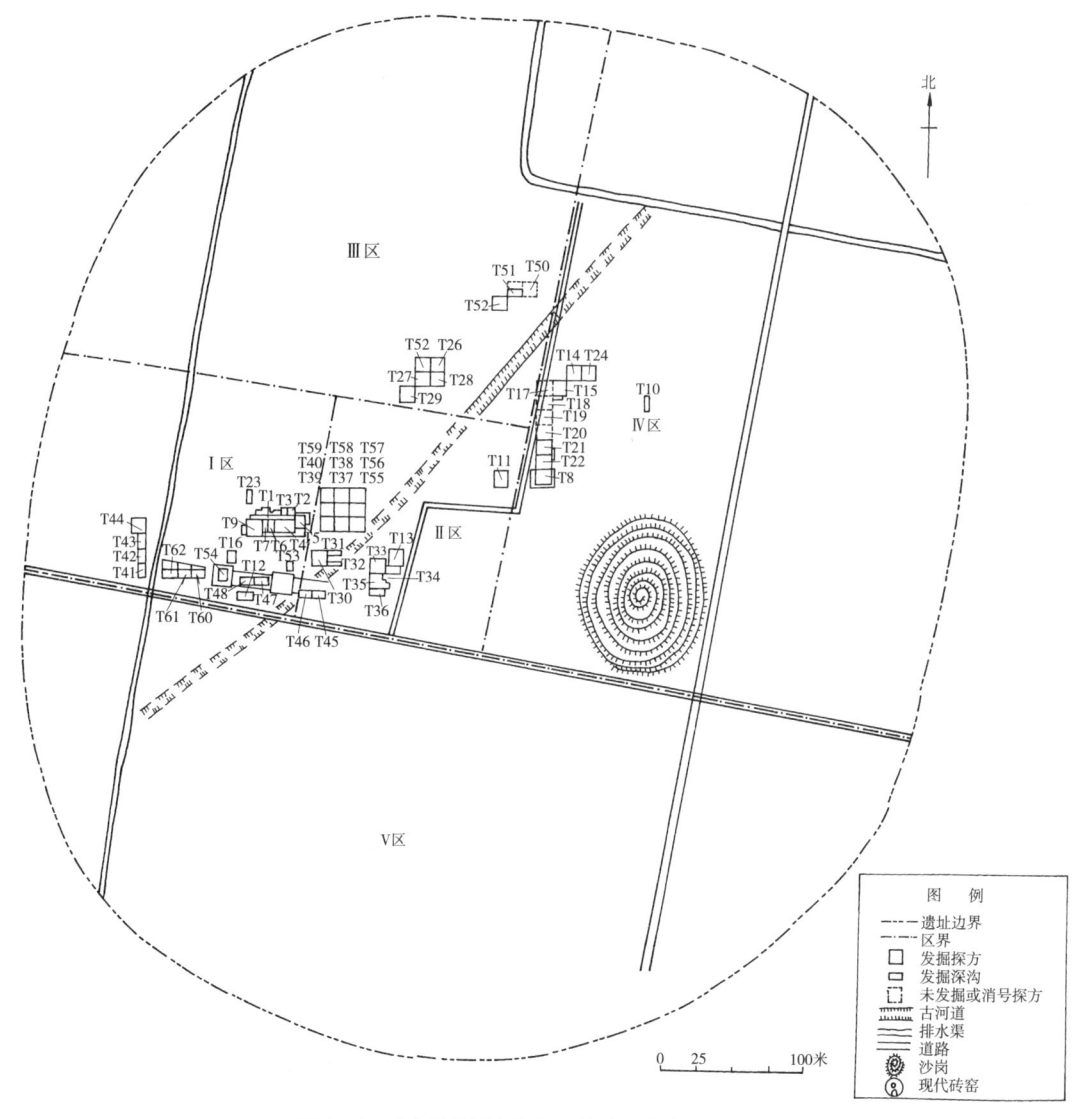

图1.4 大河村遗址考古工作分区与探方分布图

在大河村遗址的文地层堆积中，仰韶文化可分为七期：前三期为仰韶文化早期类型；前二期和前一期为仰韶文化后岗类型；第一期和第二期为仰韶文化庙底沟类型；第三期为仰韶文化秦王寨类型；第四期为仰韶文化大河村类型。大河村龙山文化为河南龙山文化类型，可分为早、中、晚三期。大河村遗址的二里头文化和商文化遗迹发现较少，没有单独分期。

2.遗址仰韶文化遗存

大河村遗址仰韶文化是目前遗址中发现最早的文化遗存，文化内涵也最丰富，文化层堆积厚度达10米，延续的时间长达2400年，包括了仰韶文化由早到晚发展的全过程。遗址分布范围遍及53万平方米，遗迹、遗物十分丰富，有房基、灰坑、土坑墓、瓮棺葬、沟壕等。出土遗物标本两千多件，包括生活用具、生产工具、装饰品和其他器物，质地有陶、石、骨、角、牙、木和玉等。如图1.5所示。

2.1 仰韶文化前三期遗存

大河村仰韶文化前三期仅见于T37~T40、T55~T59中部的21A、21B层，距地表深10~12.5米，直接叠压着生土夹砂层，是目前大河村遗址中发现最早的仰韶文化遗址，21A、21B层揭露面积分别为196平方米和64平方米，未发现遗迹，出土遗物主要是陶器和兽骨，石器和蚌器很少。另外，还出土有木器、圆陶片和兽骨。

2.2 仰韶文化前二期遗存

大河村仰韶文化前二期遗存，仅发现于深方发掘的T37~T40和T55~T59九个探方的第18~20层，并直接压在前三期文化层之上，距地表深9~10米，文化层堆积厚1米。揭露面积为308平方米，未发现遗迹。遗物较前三期丰富，主要是陶器，石器、骨器、蚌器、角器较少，此外还出土较多的兽骨和圆陶片。

2.3 仰韶文化前一期遗存

大河村仰韶文化前一期遗存，仅发现于深方发掘的T37~T40和T55~T59九个探方的第16、17两层，并直接压在前二期文化层之上，距地表深6~8.4米，文化层厚2.4米。揭露面积400平方米。发现土坑墓2座，瓮棺葬1座，出土遗物较丰富，其中以陶器为主，石器、骨器、角器、蚌器也较前两期丰富。除此之外，还出土大量的兽骨和圆陶片。

2.4 仰韶文化第一期遗存

大河村仰韶文化第一期遗存普遍分布于遗址的中部，因该地区地下水位较高，一期文化遗存均在水位以下，多数探方都未发掘到一期文化遗存的深度，仅在分别为T11的第6层和T37~T40、T55~T59的第14、15层发现了大河村第一期文化遗存。文化层堆积厚度为0.5~9米，土质有软有硬，土色较复杂，有深灰土、浅灰土、灰砂土等。发掘面积485平方米，发掘遗迹有土坑墓2座，瓮棺葬3座。出土遗物较少。

2.5 仰韶文化第二期遗存

大河村仰韶文化第二期遗存直接压在第一期文化层之上。因该期文化遗存均在水位以下，所以仅见于T11的第五层，T21、T22的第4、5层，T23的第10~12层，T37~T40、T55~T59的第12、13层。发掘面积925平方米，文化层堆积厚度0.5米，距地表1.6~5米。土质有软有硬，土色复杂，有褐色土、青灰土、黄灰土和深灰土。发现遗迹有房基1座、瓮棺葬7座，出土遗物有陶器、石器、骨器、角器、蚌器、牙器等。

2.6 仰韶文化第三期遗存

大河村仰韶文化第三期遗存，在该遗址中分布较为普遍，分布于发掘的大多数探方中，多数直接叠压在仰韶文化第二期文化层之上。

大河村仰韶文化第三期遗存较为丰富，仅次于大河村仰韶文化第四期遗存，发现清理的遗迹有房基17座、灰坑14个、墓葬22座，包含有大河村遗址保存最好的"木骨整塑"房基F1~F9。出土遗物中能复原的较多，包含有很多精美的彩陶器、普通陶器、石器、骨器、蚌器和角器等。仰韶文化第三期是大河村遗址最繁荣、最有代表性的时期。

2.7 仰韶文化第四期遗存

大河村仰韶文化第四期，是仰韶文化向龙山文化的过渡文化，它既有仰韶文化的因素，又有龙山文化的雏形，既有承上启下的作用，又是仰韶文化和龙山文化的界定。在研究新石器时代仰韶和龙山两大文化的承袭关系上有着重要的学术价值。

大河村仰韶文化第四期遗存，在该遗址中分布十分普遍。除Ⅱ区西南部的几个探方因平整土地被破坏外，其余所发掘的探方均有分布。堆积厚度为0.5～3.5米。发现和清理出土的遗迹、遗物最为丰富。遗迹有房基27座、灰坑142个、大型防护沟壕2条、土坑墓118座、瓮棺葬137座等。出土遗物有陶器、石器、骨器、蚌器、角器、牙器、玉器等。

3.遗址构成

大河村遗址目前由以下几方面构成：已发掘并揭露展示的大河村仰韶文化第三期的房基遗址F1～F9；已经考古发掘、未展示且现已回填的各时期、各类型遗址；已移至文物库房和展览的各类完整、不完整、已修复、尚未修复的各时期标本和出土遗物。

在整个遗址范围内，已经经过钻探但尚未进行考古发掘，还埋藏在地下文化层中的各时期、各类型遗迹和遗物，主要包括围绕着整个遗址的环壕，遗址东部的窑址区，遗址中西部由城墙、房址、窖穴灰坑和广场组成的居住区以及遗址东北部的墓葬区。另有这些遗迹中包含的各时期器物，以及其它尚未发现的、与各时期人类遗址直接相关的环境要素。

遗址中间的生家岗是在大河村遗址之后形成的沙岗，以及周边以农田为主的环境背景，它们尽管与大河村遗址各时期文化遗存没有直接的关系，但经过漫长的岁月，在现代人的心目中已经成为该地块形象的一部分。

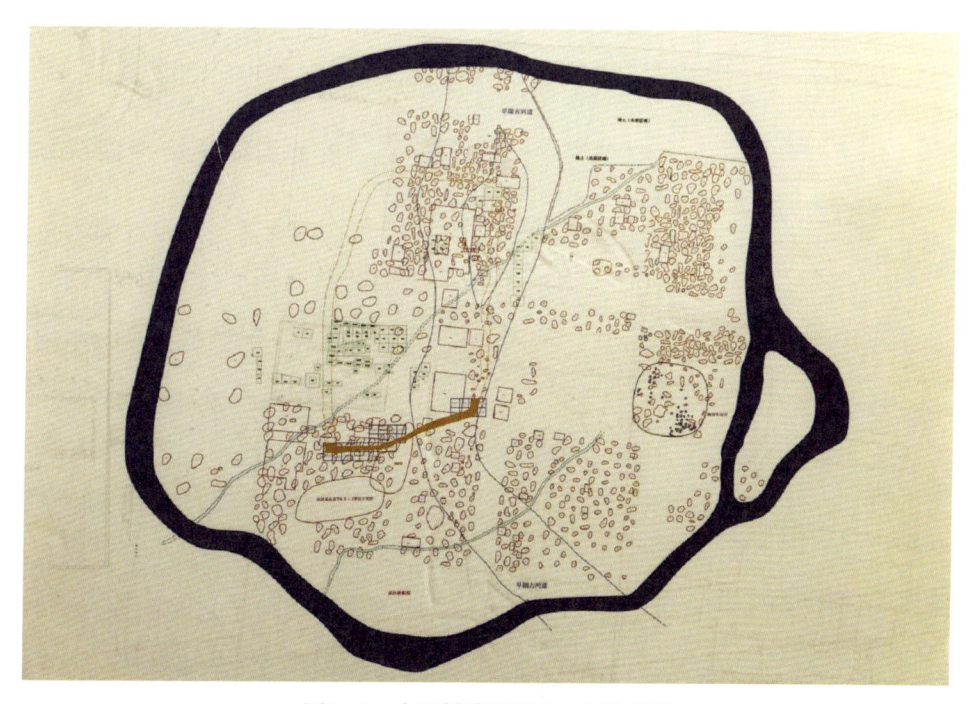

图1.5　大河村遗址平面布局分布图

第五节　遗址仰韶文化房基时代特征

大河村遗址共清理房基57座，其中仰韶文化房基55座。仰韶文化房基由早到晚（第二期到第四期）均以地面建筑为主，平面多呈方形或长方形，建筑方法始终沿用"木骨"建筑工艺。房基的变化不仅表现在"木骨"建筑方法的兴起、发展和衰退变化过程，而且表现在房子布局和室内结构上，反映了大河村仰韶文化建筑方面的延续性。

1. 仰韶文化第二期房基

大河村仰韶文化第二期房基"木骨"较原始，仅有木柱，不见横木和芦苇束。墙壁不涂抹墙皮，火候较低；地坪铺设一层。遗址目前发现仰韶文化第二期房基仅1座。

房基F22：距地表3.15米。地面建筑，未清理完整，形状不详（可能为长方形）。现存房基西北角，面积约4平方米，北墙残长4.1米，西墙残长0.98米，墙基残高38～45厘米，厚28厘米。如图1.6所示。北墙向内倾斜，墙内有柱洞。柱洞直径4～6厘米，间距15～18厘米，个别的间距40厘米。墙壁表面抹光，并用火烧成红色，墙壁中间因受热较差，呈姜黄色。居住面上堆积厚4～5厘米的木炭和草木灰，其上堆积厚40厘米的红烧土，其中不少红烧土块上留有圆木和不规则的木柱痕迹。另外，还有许多抹角的烧土块，可能是门、窗口的墙壁残块。居住面铺设一层厚15厘米的砂泥，经火烧成黑褐色的硬面。房内遗物不多，又在地下水位线以下，发现有鹿角、猪骨、陶片。器型有陶盆、甑、小口尖底瓶、白衣彩陶钵、罐、缸和鼎等。

F22出土的木炭，经中国科学院考古研究所（1978年后为中国社会科学院考古研究所）实验室进行^{14}C测定，其年代距今5120±100年（树轮校正值为5740±125年）。

2. 仰韶文化第三期房基

大河村遗址共发现仰韶文化第三期房基17座，除一座（F16）为半地穴建筑外，其余的16座房基均为地面建筑。房基平面为长方形或梯形；建筑面积大小不一，其中最大的为35平方米，最小的为2.34平方米，而大多数为8～15平方米。第三期房基多为两间或两间以上的建筑群，常见东西并列的排房。大多数房基经火烧成坚硬的砖红色，墙体内布满圆形柱洞和

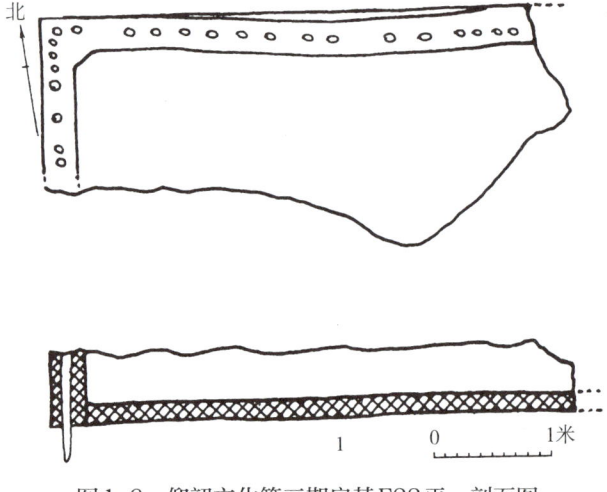

图1.6　仰韶文化第三期房基F22平、剖面图
（摘自《郑州大河村》）

芦苇束及横木痕迹。多数房基内迎门处或墙角处筑有1个或1个以上的方形烧火台，有的烧火台一侧还筑有挡火墙，而不见灶坑。有的房基内还筑隔墙，将房分成外间和套间。

仰韶文化第三期房基"木骨"发展完善，不仅有木柱，而且还有横木和芦苇束。墙壁内外两侧均涂抹砂质细泥墙皮，烧结程度较高。地坪铺设多层，有的还加一层黄沙防潮。

2.1 半地穴建筑

房基F16：距地表1.5米，呈长方形，南墙和西北角分别被龙山早期的H26和仰韶文化第四期的H35打破。南北长约3.7米，东西宽1.7米，面积6.29平方米。东墙残高30~36厘米，西墙残高6厘米，墙宽30~40厘米。如图1.7所示。房内地势北高南低，在紧靠东墙的中部偏北处有一个正方形的烧火台，边长78厘米，高出地面5厘米。在烧火台的北侧边有一道东西长84厘米、厚6厘米、残高4~15厘米的挡火墙，烧火台和挡火墙均被烧成棕红色。另外，在房内的西北角有一个梯形土台，东西长96厘米，南北宽64~74厘米，高出地面4厘米。

房基的建筑方法是先在地面上挖一长方形土坑，以坑壁作为房基下半部的墙壁，地面以上再沿坑壁用红烧土块垒砌成上半部墙壁。坑底略加平整后，再抹一层厚2厘米的砂质细泥做地坪，并沿四周坑壁继续向上涂抹砂质细泥做墙皮。地坪和墙皮均未经烧烤。房内中部偏北有三个排列不大规则的柱洞。柱洞直径为15~20厘米，深18~35厘米。柱洞可能与支撑房顶有关。门向不详，但由于东、西、北三面都未发现有房门迹象，南墙又被H26全部打破，因此推测房门可能开在南面。房内出土遗物不多，而且均为残陶片，其中能看出器型的有红陶罐型鼎、X纹彩陶罐、彩陶钵和折腹盆等。

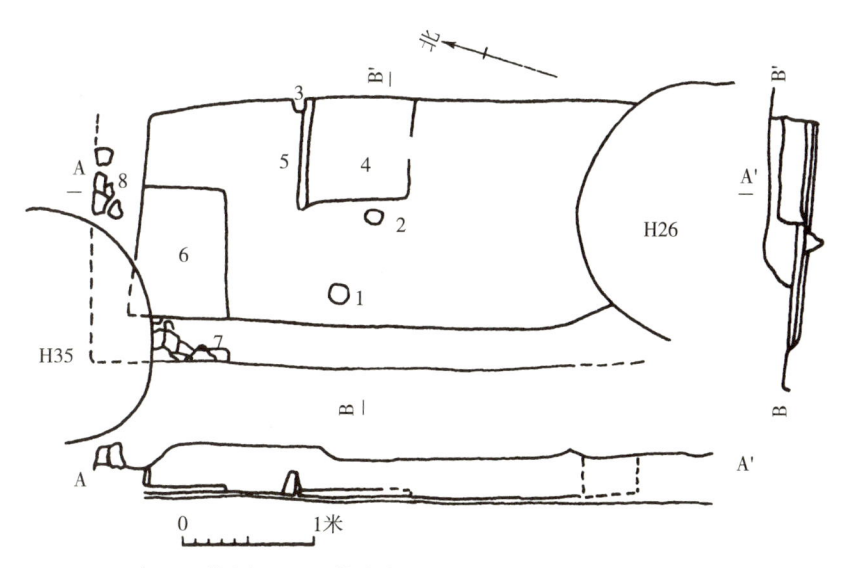

（1~3柱洞，4、6烧火台，5挡火墙，7、8红烧土块）
图1.7 仰韶文化第三期F16平、剖面图（摘自《郑州大河村》）

2.2 地面上建筑

地面建筑房基16座，根据建筑方法可分为"木骨整塑"陶房和"木骨泥墙"两种。

（1）"木骨整塑"陶房

属于"木骨整塑"陶房的有F1-F4、F17-F20、F29-F33、F35和F46共计15座。这种房基最明显的特征是，墙内布满柱洞、芦苇束和横木痕迹，而且整个房基均被烧成坚硬的砖红色，具有坚固耐用、防潮保温的优点。除早期被人为破坏外，一般埋在地下不易受水解和其他自然因素的破坏，因此保存较好。

房基F1-F4：距地表1.8米，是一组东西并列、紧密相连的四间为一体的建筑群。排列顺序由西向东并依次编号为F2、F1、F3、F4。F1、F2、F3为长方形，F4为梯形。它们虽遭破坏，但大部分墙壁都保存一定的高度。如图1.8所示。

房基F2、F1、F3（由南向北，左→右）　　房基F1-F4（由东南向西北）

图1.8　仰韶文化第三期房基（摘自《郑州大河村》）

房基F17：距离地表1.03米，平面呈梯形，南北长3.8米，东西宽分别为1.2米、1.7米，面积5.51平方米。东墙的南部被近代坑打破。四壁除西墙保存较好外，其余的三面墙，一般保存高5~10厘米，有些地方与地坪平齐，仅能看出墙的痕迹，墙宽20~30厘米。墙内布满柱洞和芦苇束痕迹，柱桐直径大小不等。大的16~18厘米，小的8~10厘米。柱洞的间距一般为20厘米，在两个柱洞之间往往加1~2束芦苇束，芦苇束呈扁圆形。在房内的北部有两个柱洞，直径8厘米，深28~32厘米，柱洞周围用草拌泥堆筑成柱墩。房门向西，位于西墙中部偏北，通向F18内。门宽60厘米，底部设门坎一道，宽20厘米，高5厘米。整个房基的墙壁和地坪烧成棕红色或黑灰色。

房基F18：位于F17的西侧，与F17同时建成，呈长方形。南北残长5米，东西宽3.5米，面积17.5平方米。四周墙壁保存高5~15厘米，厚36~42厘米。墙内布满柱洞和芦苇束痕迹。柱洞和芦苇束形状、直径大小和间距与F17基本相同。房内地势平坦。因F18的西南部被F19所压，南部又被汉墓打破，在清理的范围内未发现烧火台，门向也不详，推测房门应向南或向西。房内应有烧火台，估计很可能被F19所压。

F17、F18的地坪同时铺设，并基本一样。共铺3层，由下至上第1层为红黏土，厚10厘米，略经加工砸实；第2层为碎红烧土块，厚4~5厘米；第3层用砂质泥铺平表面抹光，厚1~2厘米，经火烧成棕红色坚硬地面。

房基F19、F20是同时建筑，东西并列、紧密相连的两间房子，中间共用一墙。如图1.9所示。

房基F19：位于F20的东侧，并压在F18之上，南墙东部外侧被汉墓打破少许。平面呈长方形，南北长3.3米，东西宽2.3米，面积7.59平方米。四周墙壁除被汉墓打破少许外，其余的均保存较好。西墙、北墙和东墙北端高30厘米，东墙南端高15厘米，墙厚25～30厘米。墙内布满圆形柱洞和芦苇束，柱洞直径为8～12厘米，柱洞间距为8～30厘米。芦苇束加在两木柱较大间距之间，芦苇束多呈椭圆形，直径8～10厘米。另外，墙内还有横木，横木直径为4～5厘米，上下间距约10厘米。墙壁内外两侧均用砂质细泥涂抹1～2层墙皮，每层厚约1厘米。墙皮表面光滑平整。

房门向东，设在东墙北侧，宽62厘米。门下设有门坎，横断面为半圆形，宽6厘米，高5厘米。门外有一个比较讲究的门棚，呈长方形，南北长1.3米，东西宽0.4米。门棚的东、南、北三面均有围墙，围墙和房基是同时期建筑。但墙内无柱洞、横木和芦苇痕迹，估计围墙建成后不会太高。现存残高均为20厘米，宽24～28厘米。

房内的西北角有近似方形烧火台，南北长78厘米，东西宽70厘米，高出地坪4厘米。如图1.11所示。烧火台西、北两侧紧贴墙壁，并在墙壁上加抹厚4～10厘米的砂质泥保护层。烧火台的东南角，立一圆形空心烧土柱，烧土柱的外径14厘米，残高18厘米，内径为不规则的多边形，最大径为6厘米。其用途可能作为烧火台的界桩，便于保护烧火台上放置的器物。

房内地势北高南低。地坪共铺垫5层，分两次铺设和使用。由上至下第1层厚1.5厘米，呈黑色；第2层厚2厘米，呈棕红色；第3层厚4厘米，呈棕红色；第4层厚1.5厘米。以上4层均用夹砂泥铺设。第5层直接压在F18的地坪之上，用草拌泥铺垫，厚5厘米，呈棕红色。房内的遗物较丰富，而且多集中放置在北半部和烧火台上。

房基F20：位于F19的西侧；呈长方形，南北长4.13米，东西宽3.7米，建筑面积15.28平方米；除东南角被汉墓打破少许外，其余保存尚好。四周墙壁残高20～40厘米，墙厚35～40厘米；墙内布满木柱、芦苇束和横木痕迹。墙壁内外两侧均涂抹一层厚约1厘米的夹砂细泥墙皮。北墙向内倾斜。

房内偏东北隅有一个略呈方形的烧火台，烧火台距北墙0.8米，距东墙0.72米。烧火台东西长0.95米，南北宽0.9米，高出地坪4厘米。如图1.11所示。在烧火台东侧边沿有一道南北长1.02米、厚0.15米、高0.35米的挡火墙，墙内只有木柱痕迹，不见横木和芦苇束痕迹。在烧火台的西南角和西北角各有一根圆形空心烧土柱。空心烧土柱的外径10厘米，内径4厘米，残高40厘米。发掘时西北角的烧土柱已倒塌。

房基内地势西北高，东南低。东部地坪较F19低6～7厘米。地坪共铺7层，分两次铺设和使用。由上而下，第1层厚1.5厘米，黑色；第2层厚2厘米；第3层厚2～4厘米，均呈棕红色。以上二层用料与F19的上部三层地坪相同。第4层厚7～11厘米，用草拌泥铺垫，呈浅黄色，该层又分三、四小层，每层厚薄不均，又不平整，但界线明显；第5层，厚度、颜色和用料与第二层完全相同；第6层厚7.5厘米；第7层厚13~18厘米。6、7两层均用草拌泥铺垫。5~7层为第一次铺垫和使用，1~4层为第二次铺垫和使用。

房门向南，位于南墙的东半部，与烧火台的东半部及挡火墙相对应。门口的西侧上部和东侧被汉墓打破，门口西侧下部有明显的房门迹象。房外门前有一片先民们活动的地面，地面呈北宽南窄的梯形，南北长3.3~4.3米，东西宽4.3~6.3米。地面东边北端与F20的东墙外侧齐，西边宽出西墙外约30厘米。并与西墙外的散水相连，南边同H100和H101相邻。地面分两次铺垫和使用，恰好与房内两次铺垫和使用的地坪面相吻合，每次均铺垫两层，皆为下层用一般灰土铺垫，厚10~12厘米，上层用砂土铺垫，厚2厘米。房内遗物十分丰富，多放置在房基的西半部和烧火台上。F20经^{14}C测定，距今4500±140年。

在发掘时，F17~F20内的地坪上，普遍堆积一层红烧土块。F17、F18房基内堆积较薄，厚约20~30厘米，F19、F20房基内堆积较厚，约50厘米。在红烧土块中，有许多烧土块上保留有与墙内一样的圆形木柱、横木和芦苇束的痕迹。在木柱与横木、横木与芦苇束的交叉处有用草绳或藤条之类的东西捆绑的印痕。显然这些都是墙壁倒塌后的碎块。另外，还有些烧土块上只印有扁方形或二棱形的木板痕迹，而且这些印痕往往呈扇形排列。这很可能是房顶坍塌的碎块。上述这两种印痕对了解墙内木骨的构成和房顶构造大有帮助。

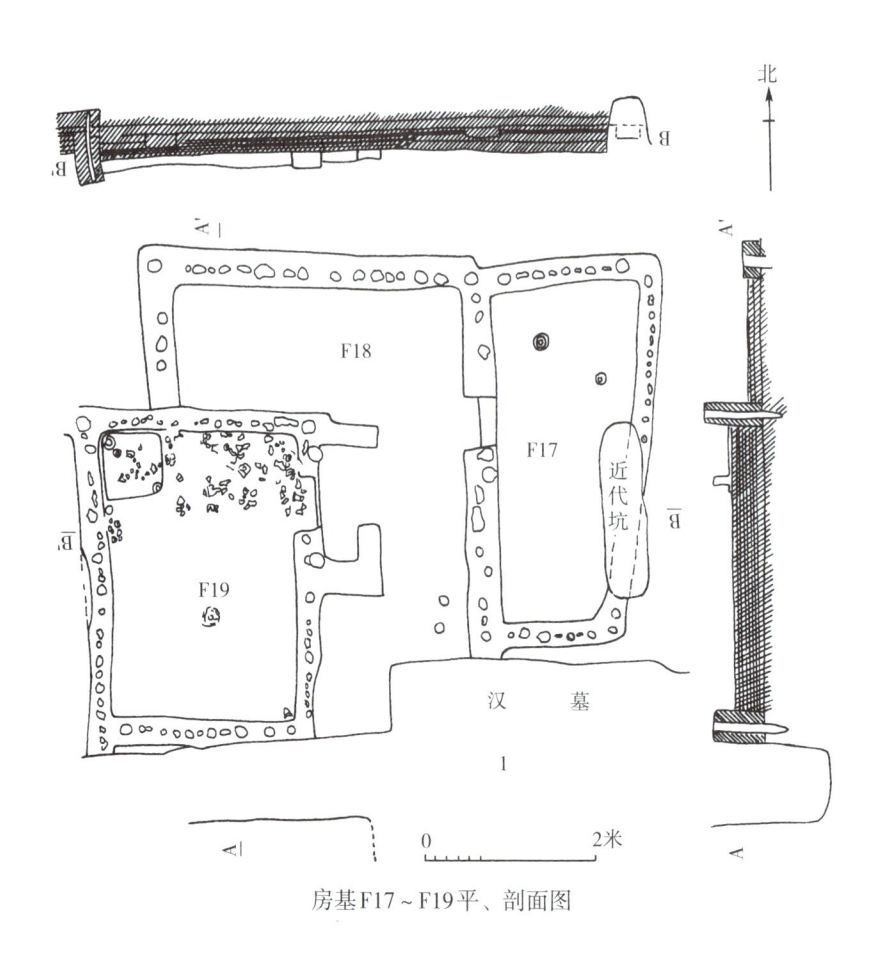

房基F17~F19平、剖面图

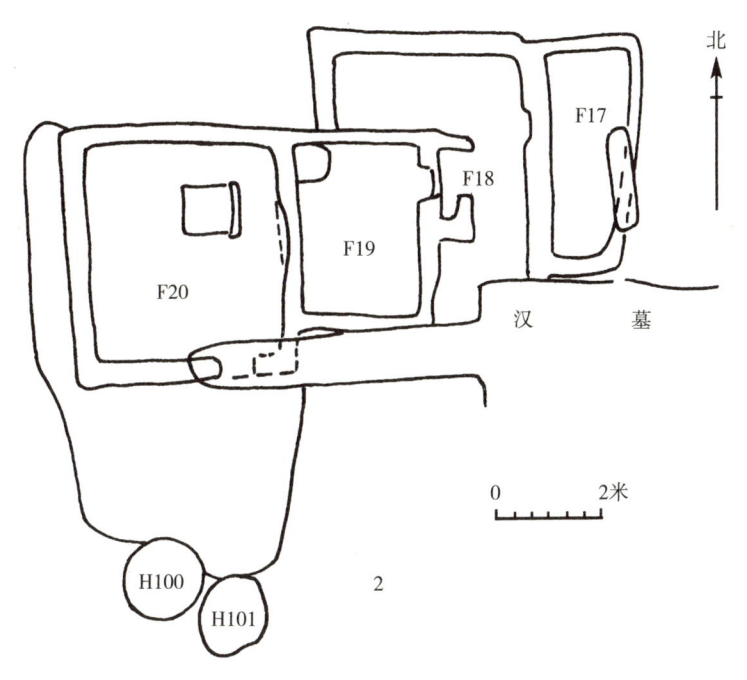

房基F17~F20平面图

图1.9 仰韶文化第三期房基平、剖面图（摘自《郑州大河村》）

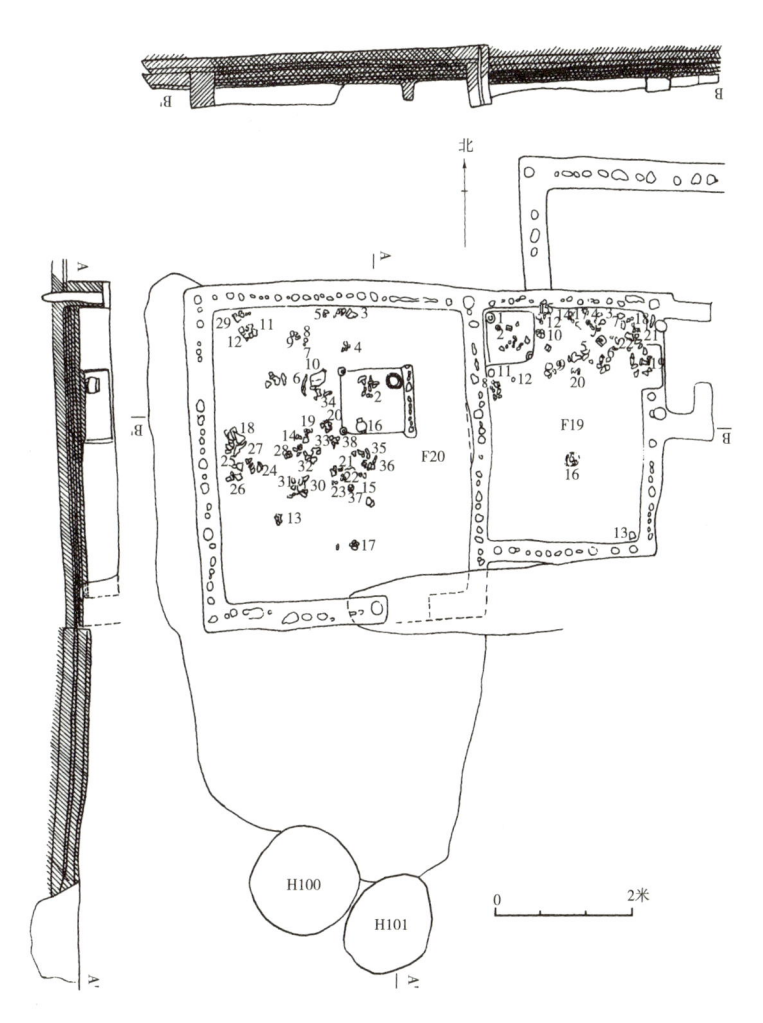

图1.10 仰韶文化第三期房基F19~F20平、剖面图（摘自《郑州大河村》）

房基F19（下）、F20（上）

房基F19西北角烧土台（由东南向西北） 　　F20烧火台挡火墙及部分出土器物（由西向东）

图1.11　仰韶文化第三期房基F19~F20及烧火台（摘自《郑州大河村》）

房基F29：距地表2.7米；发掘时F29已在水位以下，它的东部被沟壕G2打破，西南又被F27所压，仅清理出F29的西北角；北墙残长1.5米，西墙清理长2.2米，墙壁宽24厘米，残高30厘米。墙内有稀疏的柱洞和芦苇束痕迹。柱洞有圆形和不规则形两种；北墙有2个柱洞，西墙有4个柱洞。圆形柱洞直径10~25厘米，深30~42厘米。如图1.12所示。

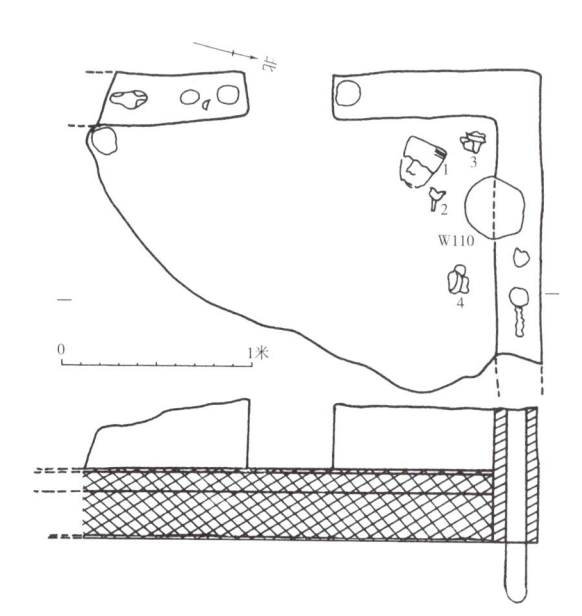

地坪清理面积3.6平方米。铺垫3层，由下至上，第一层厚24厘米，用红黏土铺垫；第二层厚10厘米，用草拌泥铺垫；第三层厚1.5~2厘米，用夹砂细泥铺垫，表面平整光滑。墙壁和地坪均被烧成坚硬的红砖色或棕红色。门向西，门宽0.5米，无门坎。房内遗物较少。

房基F30~F32：坐落于第二层地层上，被耕土层所压，距离地表30~40厘米。它们都是同时期建筑，两者之间共用

图1.12　仰韶文化第三期F29平、剖面图（摘自《郑州大河村》）

一墙。如图1.13所示。

房基F30：位于F31的东侧南半部和F32的南侧；平面呈长方形，南北长5.1米，东西宽4.2米，面积21.42平方米；东墙南端和南墙的东端破坏较甚，仅能看出墙壁的痕迹，其他墙壁也仅高出地坪10~15厘米；墙内布满柱洞、横木和芦苇束的痕迹；柱洞多为圆形或椭圆形，其中直径最大的28厘米，最小的8厘米，一般的在15~18厘米之间。柱洞最深的1.5米，最浅的仅0.1米，一般的在0.6~0.7米之间。西墙内有柱洞16个，芦苇束痕迹2个，横木痕迹2道；北墙内有柱洞8个，无芦苇束和横木痕迹；东墙内北段现仅存柱洞6个；南墙仅存柱洞3个。如图1.14所示。

房内地坪较为平坦，只有东南角被破坏。地坪铺设4层，由下至上，第1层厚8厘米，用杂土铺垫并砸实；第2层厚4~5厘米，用草拌泥铺垫抹平；第3层厚4厘米，用夹砂细泥铺垫；第4层厚4厘米，用砂质细泥铺垫抹平。墙和地坪均被烧成砖红色。在北墙偏东有一门道通向F32内。东西两侧门口呈弧形，门宽0.5~0.6米，门下无门坎。通向房外的门道很可能向南。房内无遗物。

房基F31：位于F30和F32的西侧，并共用一墙。F31平面呈梯形，南北长7.5米，东西宽3.9~4.7米，面积32.25平方米。四周墙壁宽40~60厘米，除西南角和东北角分别被H163和H164打破，其他四周墙壁多数保存高度约10厘米，少数墙壁与地坪平齐，但墙壁痕迹明显。

墙内布满柱洞，柱洞直径大小不一，大的24厘米，小的4厘米，一般的多为10~15厘米。间距不等，大的50厘米，小的1~2厘米，有的甚至两根木柱埋在一个坑内，柱洞深浅不一，深的1.3~1.8米，浅的0.6~0.8米。西墙内除南端被破坏外，还保存柱洞15个；北墙内有柱洞16个，墙外侧西端有柱洞2个；东墙内北段有柱洞7个；南墙内东段有柱洞11个。墙内无芦苇束痕迹，室内地势平坦，地坪铺垫与F30相同。门向不详，东、西、北三面墙壁经解剖，未发现门的迹象，推测房门可能向南，房内未发现烧火台和遗物。如图1.15所示。

房基F32：位于F30的北侧和F31的东侧北部，并分别与F30和F31共用一墙。房基的西北角被H164打破。平面呈长方形，东西长4.5米，南北宽2米，面积9平方米。墙壁的宽窄、保存情况和墙内柱洞的大小及间距均与F30和F31相同。地坪稍低于F30，地坪的铺垫层数，厚薄、用料及颜色均与F30相同。

房内东端紧贴东、南，北三墙有一大型烧火台。南北长2米，东西宽1米，高出地坪2~3厘米。门向南，通向F30内，门宽0.5~0.6米。房内出土遗物多集中在烧火台上。

为进一步研究这类"木骨整塑陶房"的建筑工序和施工方法，对这组房基的大部分墙壁进行了纵向解剖。如图1.16所示。结果显示：F31的东墙南段解剖长度为5.3米。由南向北排列，共有15个柱洞和3个芦苇束痕迹。柱洞从地坪面往下，最深的1.52米，最浅的0.15米，一般多为0.8~1.1米。地坪以下25厘米，柱洞四周是用草拌泥或烧土块填实，经火烧成坚硬的砖红色，而柱洞和芦苇束痕迹均为空洞或房基塌后的填土，往下25~54厘米受热较差，呈橘红色，柱洞内往往保留一段木炭，再往下未有受热迹象，柱洞内均有朽木痕迹和大如木柱的孔洞，而且还有两个孔洞相通的现象。F31的西墙解剖长度为6.1米。由南向北排列，共有16个柱洞，未发现芦苇束痕迹。从地坪面往下，柱洞最深的1.4~1.64米，最浅的0.5米，一般的多为0.7~1.2米。地坪以下20~60厘米，柱洞四周用草拌泥或烧土块填实，经火烧成坚硬的砖红色，柱洞内保留木炭的较多；再往下20厘米因受热较差，土色呈橘红色，柱洞内很少见木炭，而保留白色朽木灰的较多；再往下基本上未受热，为一般的浅灰土。F31和F32的北墙解剖长度为11.16米，除去被H164打破的外。共解剖柱洞21个，柱洞最深的1.64~1.8米，最浅的0.6米。有的地坪面以下0.3~0.6米，柱洞四周用红烧土块或草拌泥填实，而且火候较高，被烧成砖红色，柱洞内保留木炭的较少，再往下受热较差，柱洞内仅见朽木灰。同时解剖的还有F30、F32的东墙及南墙。

从解剖的几段墙壁的基础来看，墙壁的部分基础有的挖基槽，有的只挖一段基槽或一个基础坑。基槽和基础坑宽0.4~0.6米，深0.4~0.6米，基槽和基础坑有长有短。栽木柱的方法有五种：（1）将木柱的下端砍成尖状，由基槽或基础坑的底部再往下砸；（2）直接埋在基槽内；（3）在基槽内再挖坑栽木；（4）大坑套小坑栽木；（5）直接将木柱立在基槽内，固定在横木上。

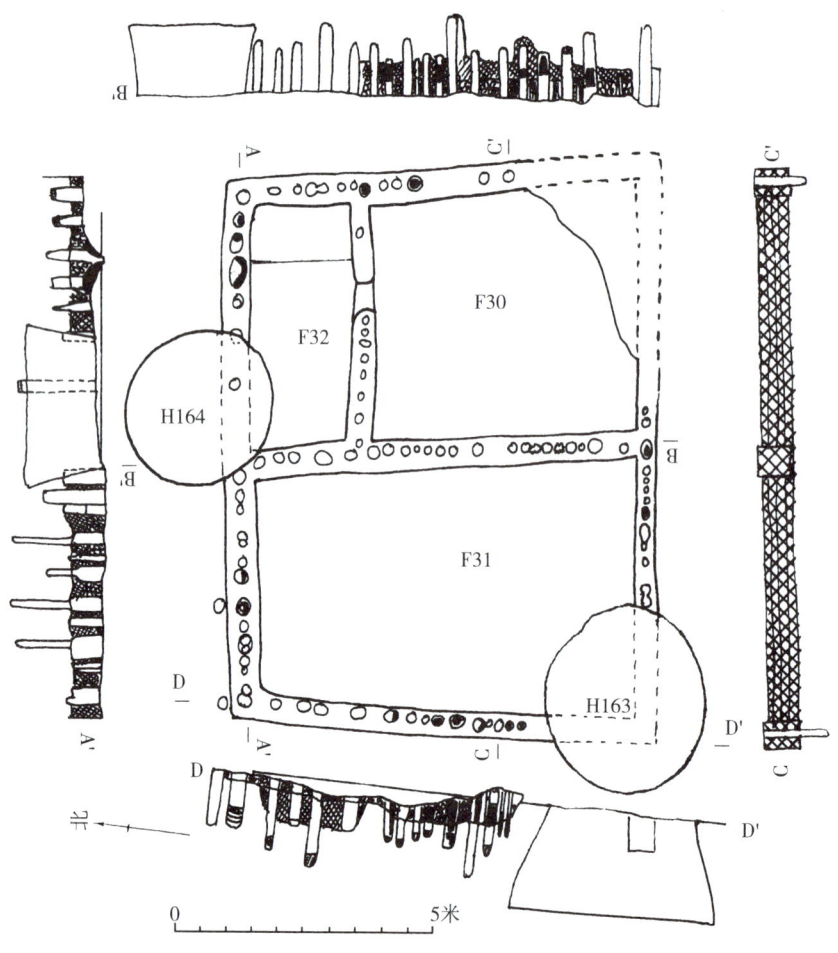

图1.13 仰韶文化第三期房基F30-32平、剖面图（摘自《郑州大河村》）

F30南墙剖面柱洞（由西南向东北）  F30（右下）、F32（左上）的东墙剖面柱洞（由东向西）

图1.14　房基F30南墙剖面柱洞（摘自《郑州大河村》）

F31南墙剖面柱洞（由南向北）  F31东墙南段剖面柱洞（由东向西）

F31西墙剖面柱洞（由西向东）  F31北墙剖面柱洞（由北向南）

图1.15　仰韶文化第三期房基F31剖面柱洞（摘自《郑州大河村》）

F32北墙剖面柱洞（由北向南）

图1.16　仰韶文化第三期房基F32剖面柱洞（摘自《郑州大河村》）

房基F33：距地表2.75米。该房基仅清理出房基的东南角，平面呈抹角方形或长方形，面积9.2平方米，东墙长2.3米，南墙长4米，墙宽0.36~0.42米，其余的伸向方外或被F30所压，没有清理。如图1.17所示。

墙壁破坏得较甚，与地坪面平，但能看出墙壁的痕迹和墙内的柱洞及芦苇束痕迹。东墙内发现柱洞3个，芦苇束3个；南墙内发现柱洞4个，芦苇束3个。柱洞有圆形、椭圆形和三角形，柱洞大小为8~30厘米，深50厘米。芦苇束为椭圆形或不规则形，直径10~20厘米，深3~5厘米。另外，房基内有柱洞3个，呈圆形，直径30厘米，深50~60厘米。

地坪铺设2层，上层厚4厘米，用夹砂细泥铺垫；下层厚10厘米，为草拌泥铺垫。地坪和墙壁均被烧成砖红色。门向不详。房基内未发现烧火台和任何遗物。

房基F35：距地表4.6米。该房基平面呈方形或长方形，大部分被G2打破，仅保存房基的西南角，南墙长0.6米，西墙长2.15米，现存面积1.29平方米。墙宽0.25~0.35米，墙保存高0.25~0.3米。墙内布满柱洞，南墙现存柱洞3个，西墙现存柱洞4个，柱洞间距5~10厘米。柱洞多呈圆形，直径6~15厘米，深30~40厘米。墙下挖有宽30~40厘米、深40厘米的基槽。如图1.18所示。

房内地势平坦，地坪铺设3层，由下到上，第1层，黄土，厚20厘米；第2层，草拌泥，厚10厘米；第3层，夹砂细泥，厚3厘米。墙壁和地坪均被烧成砖红色。门向不详，无遗物。

房基F46：距地表2.2米。房基西墙南端和南墙大部分分别被汉墓和龙山早期H228打破。房基呈抹角长方形，南北长5.8米，东西宽4.2米，面积24.36平方米。四周墙壁除

W49 墙壁红烧土块及木柱、芦苇束痕迹

墙壁红烧土及木柱痕迹　　墙壁红烧土及芦苇束痕迹

图1.17　仰韶文化第三期房基F33（由东南向西北）（摘自《郑州大河村》）

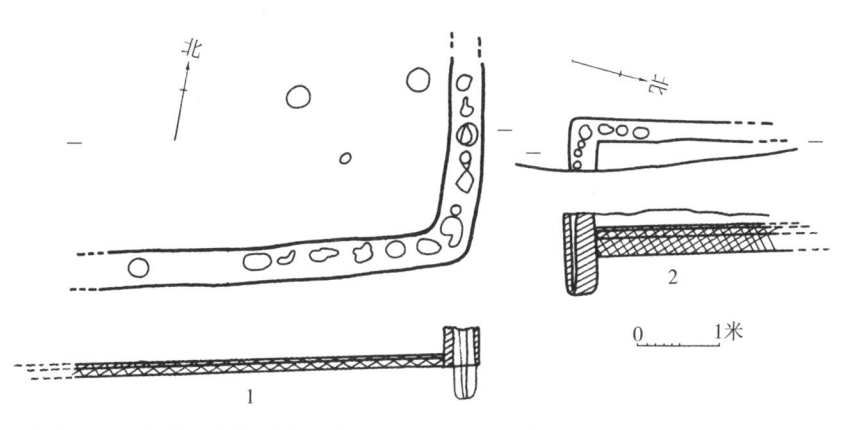

图1.18 仰韶文化第三期房基F33、F35平、剖面图（摘自《郑州大河村》）

被打破外，其余的均保存较好，墙宽30~38厘米，残高10~36厘米。墙内布满圆形、椭圆形、三角形和不规则形的柱洞73个。圆形柱洞直径5~15厘米，柱洞间距4~12厘米，深20~32厘米。墙内有横木，未发现芦苇束痕迹。墙下无基槽，木柱为挖坑栽埋。如图1.19所示。

房内地势东高西低，地坪共铺5层，由下而上，第1层，草拌泥，厚3厘米，呈姜黄色；第2层，草拌泥，厚3厘米，呈棕红色；第3层，夹砂细泥，厚6厘米，呈红色；第4层，黄砂层，厚3厘米，呈红色；第5层，夹砂细泥，厚3厘米，呈棕红色，表面抹光。墙外四周铺设散水，内高外低，宽约40厘米。分上、下两层，下层，黏土，厚10~13厘米，棕红色；上层草拌泥，厚8~12厘米，棕红色，表面抹光。墙壁、地坪和散水均被烧成坚硬的棕红色。门向不详，房内有少量遗物，如陶鼎，缸等。

（2）"木骨泥墙"房基

"木骨泥墙"房基1座。这种房基仅栽木柱，并用草拌泥筑墙，不经火烧。

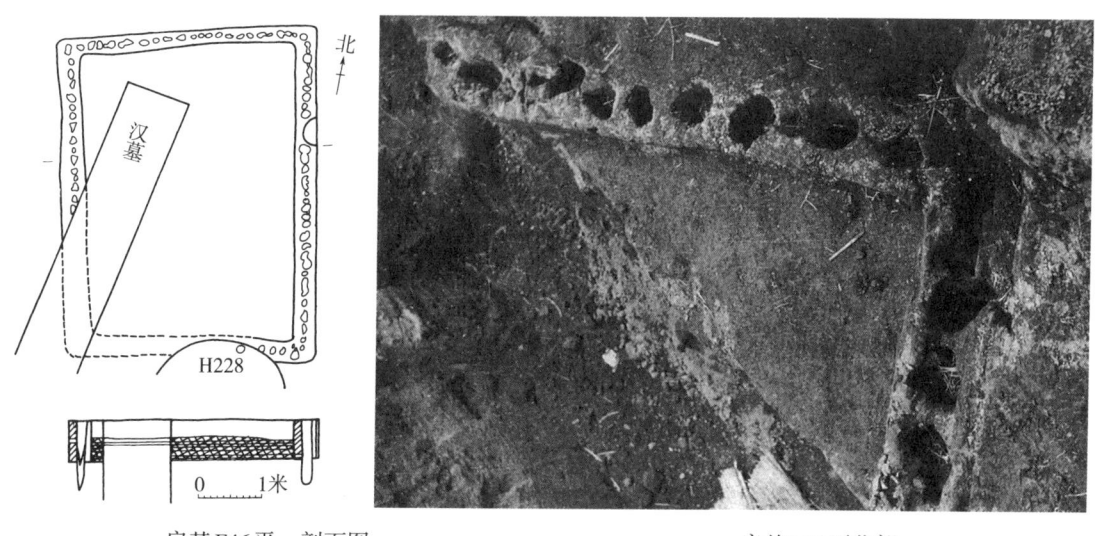

房基F46平、剖面图　　　　　　房基F46西北部

图1.19 仰韶文化第三期房基 F46平、剖面图（摘自《郑州大河村》）

房基F23：距地表2.5米。东墙和西墙均在方外，而且又被灰坑打破较甚。发掘时仅清理出南墙和北墙各一段，墙壁宽窄不等，南墙残长1.2米，宽0.16~0.2米，高0.1米，北墙残长2.4米，宽0.1~0.25米，高0.1米。墙壁是草拌泥垛成，墙内木柱稀少，南、北墙各发现1个柱洞，未发现横木和芦苇束。

室内地势平坦。东西长5米，南北宽3.9米，面积19.5平方米。地坪铺垫3层，由下至上，第一层厚10厘米，用硬草拌泥铺垫；第二层厚5厘米，用夹砂泥铺垫；第三层厚1厘米，用料礓石粉掺黏土铺垫，该层破坏严重，仅剩4平方米。房内发现8个柱洞，分布无规律。平面呈圆形，柱洞直径为14~28厘米，深25~30厘米。

房内出土遗物很少，皆为陶器残片，以红陶为主。能看出器型的主要是鸭嘴型足鼎、折腹弦纹罐、折腹盆、白衣彩陶钵和纺轮等。

3. 仰韶文化第四期

大河村遗址仰韶文化第四期遗存中，共清理房基27座，绝大多数为地面建筑，仅有两座房基为半地穴式建筑。除此之外，还发现与房基有关的零星残破地坪、墙壁和柱洞等。

清理的房基多为方形或长方形，面积大小不一，小的仅1平方米左右，大的100多平方米。建筑形式可分为半地穴式和地面建筑两种，以后者为主。建筑方法多样化，有的用红烧土块垒砌而成，有的用硬草拌泥建成的，也有二者并用的，还有用木柱和篱笆及草拌泥建成的，甚至有的是利用其它房子的内凹或外凸部分，再栽一根柱子构成一座简单房子。以上五种建筑方法中，用红烧土块垒砌的墙壁中不栽木柱，后四种墙内均栽木柱。只是用硬草拌泥建成的房子，墙内仅有很少的木柱，而且多栽在墙角的地方；用篱笆建成的房子，墙内木柱较密而细小。除此之外，该期的房基还有三个特点：（1）有些房基的地坪铺设特别讲究，专门用大砂、黏土和料礓石粉配制的三合土铺设地坪，每层厚4~5厘米，铺平、砸实，抹光后，用火烧烤成青灰色；颜色、硬度和现在的水泥地坪相似；一般的铺设3~4层，个别的铺设8层，具有很好的防潮性能。（2）烧火台多设在房中部。多数烧火台四角或两个角处栽埋四根或两根较大的木柱。（3）房内有较多柱洞，有的排成一周，有的排成一行等。

仰韶文化第四期房基"木骨"建筑明显衰退，木柱稀疏或取消，不见横木和芦苇束。绝大多数房基墙壁不用火烧，有的地坪铺设特别讲究，采用大砂、黏土和料礓石粉配制的三合土，并铺设多层。经火烧成坚硬的青灰色，很像现在水泥地坪。房基室内中间多有一个方形烧火台，在烧火台的角落栽木柱用来支撑房顶。房基大小悬殊，好坏差别很大。

3.1 半地穴式建筑

大河村遗址仰韶文化第四期的房基中，仅有房基F28和F42为半地穴式建筑。如图1.20所示。

房基F28：距地表0.8米；房基东北部被同期H161打破；F28北距同期F27有4.3米，比F27高0.3~0.45米；平面呈抹角长方形，东西长2.26米，南北宽1.3米，面积2.94平方米；房基现存坑壁宽5~8厘米，高出室内地面5~6厘米；房基破坏较甚，四周无墙壁外界痕迹。

房基室内现存2层地坪，均用大砂、黏土和料礓石粉三合土铺垫而成，为浅黄色，每层较平整、光滑、坚硬，均经火烧烤。地坪上层厚2厘米，下层厚4厘米。在铺设地坪的同时沿坑壁四周向上抹一层三合土而成为墙皮。

房基内没发现烧火台，也无任何遗物。仅在室内西部偏南有一柱洞。柱洞平面呈圆形，直径20厘米、深40厘米。柱洞下部向西倾斜。房基四周墙壁破坏严重，门向不详，无遗物。

房基F42：距地表0.87米；房基东南部被晚期的文化层打破；东北角间接压在F46之上；平面似长方形，南北残长1.6米，东西宽1.2米，现存面积1.92平方米；墙壁高出室内地面0.2~0.44米。

房基F42的建筑方法：先在地上挖一个长方形坑，以坑壁作墙；坑底略经平整砸实后，再铺设一层厚约2厘米的夹砂细泥做地坪，然后用同样的材料在坑壁向上涂抹一层厚1厘米的墙皮；地坪和坑壁均经火烧烤成棕红色，厚度约13厘米，受热程度由里向外逐渐减轻；因房基破坏较甚而门向不详，房内未发现烧火台；出土器物中能复原的有陶鼎、缸、瓮和罐等。

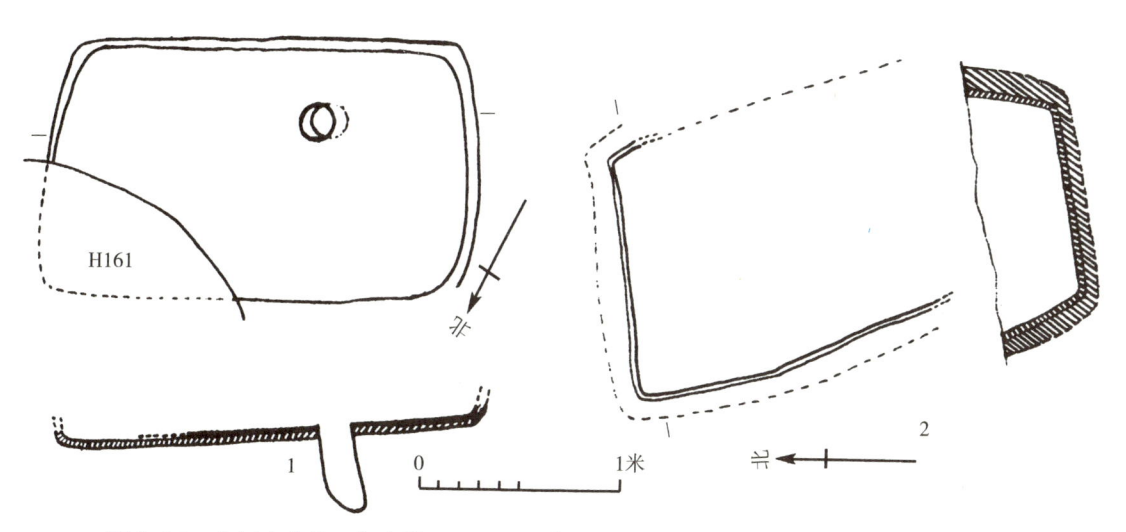

图1.20 仰韶文化第四期房基F28、F42（半地穴）平、剖面图（摘自《郑州大河村》）

3.2 地面上建筑

仰韶文化第四期房基中有25座地面建筑（F5~F15、F21、F26~F27、F34、F36~F41、F43~F45、F47）。

房基F10：距地表1.15米，和F6~F9在一个平面上；东北角被H34打破，西南角被灰层打破；西距F6有30厘米；房基平面呈长方形，南北长3.2米，东西宽2.5米，面积8平方米；四周墙壁除被打破外，均保留有残墙痕迹，高出地坪7～16厘米，宽22～30厘米；房基用黏土筑成，墙内有柱洞，未经火烧。如图1.21所示。

房基内紧临西墙北端，有一长方形烧火台，南北长80厘米，东西宽27厘米，高出地坪4～5厘米，经火烧成红色。房内中部略偏南有4个对称的柱洞，直径20～24厘米，深28厘米。根据同期大多数房基的特点，4个柱洞中间多为烧火台。

房基内地坪铺设3层。下层用一般灰土和黏土铺平后略经砸实，厚8厘米；中层用细砂和黏土铺垫，厚3～5厘米，有些地方经火烧成浅棕色，上层用料和中部相同，厚3厘米，表面抹光，有些地方被烧成红色。建筑方法和F8、F9相同。门向不详。

房基F11：距地表24～30厘米；房基地坪有被耕地破坏的痕迹；平面呈长方形，南北长5.8米，东西宽4.6米，面积26.68平方米；房基西边和东边南半部都有明显的整齐的地坪界线，南部房外中间有一道红烧土块铺设的路面，北边遭到破坏；房基内和地坪四周以外均未发现柱洞，也未发现烧火台。如图1.21所示。

房基内地坪中部较高，四周略低。地坪用黏土、细砂和料礓石粉配制的三合土铺垫11层，每层厚薄不等，最薄的1厘米，最厚的20厘米，一般多为4～5厘米。由于受热不同，自下向上逐渐由红变青、由青变黑，都较光滑、坚硬。

房基南部中间有一道用红烧土块铺设的路面，而路面北端与室内地坪紧接。路面中部微鼓，长0.8米，宽1.1米，因人们长期踩踏，路面较平整坚硬。由此推测房门应向南，方向180^0。

房基建筑方法：四周用草拌泥筑墙，墙内不栽木柱；房内未发现柱洞和烧火台；地坪上面留有一道道的犁铧痕迹。

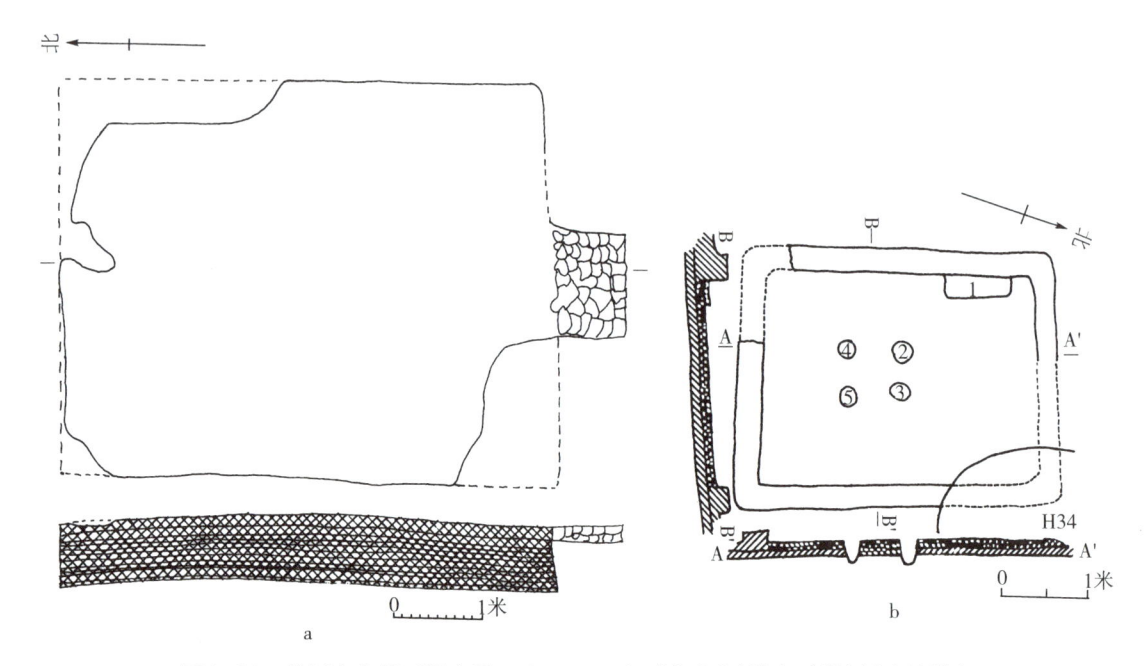

图1.21 仰韶文化第四期房基F10、F11平、剖面图（摘自《郑州大河村》）

房基F12：距地表0.75米，南部被H36打破；平面呈长方形，南北残长5.2米，东西宽3.66米，面积19.03平方米；地坪四周除南部被H36打破外，其他三面都有明显的界线；在地坪北边西半部有断断续续的墙壁二段，长近2米，宽0.2～0.3厘米，高出地坪0.12厘米；墙内和房内未发现柱洞，仅在室内中部偏西北处发现一个近似方形的烧火池，东西长1.2米，南北宽1.1米；火池周围筑有高4～6厘米的围墙，围墙断面呈半圆形。如图1.22所示。

房基内地坪中部稍高，南北微低。地坪只铺垫一层，厚6厘米，用黏土、细砂和料礓石粉配制的三合土铺垫；表面抹光，经火烘烧，呈青灰色，非常坚硬，与现代水泥地坪相似。门向不详。

房基F13：距地表1米，下面深40米处还压着一座房基（未发掘）；南部紧邻H36，东北角被H37打破；平面呈长方形，南北长5.5米，东西宽4.6米，面积25.3平方米；房基四周均有残墙，高出地坪7～15厘米，宽20～30厘米，未经火烧烤，墙内未发现柱洞。如图1.22所示。

房基内中部略偏东南有一方形烧火台，长、宽各1.1米，高出地坪5～6厘米。烧火台的西南和西北角各有一个较大的柱洞，直径30～35厘米，深28厘米，在东墙中部偏北有一凹入墙内的小型壁龛，南北长1.06米，进深0.2米。距东墙0.75米处有一行南北排列的9个柱洞，直径14～24厘米，深20～35厘米。在西墙内侧南端有1个柱洞，北端有2个柱洞，东西排列，相距0.5米，直径大小和深浅与东边的一排柱洞相同，不同的是在柱洞周围有用草拌泥筑成的柱墩。如图1.23所示。

房基内地坪铺设3层。下层一般用灰土和黏土铺垫砸实，厚20厘米，未经火烧烤，中层用黏土和黄砂掺合后铺垫，厚4厘米，受热较轻呈姜黄色；上层用料与中层相同，厚3厘米，表面砸实抹光，经火烧烤成棕红色。

房门向东，位于东墙中部偏南，与烧火台的南半部相对。房门宽76厘米，门下有高10厘米、宽10～15厘米的门槛，门外有一条用碎红烧土块铺垫的通道，长1.2米，宽窄与门

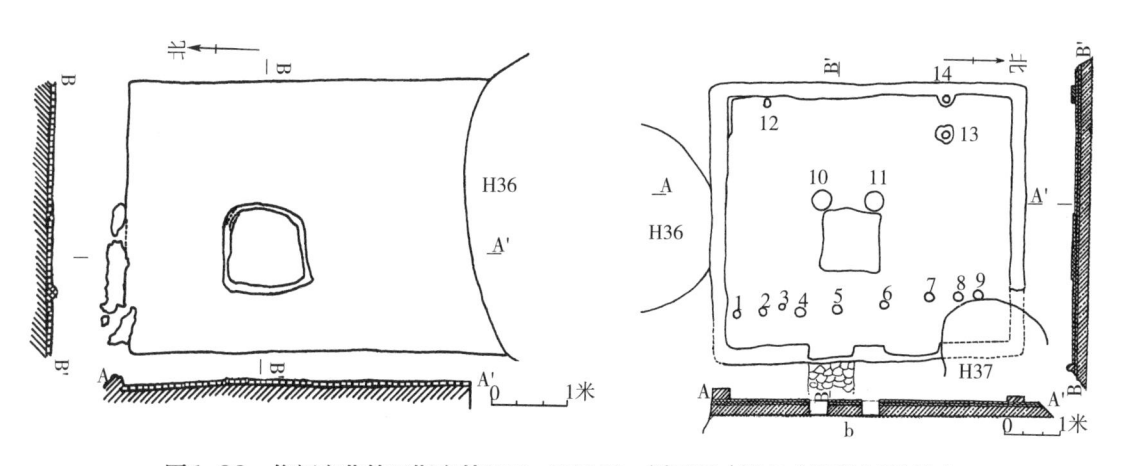

图1.22 仰韶文化第四期房基F12、F13平、剖面图（摘自《郑州大河村》）

宽相同。

房基建筑方法：首先在旧房基的地面上铺垫一层地坪，铺垫的范围略大于房基；而后在地坪四周边沿内用草拌泥筑墙，在房基内栽埋木柱；房顶主要是由木柱加横梁支撑，估计泥墙不会太高；发掘时房内地面上有一层厚10厘米的深灰土。

房基F13（由西南向东北）　　　　房基F13（下）、F15（上）（由东北向西南）
图1.23　仰韶文化第四期房基F13（摘自《郑州大河村》）

房基F14：距地表24～30厘米；其地坪与F11在同一平面上，东西相距2米；平面呈方形，南北长5.6米，东西宽5.5米，面积30.8平方米。如图1.24所示。在地坪四周以外13～20厘米处尚存一周柱洞，北面12个，南面16个，东面15个，西面18个，共计61个。除西面柱洞排列不规整外，其他三面均排列成整齐的一行。大的直径为12～18厘米，深10～30厘米，小的直径4～10厘米，深4～18厘米。如图1.25所示。

房基内地坪中部的烧火台已被破坏，仅保留一片方形的火烧痕迹，长、宽各1.27米。在烧火台四个角外各约1米的地方，有4个较大的柱洞，直径20厘米，深约30厘米。

房基内地坪共铺设10层，上面8层均用黏土、大砂和料礓石粉铺垫，每层厚4～5厘米，均经火烧烤，多数呈坚硬的青灰色，与现在水泥地坪相似。因受热程度不同，颜色有深浅之分。在由上至下的第2层、第4层和第5层三层的中部都有一个方形烧火台，上下和第1层的烧火台痕迹基本相对应或略有错位，大小也基本相同，高出地坪2～3厘米，被烧烤的程度明显比四周地坪的火候高。第9层用红黏土铺垫，略经砸实，厚20厘米，它的上部约8～10厘米厚，火候较高，颜色较深。第10层用碎红烧土块铺垫，厚2～15厘米不等。房基F14的地坪是所有房基中铺设最好的一座，使用时间最长。

房基房门向东87°，位于东墙的中部略偏北，宽0.7米，门前有条用碎红烧土块铺垫的与房内地坪相连的通道。

房基的建筑方法：首先在地面上挖一个长、宽各5.5米，深0.73米的方形坑。坑底砸实后铺垫地坪，在坑壁外四周栽埋木柱一周，房内栽4根较大的木柱，四周以木柱为骨

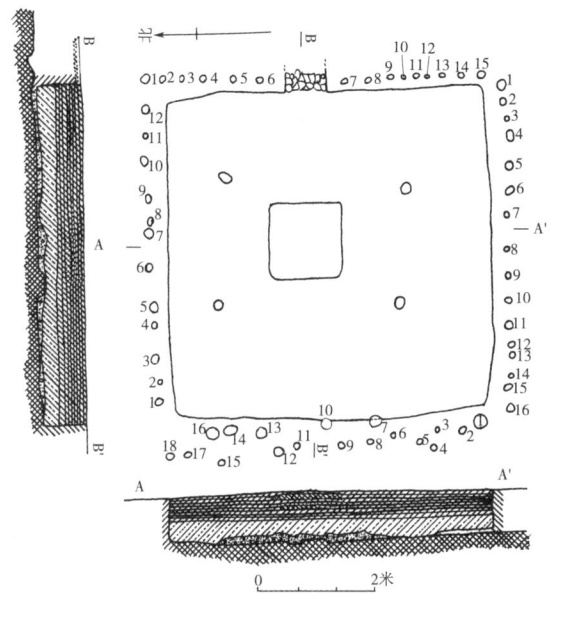

房基F14平、剖面图　　　　　　　　　房基F14地坪块

图1.24　仰韶文化第四期房基F14（摘自《郑州大河村》）

干用树枝编织木骨，或用篱笆固定存木柱上成为木骨，然后在木骨内外两侧用草拌泥涂抹成墙壁，房顶有四周和房内的木柱共同支撑。最后苫草成为草房。经解剖可知，地坪至少有四层，中部筑有烧火台。因此，推测该房基地坪最少分四次铺垫使用。

房基F15：距地表1米，因被F14所压，未全部清理，和F13在同一平面上，相距0.5米；所清理的部分南部地坪边沿被破坏，其他三面均未清理到边界；房内共清理柱洞15个，分布情况为：南边一排6个柱桐，排列整齐，西北两边各4个柱洞，排列整齐成拐角形，与南面一排柱洞相比，更靠近房基中部；中部有个烧火台，烧火台中部1个柱洞，南边一排柱洞较大、较深，直径20～28厘米，深50厘米；中部的9个柱洞较小、较浅，直径15～18厘米，深30厘米。如图1.26所示。

房基F14（由东北向西南）

图1.25　仰韶文化第四期房基F14（摘自《郑州大河村》）

房基内地坪仅用黏土和细砂铺垫1层，厚5～6厘米；经火烧成坚硬的棕黑色。表面有些损坏。房基中部有一烧火台，烧火台仅保存中部一块，高出地坪8厘米。建筑方法和门向不详。房内末发现遗物。

房基F21：距地表0.7米，南距F13约8米，北部被破坏；平面呈长方形，南北残长5.1米，东西宽4.7米，现存面积23.97平方米；除北墙被破坏外，其余三面都保存有墙壁；东墙较直，残长5.5米，宽0.38～0.4米，高出地坪1～2厘米；南墙中部向内弯曲，长5.2米，宽0.27～0.4米，高出地坪16～20厘米；西墙残长5米，宽0.3～0.4米，高出地坪16～20厘米，墙内无柱洞，系草拌泥筑成。

房基内西北部有一方形火池，大小1米见方，火池四周边沿筑有矮墙，宽7～10厘米，高出地坪6～10厘米；火池四角各有一个柱洞。另外，房基内还有4个柱洞，其中3个在中部呈西南—东北排列，另一个在西部，直径20～25厘米，深30厘米。

地坪经解剖发现：地坪现存4层，均为砂质草拌泥铺垫。由下而上，第1层厚50厘米，上部10厘米厚被烧成棕红色，下部40厘米呈姜黄色；第2层至第4层厚2～4厘米，均被烧成棕红色。每层都有一个方形火池，均在房基的西北部，上下叠压略有错位，大小也基本相同。建筑方法与F13相同。门向不详，房内无遗物。

房基F26：距地表1.1米，房基的南部被文化层打破；由于房基的东部被打破，北、西两面又都伸向房外，房基的全貌不详；现已清理的范围，东西长9.6米，南北宽3.5～4米，面积约36平方米；已清理的房基范围内未发现墙壁，但发现了两个大型柱础坑，分别位于房基的东部和西部，两者相距4.7米。如图1.27和1.28所示。

1号柱础坑，距南部残破边沿60～80厘米，平面近似长方形，南北长1.8～1.9米，东西宽0.9～1.06米，深0.6～0.7米。坑底东部较深，西部较浅。四壁垂直较规整。坑内填土现存10层。由下而上，第1层用碎红烧土块铺垫做基础，厚15～30厘米；第2层用黄黏土铺垫砸实，厚3厘米；第3层至第10层均为版筑，每层南北分4排，北部的3排又各分成3块，南端1排又分成2块，形状基本为方形或长方形，大小不一，但上下对应；第3层用黄黏土铺垫砸实，厚3厘米；第4层用黄砂铺垫砸实，厚6厘米；第5层用青黄花土铺垫砸实，厚4.5厘米；第6层用黄砂铺垫，厚4厘米；第7层用青黏土铺垫砸实，厚3厘米；第8层用黄砂铺垫砸实，厚4厘米；第9层用青黏土铺垫砸实，厚3厘米；第10层用黄砂铺垫砸实，厚7厘米。除中间用木板隔开外，坑四周也用木板挡住。填好土抽掉木板，板缝用青黏土填实，每层都很

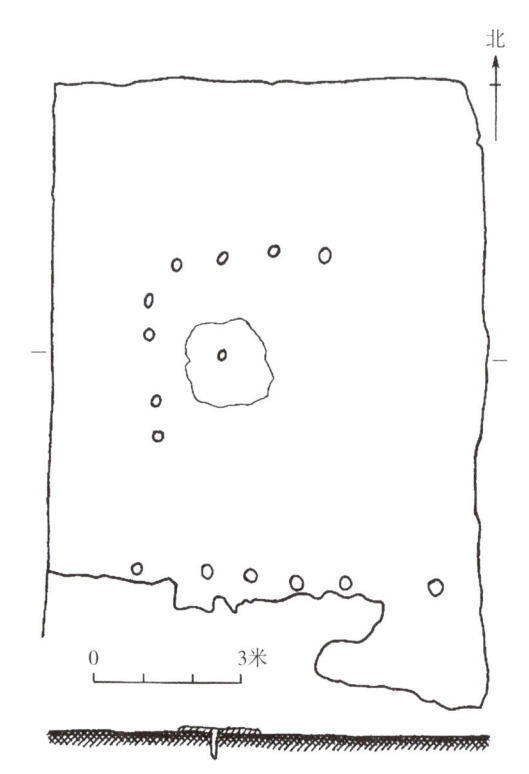

图1.26 仰韶文化第四期房基F15平、剖面图
（摘自《郑州大河村》）

坚硬，但夯具痕迹不明显。

2号柱础坑，位于1号柱础坑东4.7米。平面近似方形，南北长1.3~1.4米，东西宽0.9~1.15米，深0.74~0.8米，坑底较平。坑内填土现存13层。由下而上，第1层用碎红烧土铺垫砸实，厚10厘米；第2层用大块红烧土铺垫，红烧土块之间用红黏土填平，厚20厘米；第3~13层均用黄黏土铺垫砸实，层次分明，每层表面不太平整，厚薄不均，厚者8厘米，薄者2厘米。层面上夯具痕迹不明显。

现存地坪5~10层，均为青黏土铺垫，每层厚薄不均，为4~20厘米，层面不平，但很坚硬。解剖房基地坪时，在1号柱础坑的南端四侧0.5米处，发现1座小孩墓葬（M109），夹在地坪1~4层中间。

房基F26的发现具有十分重要的意义。(1)发现了大型柱础坑；(2)在大河村遗址中首次发现了版筑；(3)第一次发现了用人祭祀，这在我国新石器时代遗址发掘中非常罕见。门向不详，房内无遗物。

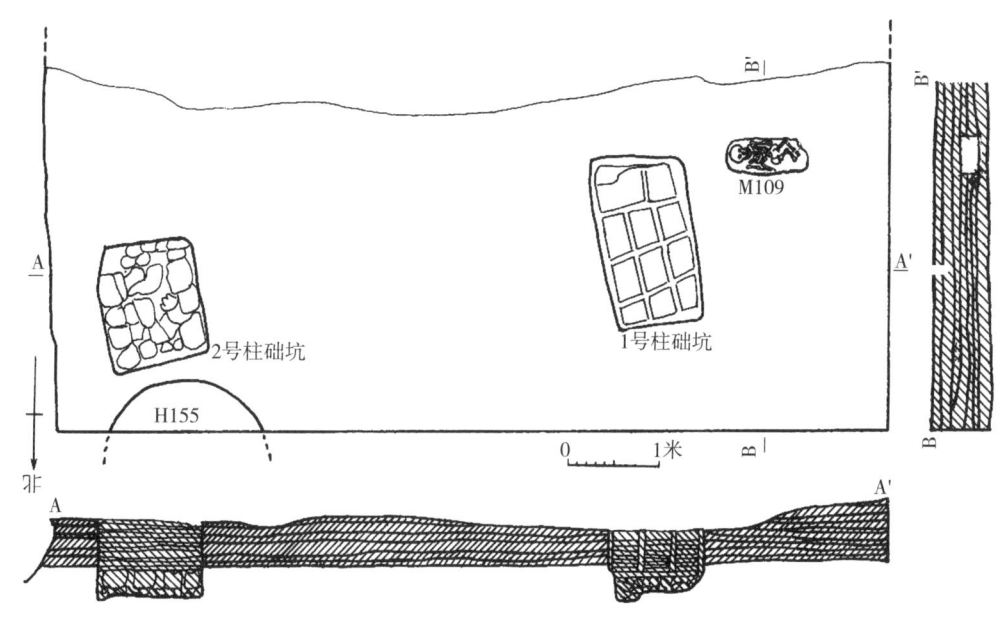

图1.27 仰韶文化第四期房基F26平、剖面图（摘自《郑州大河村》）

房基F26中1号柱础坑内的红烧土块　　房基F26中2号柱础坑内的红烧土块

图1.28 仰韶文化第四期房基F26（摘自《郑州大河村》）

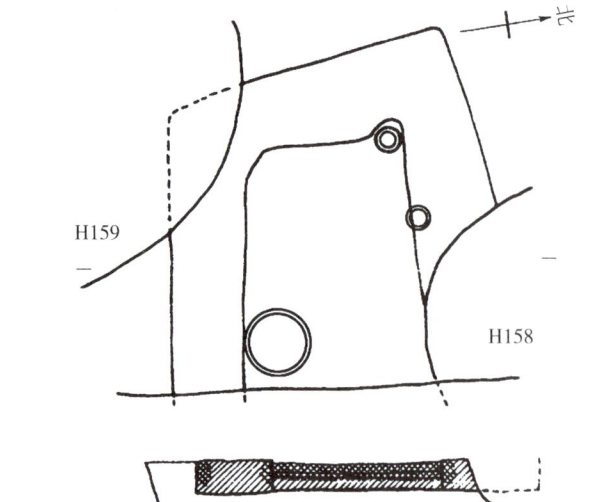

图1.29 仰韶文化第四期房基F27平、剖面图（摘自《郑州大河村》）

房基F27：距地表1.68米；它的东北和西南分别被同期H158和H159打破，东部被沟壕G2打破；房基现存平面近似长方形，南北长1.6～1.9米，东西残宽1.4～2米，面积约3平方米；四周墙壁除东墙被完全破坏外，其他两面均有残墙存在。草拌泥筑墙，墙宽40～50厘米，残高与地坪平齐；墙壁内外两侧被火烧成棕红色，墙的中部因受热较差，火候较低，而呈棕黄色；墙内仅1个柱洞，直径14厘米，深30厘米。如图1.29所示。

房基内地坪现有3层。由下而上，第1层用褐色黏土铺垫，厚8厘米；第2层用草拌泥铺垫，厚2厘米，被火烧烤成棕红色；第3层用夹砂草拌泥铺垫，厚4厘米，被火烧成砖红色，质地坚硬。房内西北角有1个柱洞，直径14厘米，深38厘米。另外在房内的东南角第3层地坪下有一个圆形圜底灶坑，直径40厘米，深10厘米。灶坑四壁和底部均涂抹1层厚约2厘米的夹砂细泥，灶坑被烧成青灰色。

房基建筑方法：首先挖基槽，基槽宽50厘米，深40厘米，而后用草拌泥筑墙，铺设地坪。

房基F34：距地表0.4米；房基的东部未清理；平面呈长方形，已清理的东西长7.7米，南北宽4米，面积30.8平方米；南、北、西三面均为红烧土块垒砌的墙壁，而且保存的较高；西墙长6.5米，南端伸出墙外0.4米，北端又另外向北延伸垒砌2.1米，墙宽60厘米，高85～95厘米，向北延伸的墙壁较窄，仅30～50厘米，南端高90厘米，北端高45厘米；南墙清理长度7.1米，宽71厘米，高85～100厘米；北墙清理长度7.4米，宽与南墙相同，房门将墙分成东西两段。如图1.30所示。

房门向北348°，门口前宽0.75米，后宽1米。房内地坪铺垫2层，下层用青黏土铺垫，厚30厘米，非常坚硬；上层铺垫一层稀疏的红烧土块，并用红黏土填缝衬平，厚25厘米。门外有一条坚硬的土路。房外在延伸处的西墙以东和北墙以北有一片红烧土块铺地，形状不规则，边沿不整齐。

房基建筑方法：先铺垫地坪砸实，而后在下层距地坪边沿0.5～1米的地方，用红烧土块垒砌墙壁。具体垒砌方法为：按墙宽每层4块并排垒砌一周。红烧土块之间的空隙用黏泥填实衬平，轮翻逐层向上垒砌。墙壁下部稍宽，上部略窄。最后用黏泥在墙壁内外两侧各涂抹厚2～4厘米的墙皮。发掘清理时大部分墙皮已经脱落。房内和墙内均未发现柱洞，也未发现烧火台或灶坑等遗迹。

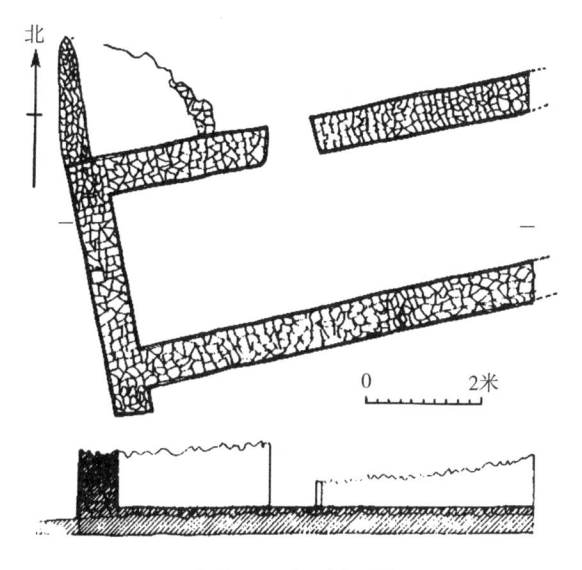

房基F34平、剖面图　　　　　　　房基F34（由西向东）

图1.30　仰韶文化第四期房基F34（摘自《郑州大河村》）

房基F36、F37距地表0.9米，被同期灰坑打破。F36和F37同时建筑，东西并列，紧密相连，共用一墙。F36在东，F37在西。如图1.31所示。

房基F36：平面呈长方形，南北长4.4米，东西宽2.15米，面积9.46平方米；房基地坪和西墙绝大部分被H191打破，而其他墙壁都保留一定的高度，F36的北墙和F37的北墙在一条直线上，南墙较F37的南墙向北错开0.5米；墙宽20~25厘米，高10~40厘米不等。

房基内地坪铺设4层。由下而上，第1层用碎红烧土铺垫砸实，厚7厘米；第2层用浅灰土铺垫，厚4厘米；第3层用草拌泥铺垫，厚2厘米；第4层用夹砂细泥铺垫，厚1.5厘米。地坪和墙壁均经火烧烤，因受热有轻有重，颜色也深浅不同。北墙受热最差，仍为泥墙，其他墙壁为棕黄色或棕红色；地坪烧烤的较重，上面两层多呈砖红色或灰色，越往下受热越差，颜色越浅。房内未发现烧火台和柱洞，墙内仅有西墙北部发现一个柱洞，呈椭圆形，直径15~20厘米，深115厘米。门向东87°，门宽0.7米，门下有一道半圆形门槛，宽10厘米，高8厘米。

房基F37：在F36的西边，东部部分地坪被H191打破，西南角和西边地坪的最上层也被破坏；平面呈方形，南北长5米，东西宽4.4米，面积22平方米；四周墙壁除东墙被破坏外，其他三面墙壁保存较好，其墙宽和高与F36相同，墙内无柱洞；房内中部偏北有一个方形烧火台，南北长1.25米，东西宽1.15米，高出地面5厘米；在烧火台的四个角上各有一个抹角方形柱桐，其中西北角的一个柱洞在角外，其他三个均在角内；柱洞大小为15厘米×20厘米，或20厘米×20厘米，深50~60厘米。

房基内地坪和F36的地坪一次铺设，两者地坪完全相同。另外，在墙外四周各铺设0.5米宽的斜坡散水。房基F36与F37可能相通，分成前、后间。但过门被H191打破。

房基建筑方法：首先挖基槽，基槽宽20~25厘米，深15~20厘米，而后用草拌泥筑墙。

房基F37利用室内4根木柱，绑成"井"字形横梁，用椽子担在横梁和墙壁上，苫成轿顶形四坡草房。房基F36较窄，可直接苫成一坡草房。而后铺设地坪，筑烧火台和房外散水。

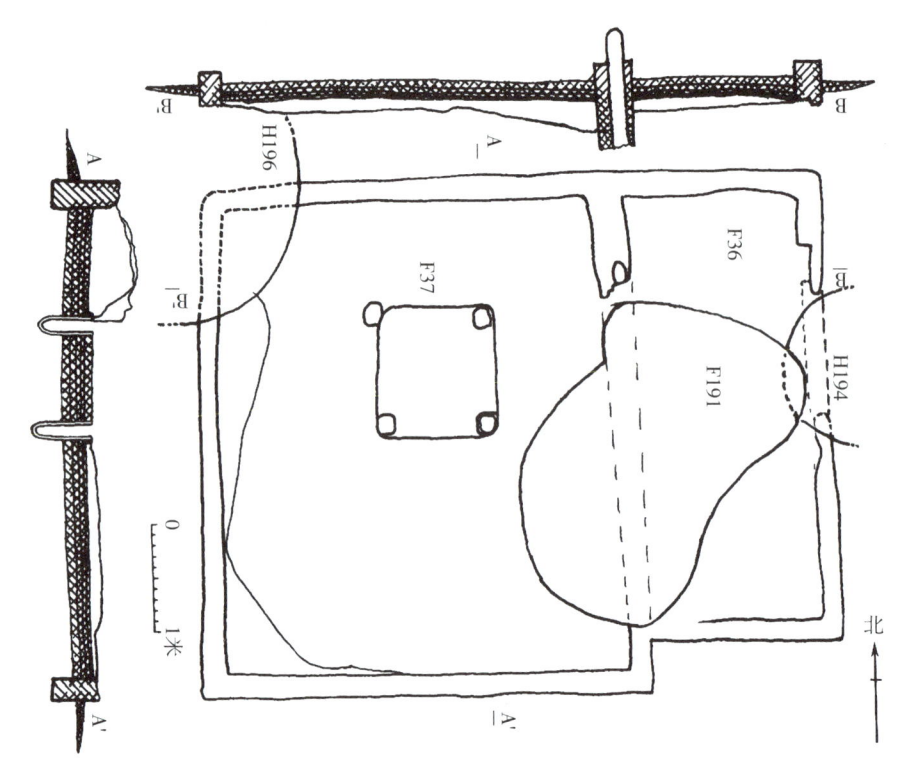

图1.31 仰韶文化第四期房基F36、F37平、剖面图（摘自《郑州大河村》）

房基F38、F39距地表1.15米；F38和F39除分别被同期Hl96、Hl95打破外，F38东墙和F39的东墙、南墙均被文化层打破；房基F38和F39为同时期建筑，南北并列，紧密相连，共用一墙，F38在北，F39在南。如图1.32所示。房基F38的平面呈长方形，东西残长5米，南北宽2.5～2.75米，面积约13平方米；四周墙壁除东墙被破坏外，其他三面均有残墙；墙宽30厘米，残高20～40厘米；墙内外两侧被烧烤成棕红色，中间呈棕黄色；墙内发现柱洞2个，直径0.12～0.2米，深1.1米，房内未发现烧火台。

房基内地坪现存8层。由下而上，第1层用碎红烧土铺垫砸实，厚15厘米；第2层用浅灰土铺垫，厚10厘米；第3层和第4层均用夹砂细泥铺垫，分别为5厘米和10厘米；第5层用草拌泥铺垫，厚3厘米；第6层用黄砂土铺垫，厚3厘米；第7层用夹砂细泥铺垫，厚3厘米；第8层用黏土、大砂和料礓石粉配制的三合土铺垫，厚3厘米。它的南半部被破坏，地坪经火烧烤，第1-7层呈棕红色，第8层呈青灰色，质地坚硬。

房基F39：东墙、南墙和西墙南端均被破坏，仅存西墙北段和北墙；平面呈长方形或方形，发掘清理范围，东西长5米，南北宽3.15米，面积15.75平方米；墙宽和高度及烧烤的程度与F38的墙壁相同。西墙内北段有一个柱洞，直径20厘米，深53厘米。房基F39房内地坪情况与F38的完全相同，房内未发现烧火台，仅发现一个柱洞，直径20厘米，深46厘米。

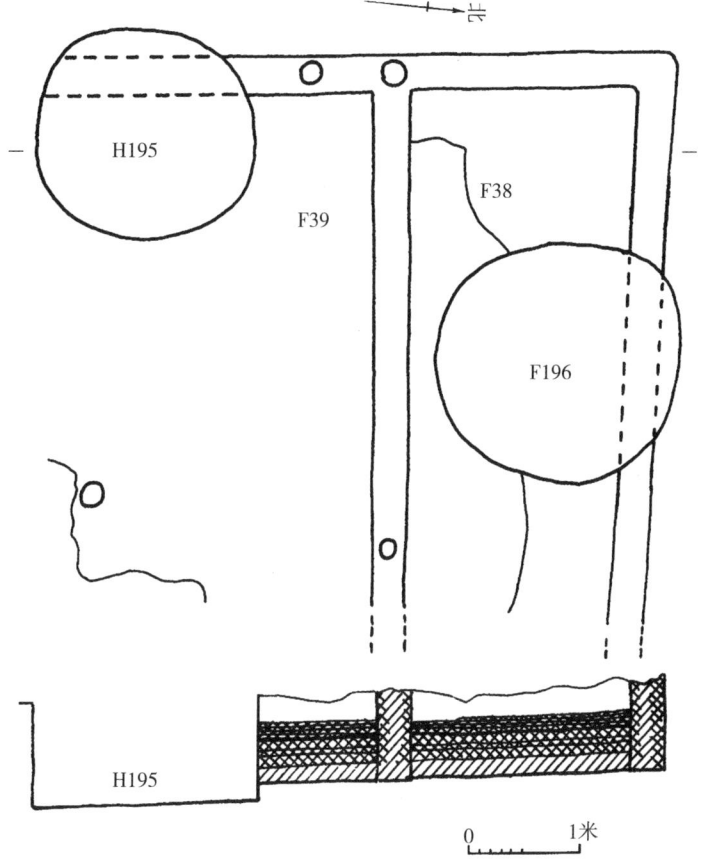

图1.32 仰韶文化第四期房基F38、F39平、剖面图（摘自《郑州大河村》）

房基F38、F39的门向不详，两者之间的隔墙上也无门道相通，房内均未发现遗物。

房基建筑方法：首先地面略加平整，不挖基槽，仅在墙基内栽少数木柱，就在地面上用草拌泥筑墙，后铺设地坪，待墙干后埋梁、苫草，成为草房。

房基F40：距地表2.2米，分别被同期H200、H201和H202打破；平面呈方形，东西长3.8米，南北宽3.5米，面积13.3平方米。如图1.33所示。房基地坪四周边界明显，四周墙壁仅存东南角及东墙南段和西北角及西墙北段，其他均已破坏；墙宽32～40厘米，保存残高10～15厘米；墙壁内外两侧均被烧烤成棕红色，中间火候较低，呈姜黄色；墙内仅在西墙中间有一个柱洞，直径18厘米，深80厘米。

房基内未发现烧火台和柱洞，地坪铺垫6层。由下而上，第1层用草拌泥铺垫，厚6厘米；第2层用细砂铺垫，厚5～6厘米；第3层和第4层均用黏土、大砂和料礓石粉配制的三合土铺垫，厚2.5厘米；第5层用细砂铺垫，厚5厘米；第6层用配制三合土铺垫，厚2.5厘米。地坪6层地面均经烧烤，上面4层（第3-6层）火候较高，呈棕红色或青灰色，下面2层火候较低，呈棕黄色；每层表面光滑，质地坚硬。房基门向不详。

房基建筑方法：首先挖宽32～40厘米，深30厘米的基槽，而后用草拌泥筑墙，铺设地坪。为使房基坚固、防潮，再用火烧烤地坪和墙壁。

房基F41：距地表2米，被同期H203～H206打破；平面呈长方形，东西长3米，南北宽1.5～1.8米，面积4.95平方米。如图1.33所示。四周墙壁一半被灰坑打破，仅存南墙东段和东墙、西墙北段及北墙西段，墙宽30～50厘米，保存高5～10厘米；东墙向北延伸，另有房基、墙壁用黏泥和烧土块垒砌，墙内侧用草拌泥抹墙皮。墙内未发现柱洞。

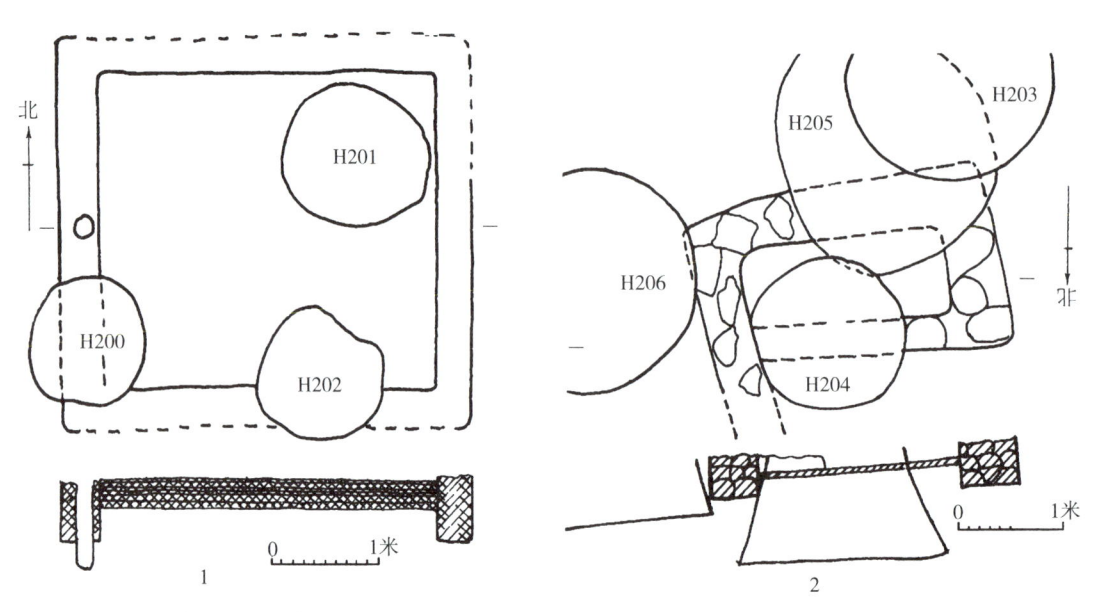

图1.33 仰韶文化第四期房基F40、F41平、剖面图（摘自《郑州大河村》）

房基内未发现烧火台和柱洞；地坪用夹砂泥铺垫1层，厚5厘米；表面平整坚硬，未经火烧烤。

房基建筑方法：首先挖宽45～50厘米，深40厘米的基槽，而后用烧土块和黏泥垒砌墙壁。在墙内侧涂抹草拌泥墙皮，铺垫地坪。由于房子面积较小，可以在墙壁上直接架梁、苫草，成为草房。门向不详，室内未发现遗物。

房基F43：距地表2.25米，它分别被同期H229、H232和龙山早期H227、H228和H231打破；F43仅残存东南部；平面呈长方形或方形，现存南北残长5.14米，东西残宽3.04米，面积15.62平方米。如图1.34所示。四周墙壁仅存部分东墙和南墙，其他墙壁均破坏；东墙残长5米，宽40～45厘米，残高11～15厘米；南墙残长2.3米，墙宽和残高与东墙相同；墙壁经火烧烤，内外两侧各15厘米厚为棕红色，中间因受热较差呈姜黄色；墙内无柱洞。

房基内未发现烧火台和柱洞，地坪铺垫3层。由下而上，第1层用灰杂土铺垫，厚5～6厘米；第2层用碎红烧土铺垫砸实，厚6～10厘米；第3层用夹砂细泥铺设，厚2厘米。在墙外四周铺垫宽8.0厘米、厚10～15厘米的散水一周，用料和层数与地坪相同，且内高外低呈坡形，地坪和散水均经火烧烤呈棕红色，较光滑，坚硬。

房基建筑方法：不挖基槽，不栽木柱，直接在砸实的地面上用草拌泥筑墙，铺垫地坪。为了使房基坚固耐用又防潮，并用火烧烤墙壁和地坪。门向不详，房内未发现遗物。

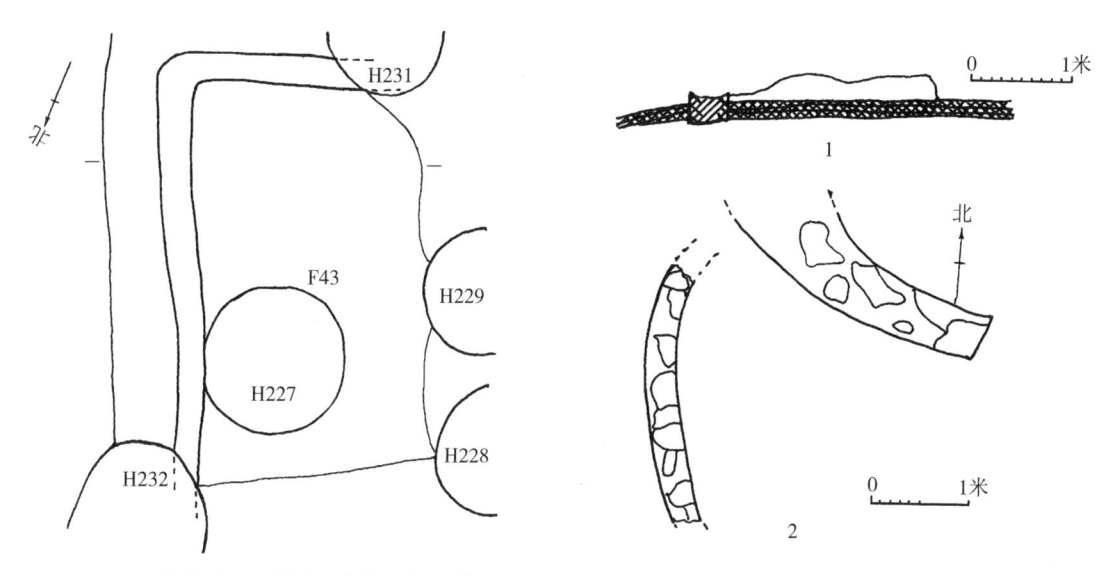

图1.34　仰韶文化第四期房基F43平、剖面图及墙壁图（摘自《郑州大河村》）

房基F44：距地表2.25米；与F43在同一个地平面上，方向也基本相同，相距不到1米；它的东墙南段与F45南墙相接处被同期W160（原W157）打破。

房基F44仅发掘清理了东南角，其他部分在方外未清理。现已清理的南墙长1.6米，东墙长1.1米，面积约1.76平方米，墙宽30～40厘米，高8～20厘米。估计房基可能呈方形或长方形，墙壁用草拌泥筑建，南墙内有3个柱洞，直径10厘米，深30厘米。

房基内地坪分上下两层，下层用夹砂细泥铺垫，上层用三合土铺垫，两层厚薄相似，为6～7厘米，皆用火烧烤。门向不详，房内未发现遗物。

房基F45仅清理南墙三段，长2.25米，宽和残高与F44的墙壁相同，F45与F44为同时期建筑，东西并列，共用一墙。地坪铺垫与F44相同。

房基F44和F45的建筑方法相同。不挖基槽，墙内只栽木柱，不加横木和芦苇束，用草拌泥筑墙。地坪用火烧烤，墙壁未经火烧烤，只是在墙壁内侧火烧地坪时附带烧烤，火候较低。

房基F47：距地表2.35米；房基的东部和北部伸向方外，西部和南部西段被破坏；平面呈长方形或方形，南北宽5.75米，东西残长2.52米，面积14.49平方米；仅存南墙一段，残长3米，宽0.25米，高0.05～0.13米；墙内柱洞3个，直径均0.1米，深0.15～0.2米。

房基内未发现烧火台和柱洞，地坪铺垫3层。由下而上，第1层用细砂铺垫，厚10厘米；第2层用草拌泥铺垫，厚7厘米，烧烤成棕红色；第3层用三合土铺垫，厚4～5厘米，烧烤成青灰色。表面平整光滑、坚硬。

房基建筑方法：不挖基槽，在墙基内先栽木柱，用草拌泥筑墙。铺设地坪，为防潮，仅烧烤地坪。门向不详，房内未发现遗物。

在大河村仰韶文化第四期建筑遗存中，除上述房基外，还发现了与房基有关的成片的地坪21处、烧火台4个、烧火池2个、灶坑1个、成排或有规律的柱洞67个，还有残墙断壁

16段等。其中在房基F47的西部有两段用红烧土块和黏土泥垒砌的弧形墙壁。与房基F41在同一平面上，在F41的西部，相距分别为1米和4米。其中一段残长2.5米，宽0.3米，高出地面10～20厘米。另一段发掘长度2.25米，宽50～75厘米，高出地面15～25厘米，一端整齐，另一端伸向探方外，两段残墙内侧都有平整坚硬的地坪，因此推测这两段墙壁应与圆形房基有关。

柱洞67个，除较零星的发现在一些探方内，多集中T23、T26、T28和T52内。柱洞多与残破地坪和烧土面及残墙共存。柱洞平面绝大多数为圆形或椭圆形，最小直径10厘米，最大直径28厘米，一般多在20厘米左右，深24～56厘米。柱洞构造有三种：（1）挖坑后直接栽埋木柱，周围用土或烧土块填实；（2）挖坑后，先分层回填保护层，保护层用料分别为碎陶片、碎红烧土和黑黏土或瓷土（坩子土）等，由外向内分层回填砸实，多则分5层，少则2-3层，最后栽木柱；（3）挖坑后，直接栽埋木柱，周围用夹砂细泥回填。上述三种柱洞，第1种数量最多，且较小、较浅，少数底部垫有大块红烧土。第2种较少，而且较大。第3种最少。

以上房基和与房基有关的零星建筑遗迹在分布上，多数集中成片出现或具有层层叠压的特点，如房基F5叠压在F10之上，F10又与F6-F10连成一个建筑群。房基F11压F12，F12压F13，F1下面还压有房基，它们层层叠压，F14又压在F15之上。这5座房基的北边6米又是F21，它们又是一群建筑，还有F36-F39、F42-F45都是如此。房基这样分片建筑，又层层叠压的特征，反映了原始部落是由若干个氏族组成的。

大河村遗址目前发现的仰韶文化第三期房基保存完好，为全国之冠，建筑工序和施工方法清晰可见。"木骨整塑"陶房的建筑方法，为研究我国古代木构建筑的起源提供了佐证。成组房基和套间的出现及由原建到扩建的发展顺序，为研究我国建筑格局演变、家庭和私有制起源等课题提供了重要的实物资料。仰韶文化第四期房基建筑方法多样化，"木骨"明显退化，墙壁大多数不再用火烧。房基的好坏差别较大，有的十分简陋，有的特别讲究，仅地坪用专门配制的三合土铺垫多层，每层铺平、砸实，厚薄均匀，表面抹光，经火烧成坚硬的青灰色，与现代水泥地坪相似，具有很好的防潮性能。

第六节　遗址价值评估

大河村遗址是中原地区仰韶文化具有代表性的史前聚落遗址，见证了黄河中下游豫中地区次级区域中心聚落的形成和发展；见证了仰韶文化产生、发展、消亡全过程直至龙山文化时期，其地层连续性具有仰韶文明完整序列标尺意义，是考古地层学的优秀标本；见证了仰韶文化以木骨整塑、版筑城墙、彩陶为代表的建造技术和制陶工艺成就；见证了黄河中下游地区的史前生态景观及人地关系状况。

1.历史价值

（1）大河村遗址面积约53万平方米，文化层堆积厚达12.5米，包含有仰韶文化、龙山文化、二里头文化和商文化，类型齐全，内涵丰富。四种文化基本上在同一位置持续发展下来，时间长达3300多年，这是其他古代遗址所不及的。大河村遗址经历了原始社会母系氏族繁荣阶段、父系氏族阶段，直至夏商时期奴隶社会阶段，是郑州地区远古文化发展的完整缩影，为研究中华民族五千年的文明史提供了珍贵的实物资料。

（2）大河村遗址目前已发现的各类遗迹形态完整，功能布局明确。房基、窖穴（灰坑）、陶窑、墓葬等数量众多，其分布密集、布局完整、工艺先进、保存完好，构成了在长达3000年时间内大河村遗址非常清晰的村落布局。尤其是出土的史前房基遗址，为世人惊叹。其中仰韶文化房基F1～F4是我国迄今为止发现的保存最完好的史前居住基址，为研究我国古代建筑的起源提供了佐证。

（3）大河村遗址最为典型、最具特色的出土遗物当数彩陶。遗址中出土的彩陶数量极多，色彩绚丽，图案丰富，在仰韶文化中独树一帜。其白衣彩陶、红衣彩陶和丰富多彩的图案类型、高超而娴熟的绘画手法、种类繁多的器物类型，标志着史前彩陶文化达到了一个空前绝后的高峰，也绘就了一幅史前文化欣欣向荣、高度发达的历史场景。在彩陶图案中，大量的太阳纹、月亮纹、日晕纹、星座纹等天象图案，反映了大河村先民已经充分注意到人与自然的关系，是我国目前已知最早的天文学实物资料。而彩陶双连壶两壶并联相通，造型独特，被誉为中国史前最美丽的彩陶。

（4）大河村各期文化与周边地区诸文化有着密切的关系，如大河村仰韶文化出土有一些山东大汶口文化和湖北屈家岭文化的遗存。这为研究我国黄河中、下游文化与长江流域诸文化的交流融合提供了确凿的地层证据和实物资料，也是我国古代各民族大融合的历史见证。

（5）大河村遗址中的仰韶文化遗存延续了2400多年，包含了仰韶文化产生、发展和消亡的全过程，是全国史前遗址中较为珍贵的一处。大河村仰韶文化分七期，每期都有单独地层和各具特征的文化面貌，而且每期之间都有明显的一脉相承的发展演变关系，包括了仰韶文化发展的全过程。大河村遗址的发掘和整理研究，为黄河流域仰韶文化的区域划分和豫中地区仰韶文化的发展序列、分期及类型的划分，找到了一个尺度。

2.科学价值

（1）大河村遗址出土的彩陶特别丰富，对研究彩陶的发展规律和风格规律具有突出的资料价值和标本价值。

（2）大河村遗址出土的仰韶文化第三期陶器制法已开始出现轮制，并有较高的工艺水平，对研究仰韶陶器制作工艺具有实证价值。

（3）从出土的仰韶文化各期器物中可以清楚地看到，大河村各种彩陶遗物反映了彩陶在仰韶文化中由简单到复杂、再由复杂到简单、直至消失的全过程。

为仰韶文化分期、划分文化类型、确定各文化类型早晚关系等学术领域的研究，提供丰富的实物资料，具有十分突出的价值。

大河村仰韶文化的前三期和前二期是彩陶的产生阶段，彩陶不仅数量少，且花纹特别简单，只有带状和宽带纹，不施陶衣，仅用黑、棕、红单彩。彩施于少数钵、碗、豆的口沿部分。

仰韶文化前一期至第二期为仰韶文化中期，也是彩陶的发展阶段，彩陶数量和花纹图案都有明显增多。花纹图案除少数沿用带状纹外，更多的是直线纹、平行直线纹、三角纹、圆点纹、圆点圆圈纹、钩叶纹、花瓣纹、睫毛纹、网纹、月亮纹和鱼纹等，而且开始施白色和米黄色陶衣。花纹图案除施黑、棕、红单彩外，还有黑红或棕红两彩兼施的。施彩器形除钵、碗外，还有盆、瓶、器座、器盖等。施彩的部位扩大到腹部。同时还发现了釉陶。

仰韶文化第三期为仰韶文化的晚期，是彩陶发展的鼎盛期。彩陶不仅数量多，而且白衣彩陶最丰富，花纹图案繁多。彩色特别鲜艳，花纹图案除沿用前几期一些花纹外，更多的是具有自身特征的锯齿纹、六角星纹、"∽x"纹、古钱纹、昆虫纹、菱形纹、豆荚纹、舟形纹、莲蓬纹、木骨纹、树形纹、树叶纹、花蕾纹、太阳纹、日晕纹等。花纹图案多为黑、红或棕、红两彩兼施，施黑、红、棕单彩的较少。施彩的器形除前者外，还有罐、壶和陶环等。

大河村仰韶文化第四期为仰韶文化向龙山文化的过渡期。彩陶明显衰退，接近尾声。白衣彩陶已经消失，仅有少数红衣彩陶，更多的是泥质红陶抹光直接施黑彩，或泥质灰陶抹光直接施红彩，不见两彩兼施的。花纹图案简单，笔画草率。花纹图案除沿用前几期常见的一些花纹外，更多的是具有自身特征的禾苗纹、重叠"八"字纹、曲线纹、顿点纹、垂帐纹、蝶须纹、"互"字纹、水波纹等。主要施于钵、盆、罐、碗、瓮和器盖的上腹部。

（4）大河村仰韶文化出土彩陶中的一些与天文有关的花纹图案如月亮纹、太阳纹、日晕纹和彗星纹等，是我国目前发现最早的天文学资料。它比殷商时代甲骨文中的天文资料还早两千年左右，对研究我国古代天文学和历法具有十分重要的科学价值。

大河村仰韶文化出土彩陶中有关天文图像的资料，约距今5500年至4400年。其重要性在于数量较多，内容丰富。有月亮纹、太阳纹、日晕纹、星座纹和彗星纹等。如果单独出现一种，就很可能是为了单纯的装饰。但这些与先民的生活、生产息息相关的天文图像集中出现在大河村仰韶文化第二、三、四期里，看来既不是单纯的花纹装饰，也不是随便画个月亮或太阳，而其中必然另有含义。这可能反映了大河村先民们通过在长期的生活、生产当中不断地对太阳、月亮和星辰等天相观察，已经发现了月亮每运行一个周期，都要重复出现三种形状不同月相的规律（即后来人们所说的上半缺、满月和下半缺）；也可能是当时先民们一月的记时概念。另外，每个陶钵上绘有三个月亮纹，可能反映了先民们已经认识到三个月为季度的自然规律。每个陶钵上绘有12个太阳，可能反映了先民们已经产生"十二个月为一年"的概念。日晕俗称"风圈"或"雨圈"，反映天气好坏，是刮风天还是下雨天。彗星（流星）为不祥之照，星落了要死人。当时先民们是否有这样的认识或想法。星座纹如果是表示三岁星的话，就与农业有密切的关系。三岁星出现在正南方时是种麦时间，三岁星出现在西南方时是种秋庄稼的时间。

上述一些天文图像，很可能与我国原始历法和天文学有关。恩格斯曾指出："必须研究自然科学各个门部的顺序发展。首先是天文学–游牧民族和农业民族为了定季节，就绝对需要它。"大河村先民们为了生活和生产的需要，就不断地在生活、生产的实践中，观察认识和总结一些自然现象和变化规律。其中包括与人类生存关系最密切的太阳、月亮和星体的一些运行和变化，并用生动形象的花纹图案绘在一些陶器上，成为我国目前发现最早的天文学资料。

（5）大河村遗址仰韶文化三、四期遗存在河南，特别是在豫中地区仰韶文化同类型遗址中具有很强的代表性和独特性，是仰韶文化类型学研究中一个独立的地方类型——"大河村类型"，具有极高的科学价值。

大河村遗址"木骨泥墙"（又名"木骨整塑"）陶房的建筑方法，为研究我国古代木构建筑的起源提供了佐证。成组房基和套间的出现及由原建到扩建的发展顺序，为研究我国建筑格局演变、家庭和私有制起源等提供了重要的实物资料。房基的出土反映了中国北方传统民居建筑诞生阶段的基本形制，对于研究中国古代建筑史、探讨当时社会的组织结构以及婚姻、家庭形态具有重要意义。

仰韶文化自1921年首次发现并定名以来，至今已有80多年的历史。各地共试掘或发掘仰韶文化遗址近300处，但无一处能像大河村遗址一样涵盖了仰韶文化由产生到消亡、延续2400多年的发展全过程；其遗址面积之大、文化层堆积之厚、延续时间之长、文化内涵之广、文化发展序列之完整，是中原地区数千处古遗址中罕见的，堪称中原仰韶文化的集大成者，甚至连著名的西安半坡、山东大汶口、浙江余姚河姆渡等遗址也无法与之相比。

3. 艺术价值

（1）大河村遗址出土了大量精美的彩陶，在仰韶文化中独树一帜。彩陶双连壶、白衣彩陶钵等造型独特，为中国古代彩陶艺术中的珍宝。

双连壶巧妙利用连通器的原理，将两个一模一样的陶壶连为一体，中间有椭圆形小口相通，现已成为我国仰韶文化的代表性器物；出土的白衣彩陶盆则以体型硕大、造型典雅、花纹繁缛著名，特别是"锔补"技艺的出现，将我国陶瓷锔补技艺出现的历史大大提前。而彩陶上的纹样颜色鲜艳，图案繁多、绚丽，是大河村先民对美的最初认识。

（2）大河村彩陶纹饰多集中在器物的腹部，以白色打底，黑彩或棕彩绘图，构图严谨，颜色鲜艳，图案繁多、绚丽，笔画刚劲有力，构图严谨，体现了远古先民的绘画水平，具有很高的艺术造诣。

（3）另外，大河村遗址出土的各种装饰品：骨簪、陶环、挂件和玉器制品，构成了当时先民对美学的整体理解，无不体现出当时大河村先民在艺术上的造诣和在精神文化上的追求。

从艺术本体的角度出发，大河村先民创造的原始彩陶和各种装饰品，虽然技法还比较稚拙和粗率，却无处不流露出人们纯真的审美和淳朴的愿望，他们的艺术创造是最接近人性本源的艺术创造，是最纯真的艺术创造。

4.社会文化价值

作为一个历经三千多年的史前聚落，大河村遗址拥有完整的农业发展生态，成熟的陶器、石器、骨器和玉器等手工产业，齐全的房屋居住、活动广场和墓葬区等生活布局，并发展出较为进步的生活习俗、文化信仰和朴素的美学追求。其突出的历史价值、科学价值和艺术价值是郑州地区史前文明高度发展的见证，并紧接着夏商时期，一脉相承地延续了下来，促进了中原地区文明的发展，是华夏文明发展的根源之一。

大河村遗址所体现出来的郑州地区多种文化、遗址间的交流，以及上升到黄河流域与长江流域文化交流的现象，是我国史前时期民族融合、文化交融的历史见证，是我国多民族融合发展的史前代表。

总之，大河村遗址的发现和发掘为我国新石器时代考古学和郑州地区仰韶文化发展序列的研究提供了十分重要的实物资料，同时也为探讨我国原始社会至奴隶社会这一漫长的历史提供了重要的实物资料。

PART
02

第二部分

勘察篇

大河村遗址仰韶文化房基保护修复
研究

第二章
大河村遗址场地岩土勘察

第一节 遗址场地条件

1.地形地貌

大河村遗址地处河南省中北部,属黄河冲积平原区,豫西山地、邙山(丘陵)与黄淮平原接壤地带。遗址地处华北平原西南部的边缘地带,横跨我国第二级和第三级地貌台阶,西南部嵩山属第二级地貌台阶前缘,东部坦荡的平原为第三级地貌台阶后部组成部分,区域性差异明显。遗址地势平坦而且低洼,距古代的莆田泽较近。遗址场地地面相对标高在96.08米~100.60米之间。遗址北侧紧邻连霍高速,西侧距中州大道约700米,地面有微小起伏,西高东低,北高南低,局部有少量人工堆土,高度1.5–2.5米不等。

2.地质构造

郑州地区属于新构造运动分区的黄淮平原构造区,持续沉降区中的现代隆起区,在区域构造中是相对稳定的。遗址场地内主要存在两组断层,一组为NW、NNW向,一组为EW向。NW、NNW向断层主要有老鸦陈断层、花园口断层;EW向的主要有上街断层、须水断层、中牟断层和中牟北断层。上述断层均属盖层断层,切割不深,断距不大,除老鸦陈断层和花园口断层外,新第三纪以来没有活动的迹象。

3.地层及岩土特性

遗址区域属华北冲洪积平原地层分区,场地地层主要由杂填土及第四系晚更新统冲积成因类型的粉质粘土和细砂层组成。根据工程地质钻探、标准贯入试验、静力触探及室内土工试验结果,在勘探深度范围内将场地地层分为6层,由第①层的第四系全新统(Q4ml)杂填土和第②~⑥层的第四系全新统(Q4al+pl)粉土、粉质粘土和粉砂组成,场地地层的岩土特征自上而下分别描述如下:

（1）杂填土，杂色，主要由粉土和生活垃圾组成，包含有较多碎陶片、烧结块、碎砖块、老房基、植物根系和腐殖质，稍湿，松散。层底标高97.30～98.39米，层底埋深1.00～2.10米，平均1.23米。

（2）粉土（文化层）：褐～深褐色，湿，含较多碎陶片、烧结块，上部含植物根系，稍密～中密，无摇振反应。层底标高93.38～94.79米，层底埋深4.00～5.80米，平均4.91米。

（3）粉土：黄褐色，中密～密实，摇振反应中等，无光泽反应，含少量青灰色和红色陶片。上部粘粒含量较高。层底标高90.40～91.58米，层底埋深7.40～9.90米，平均8.23米。

（4）粉土：褐黄色，饱和，中密～密实，摇振反应中等，无光泽反应，含少量蜗牛壳碎片，可见少量铁质锈斑，局部夹粉质粘土和粉砂薄层。层底标高88.11～89.88米，层底埋深8.90～12.20米，平均9.92米。

（5）粉质粘土：青灰～深灰色，湿，可塑，干强度中等，韧性中等，无摇振反应，切面稍有光泽，含少量腐殖质和蜗牛壳碎片，局部夹粉土和粉砂薄层。层底标高83.78～86.21米，层底埋深13.10～16.00米，平均14.09米。

（6）粉砂：浅黄色，饱和，密实，颗粒级配差，砂质较纯，主要成分为石英、长石，含少量暗色矿物，局部夹粉土薄层。该层未揭穿，最大揭露厚度6.90米。

各层土的厚度、层底埋深和层底标高见表2.1。

表2.1 遗址场地地层厚度埋深及层底标高统计表

层号	厚度（米）			层底标高（米）			埋深（米）			数据个数
	最小值	最大值	平均值	最小值	最大值	平均值	最小值	最大值	平均值	
1	1.00	2.20	1.23	97.30	98.39	97.84	1.00	2.20	1.23	12
2	2.80	4.30	3.68	93.38	94.79	94.16	4.00	5.80	4.91	12
3	2.60	4.10	3.33	90.40	91.58	90.84	7.40	9.90	8.23	12
4	0.80	2.90	1.68	88.11	89.88	89.16	8.90	12.20	9.92	12
5	1.90	5.90	4.18	83.78	86.21	84.98	13.10	16.00	14.09	12
6	最大揭露厚度6.90m									

3.遗址土物理力学性质

采用钻探、静力触探、标准贯入试验、室内试验等多种方法和手段，对遗址场地土的物理力学性质进行综合判定。

3.1 室内土工试验指标

（1）土的物理力学指标

根据室内土工试验，按工程地质分层分别进行分析，分析过程中舍弃由土样扰动、测试偶然误差和不具代表性的数据。采用戈罗贝斯（Grubbs）方法舍弃异常数据后取值，取$\alpha=0.05$，置信度95%，当统计数小于6时只给出平均值。由室内土工试验结果统计得出各土层物理力学指标分层统计表，见表2.2。

表 2.2　遗址各土层物理力学指标分层统计表

岩土名称	指标值别	含水量 w / %	比重 Gs / —	重度 γ / KN/m³	干重度 γ_d / KN/m³	孔隙比 e / —	饱和度 Sr / %	液限 w_l / %	塑限 w_p / %	塑性指数 I_p / —	液性指数 I_L / —	直剪快剪 q C / kPa	直剪快剪 q Φ / °	压缩系数 a_{1-2} / MPa⁻¹	压缩模量 E_s / MPa
②粉土	统计个数	6	6	6	6	6	6	6	6	6	6	6	6	6	6
	最大值	21.50	2.70	19.89	16.76	0.99	88.00	28.60	19.00	9.60	0.28	20.00	25.00	0.41	11.41
	最小值	18.50	2.70	15.78	13.33	0.58	50.60	26.90	18.40	8.50	0.01	13.00	14.00	0.14	4.83
	平均值	19.42	2.70	18.55	15.53	0.71	75.78	28.12	18.87	9.25	0.06	15.83	20.37	0.28	6.81
	标准差	0.96	0.00	1.35	1.13	0.14	12.08	0.57	0.21	0.36	0.10	2.27	3.35	0.08	2.17
	变异系数	0.05	0.00	0.07	0.07	0.19	0.16	0.02	0.01	0.04	1.70	0.14	0.16	0.30	0.32
	标准值											13.96	17.60	0.35	5.01
③粉土	统计个数	6	6	6	6	6	6	6	6	6	6	6	6	6	6
	最大值	28.20	2.70	19.89	16.66	0.89	93.30	28.70	19.10	9.70	0.96	17.00	23.50	0.45	9.79
	最小值	19.20	2.70	17.35	14.01	0.59	69.60	27.20	18.60	8.60	0.02	6.00	6.30	0.16	4.12
	平均值	22.90	2.70	18.90	15.40	0.73	85.83	28.35	18.95	9.40	0.42	12.33	16.97	0.28	6.88
	标准差	3.17	0.00	0.94	1.03	0.12	7.67	0.53	0.17	0.37	0.33	4.19	5.30	0.11	2.11
	变异系数	0.14	0.00	0.05	0.07	0.16	0.09	0.02	0.01	0.04	0.78	0.34	0.31	0.38	0.31
	标准值											8.87	12.59	0.37	5.14
④粉土	统计个数	9	9	9	9	9	9	6	6	6	6	7	7	8	8
	最大值	27.60	2.70	19.72	16.19	0.82	97.40	28.20	19.00	9.20	0.97	15.00	23.00	0.15	14.84
	最小值	21.40	2.70	18.54	14.52	0.64	82.80	23.00	16.70	6.30	0.69	9.00	15.50	0.11	11.85

表 2.2 续

岩土名称	指标值别	含水量 w %	比重 G_s —	重度 γ KN/m³	干重度 γ_d KN/m³	孔隙比 e —	饱和度 S_r %	液限 w_l %	塑限 w_p %	塑性指数 I_p —	液性指数 I_L —	直剪快剪 q C kPa	直剪快剪 q Φ °	压缩性 压缩系数 a_{1-2} MPa⁻¹	压缩性 压缩模量 E_s MPa
④粉土	平均值	23.73	2.70	19.34	15.65	0.70	92.19	25.15	17.62	7.53	0.84	11.00	20.14	0.12	13.60
	标准差	1.70	0.00	0.41	0.49	0.05	4.11	1.81	0.85	0.99	0.10	1.77	2.73	0.01	1.10
	变异系数	0.07	0.00	0.02	0.03	0.08	0.04	0.07	0.05	0.13	0.12	0.16	0.14	0.10	0.08
	标准值											9.69	18.12	0.13	12.85
	统计个数	11	11	11	11	11	11	11	11	11	11	11	11	8	8
⑤粉质粘土	最大值	40.20	2.70	20.0	16.6	1.3	94.2	40.5	23.9	16.6	0.99	33.0	17.5	0.8	5.1
	最小值	19.80	2.71	15.99	11.38	0.60	81.90	31.20	19.70	11.50	0.01	16.00	14.00	0.24	2.87
	平均值	33.75	2.71	17.39	13.12	1.07	86.46	37.38	22.37	15.01	0.72	23.27	15.73	0.54	3.73
	标准差	7.87	0.00	1.49	1.98	0.28	3.94	3.65	1.71	1.94	0.38	4.37	1.09	0.18	0.76
	变异系数	0.23	0.00	0.09	0.15	0.26	0.05	0.10	0.08	0.13	0.52	0.19	0.07	0.33	0.20
	标准值											20.86	15.12	0.66	3.70

（2）粉土层的粘粒含量分析

各粉土层的粘粒含量分析结果见表2.3。

表2.3　粉土层粘粒含量统计表

层号	②	③	④
数据个数	12	16	10
最小值（%）	12.0	12.0	4.0
最大值（%）	15.0	18.0	8.0
平均值（%）	13.6	14.9	5.8

（3）粉砂层颗粒粒径分析

采用颗粒分析法分析粉砂层颗粒粒径含量，分析结果如表2.4。

表2.4　遗址粉砂土颗粒分析结果表

层号	粒径（mm）	细砂0.25~0.075	粉粒0.075~0.005	粘粒∠0.005
⑥	最小值	52	25	2
	最大值	73	45	3
	平均值	64.8	32.7	2.5
	统计数	11	7	11

（4）有机质含量分析

根据钻探结果，对第②层粉土（文化层）和第⑤层青灰~深灰色的粉质粘土取样进行有机质含量分析，分析结果见表2.5。

表2.5　遗址土有机质含量分析结果表

层号	值别	有机质含量（%）
②	最小值	1.8
	最大值	1.3
	平均值	1.6
	统计数	2
⑤	最小值	2.0
	最大值	7.4
	平均值	5.4
	统计数	11

按《岩土工程勘察规范（2009版）》（GB50021-2001）（2009年版）附录A有关规定，根据表2.5的分析结果，第⑤层粉质粘土为有机质土。

3.2 静力触探试验

根据静探试验对锥尖阻力qc和侧壁阻力fs进行分层统计，取厚度加权平均值和小值平均值，并按经验公式根据qc平均值换算出各土层的比贯入阻力，其中砂土和粉土的换算公式为Ps=1.1qc，粘性土换算公式为Ps=1.18qc。根据常用成熟经验公式推算各土层的承载力特征值和压缩模量。静力触探试验分析结果见表2.6。

表2.6 遗址静力触探综合分析结果表

层号	土名	尖阻力范围值qc（MPa）	锥尖阻力平均值qc（MPa）	锥尖阻力小值平均值qcmin（MPa）	比贯入阻力Ps（MPa）	侧壁摩阻力平均值fs（kPa）	承载力特征值fak（kPa）	压缩模量Es0.1-0.2（MPa）	统计数
②	粉土	1.6~2.4	1.95	1.77	1.95	69	105	5.0	4
③	粉土	0.6~0.8	0.73	0.67	0.79	38.5	100	4.1	4
④	粉土	6.4~7.0	6.68	6.54	7.19	111.5	160	14.0	4
⑤	粉质粘土	0.9~1.2	1.05	0.98	1.16	13.5	135	5.5	4
⑥	细砂	14~16	15.0	14.5	15.95	148	280	28	2

3.3 标准贯入试验

遗址各层土标准贯入试验舍弃异常数据后，对经杆长修正后和未经杆长修正的标贯击数分别进行分析，分析结果见表2.7。

表2.7 标准贯入试验成果统计表

层号	实测标贯击数N'（击）范围值	平均值	修正后标贯击数N（击）范围值	平均值	地基承载力特征值	数据个数
②	4~8	5.8	3.7~7.7	5.6	120	6
③	3~6	4.9	2.6~5.5	4.3	115	9
④	10~34	20.7	8.5~27.9	17.2	150	3
⑤	6~11	7.4	4.6~8.8	5.9	145	9
⑥	48~93	66.4	34.6~69.8	48.7	290	7

3.4 遗址场地地下水及土的腐蚀性评价

根据区域资料及本次勘察结果，遗址场地内地下水主要为第四系潜水，含水层主要为第③层粉土、第④层粉土、第⑤层粉土和第⑥层粉砂。勘察期间遗址场地地下水混合水位埋深在5.38～5.92米之间，相对标高93.20～93.46米之间。地下水主要受大气降水补给，蒸发排泄和人工开采排泄，其动态变化主要受季节性降水的影响，从7月中旬至10月上旬是每年丰水期，每年12月至来年2月为枯水期。水位年变幅2.0～4.0米左右。根据资料记载，该区域地下水的流向大体上自西向东流动，流速很小。根据2013年4月份枯水期郑州市浅层地下水水位统调资料分析，如图2.1所示。

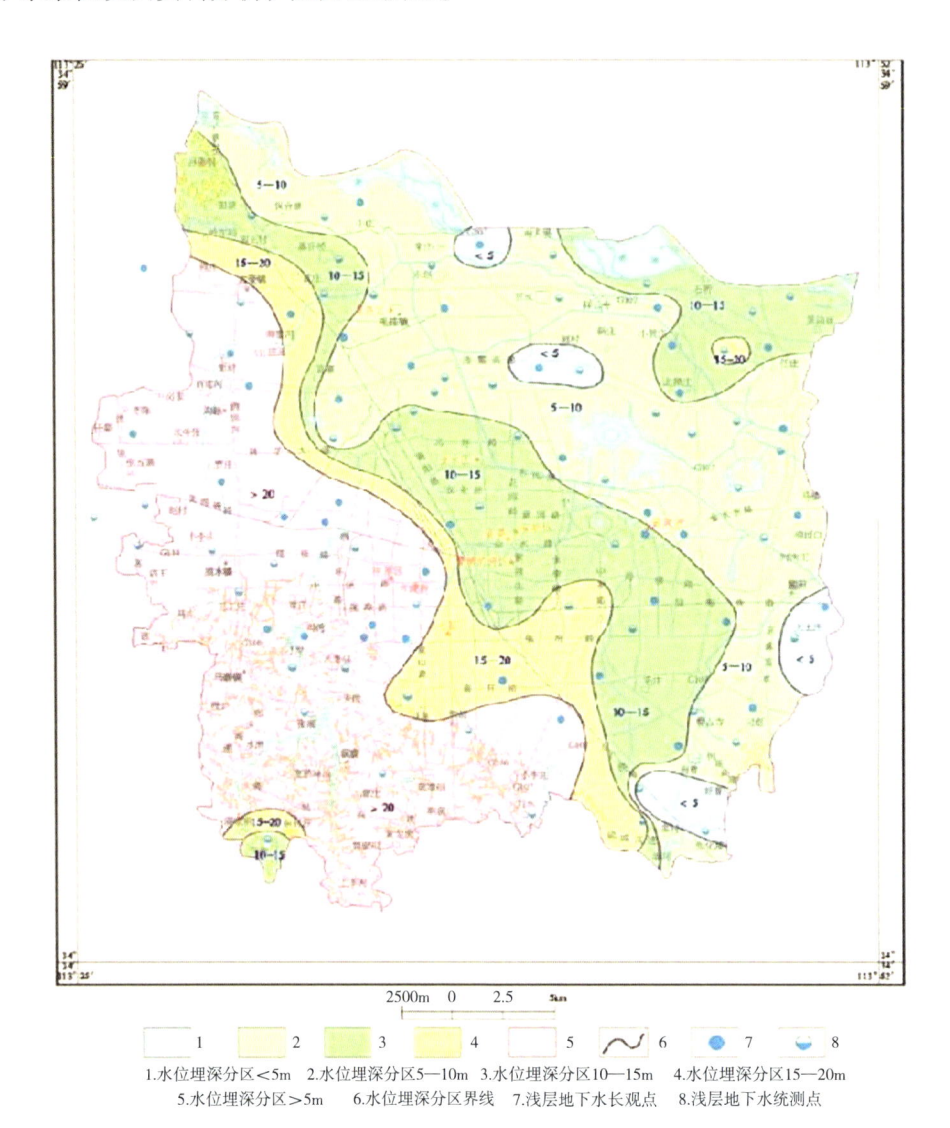

1.水位埋深分区<5m 2.水位埋深分区5—10m 3.水位埋深分区10—15m 4.水位埋深分区15—20m
5.水位埋深分区>5m 6.水位埋深分区界线 7.浅层地下水长观点 8.浅层地下水统测点

图2.1　郑州市浅层地下水枯水期水位埋深分区图

根据郑州地区经验，地下水变化幅度约为1.00～3.00米，根据土工试验结果，各层的渗透系数如表2.8所示。根据土工试验结果，上部土层的渗透系数一般为0.46～0.54m/d。

表2.8 遗址土层渗透系数表

层号	值别	渗透系数k 10^{-4}cm/s	m/d
③粉土	最小值	4.6	0.40
	最大值	5.7	0.49
	平均值	5.3	0.46
	统计数	3	
④粉土	最小值	6.2	0.54
	最大值	6.3	0.54
	平均值	6.25	0.54
	统计数	2	

为了确定遗址场地地下水的水质类型及判断地下水的腐蚀性，取水样进行水质分析。水质分析结果见表2.9，地下水水质类型为HCO_3–Ca型水。根据《岩土工程勘察规范（2009版）》，地下水对混凝土结构具有微腐蚀性，对钢筋混凝土结构中的钢筋在长期浸水条件下具有微腐蚀性，同时在干湿交替条件下也具有微腐蚀性。

表2.9 水质分析结果表

分析项目 mg/kg		P（BZ$^±$） mmol/kg	C（1/ZBZ$^±$） %	X（1/ZBZ$^±$）	分析项目	$CaCO_3$ mg/kg
阳离子	K^++Na^+	72.76	2.910	18.27	总硬度	365.08
	Ca^{2+}	224.45	11.200	70.31	负硬度	238.90
	Mg^{2+}	22.13	1.820	11.42	暂时硬度	365.08
	合计	319.34	15.930	100	总碱度	603.98
阴离子	Cl^-	131.97	3.722	23.37	分析项目	P（BZ$^±$） mg/kg
	SO_4^{2-}	110.95	2.310	14.50		
	HCO_3^-	603.98	9.898	62.13	游离CO_2	15.40
	CO_3^{2-}	0.00	0.000	0.00	矿物度	1166.23
	合计	846.90	15.930	100	pH	7.42

为了确定遗址场地土的腐蚀性，取土样进行土的腐蚀性试验，分析结果见表2.10。根据《岩土工程勘察规范（2009版）》，土对混凝土结构具有微腐蚀性，对钢筋混凝土结构中的钢筋也具有微腐蚀性。

表2.10 土的腐蚀性分析结果表

分析项目 mg/kg		P（BZ±） mmol/kg	C（1/ZBZ±） %	X（1/ZBZ±）	分析项目 mg/kg	CaCO₃
阳离子	K⁺+Na⁺	59.55	2.382	21.69	总硬度	241.14
	Ca²⁺	127.25	6.350	57.82	永久硬度	201.20
	Mg²⁺	27.36	2.250	20.49	暂时硬度	201.20
	合计	214.16	10.982	100	总碱度	201.20
阴离子	Cl⁻	159.96	4.512	41.09	分析项目	P（BZ±） mg/kg
	SO₄²⁻	122.48	2.550	23.22		
	HCO₃⁻	164.45	2.695	24.54	侵蚀CO₂	0.00
	CO₃²⁻	36.75	1.225	11.15	矿物度	697.80
	合计	483.64	10.982	100	pH	8.42

第二节 遗址场地地震效应评价

1. 遗址场地类别划分

根据郑州地区区域资料，遗址场地覆盖层厚度大于50米，估算场地土的等效剪切波速Vse=196m/s，郑州市抗震设防烈度为7度，设计基本地震加速度为0.15g，设计地震分组第二组。依据《建筑抗震设计规范》（GB50011-2010）第4.1.6条规定，建筑场地类别为Ⅲ类。根据《建筑抗震设计规范》（GB50011-2010）确定场地设计特征周期为0.55s。

2. 遗址场地的抗震液化判别

遗址场地内地层主要由第四纪全新世（Q4）的粉质粘土和细砂层构成。根据《建筑抗震设计规范》（GB50011-2010）的有关规定，场地埋深20米范围内可能液化的土层为②、③、④层粉土和⑥层粉砂，根据《建筑抗震设计规范》（GB50011-2010）第4.3.3条规定进行初判后，粉土层粘粒含量均大于10%，可判为不液化，对粘粒含量小于10%的粉土层和粉砂层尚需根据下式进一步判别：

当 $N_{63.5} < N_{cr}$ 时判为液化

$$N_{cr} = N_0 \beta \left[\ln(0.6d_s + 1.5) - 0.1 d_w \right] \sqrt{3/\rho_c}$$

判别液化时地下水位按最高水位埋深2.3米考虑，判别结果见表2.11。

表2.11 遗址场地液化判别成果表

孔号	层号	d_s(m)	N_0	d_w(m)	ρ_c(%)	$N_{63.5}$	N_{cr}	判别结论
1	②	3.5			12	5		不液化
		4.5			13	4		不液化
		5.5			14	4		不液化
	③	6.5			13	5		不液化
		7.5			17	6		不液化
	④	8.5			18	10		不液化
	⑥	14.5	10	2.3	3	90	19.9	不液化
		15.0	10	2.3	3	74	20.2	不液化
10	②	3.0			13			不液化
		4.0			13			不液化
	③	5.0			14			不液化
		6.0			15			不液化
		7.0			17			不液化
		8.0			18			不液化
	④	9.0	10	2.3	8	18	10.7	不液化
		10.0	10	2.3	7	34	11.2	不液化
	⑥	15.0	10	2.3	3	93	20.2	不液化
		16.0	10	2.3	3	60	20.7	不液化
		17.0	10	2.3	3	48	21.2	不液化
		18.0	10	2.3	2	48	21.7	不液化
		19.0	10	2.3	2	66	22.1	不液化
		20.0	10	2.3	2	62	22.5	不液化

根据表2.11液化判别可知，在地下水位埋深为2.3米时，地面下埋深20.0米以内各层地基土不液化。

3.遗址抗震地段的划分

根据郑州地区区域资料，按《建筑抗震设计规范》（GB50011-2010）有关规定，按地面下20米范围内各土层类型综合评定土的类型为中软场地土，遗址场地平坦、开阔。按照划分标准，场地属抗震一般地段，根据《建筑工程抗震设防分类标准》（GB50223-2008）有关规定，建筑抗震设防分类为重点设防类。

第三节　遗址岩土工程分析评价

1.遗址场地稳定性评价

遗址场地范围及其附近无地震活动断裂通过，无影响安全的不良地质作用，无影响稳定性的不利埋藏物，因此遗址场地是稳定的。

2.遗址场地工程环境条件

遗址场地中部、东部有建筑物，北侧为2层建筑物，场地内西侧、南侧和北侧区域遗留有考古挖掘坑，宽约3.0～8.0米，深约2.3～2.5米，场地东北侧有高约1.2～2.1米土堆。

3.遗址各层土承载力特征值

根据静力触探、标贯试验、土工试验等指标，结合地区经验，经综合分析确定各层土的承载力特征值f_{ak}和压缩模量$E_{s0.1-0.2}$见表2.12。

表2.12　遗址场地各层土的承载力特征值fak（kPa）和压缩模量Es$_{0.1-0.2}$（MPa）

试验方法＼层号	②	③	④	⑤	⑥
土工试验	135/6.8	150/6.9	165/12.9	125/3.8	--
静力触探	105/5.0	100/4.1	160/14.0	135/5.5	280/28.0
标贯试验	120/	115/	150/	145/	290/
建议采用值	105/5.0	100/4.1	160/13.0	135/5.5	280/28.0

注：1.分子为承载力特征值，分母为压缩模量。

4.遗址土的压缩性

根据静力触探、标贯试验、土工试验等综合判定，遗址场地土的变形特征是：第②、③层为高压缩性土，第④、⑤层为中压缩性土，第⑥层为低压缩性土。

5.遗址场地土分布规律

根据勘察结果，整体上看，遗址场地土第①层杂填土埋深较浅，一般为1.0～2.1米，场地内均有分布，在场地部分地段分布有老房基，埋深1.2～1.8米。第②层粉土层（文化层）在平面分布上较均匀，厚度较厚，变化不大。第③层粉土层在平面分布上较均匀，厚度较厚，变化不大，局部夹粉土薄层。第④层粉土层自南向北逐渐变厚，变薄，局部夹粉砂薄层。第⑤层粉质粘土层自南向北逐渐变厚，局部夹粉土薄层。除此之外，各层土体强度、物理力学性质及静探曲线线形无大的变化。在垂直方向上，各层土体层次清楚，层位分布规律，沉积韵律较明显，场地地基土也呈规律分布。

第四节　遗址区域气候条件

郑州属暖温带大陆性季风气候，气候温和，四季分明，干湿明显。春季干旱多风沙少雨，夏季炎热多雨，秋季凉爽，冬季寒冷多风少雪，干燥度指数小于1.5，被誉为"中原绿城"。

1. 温度

年平均气温14.30℃，极端最高气温43℃，极端最低气温–17.9℃，年最高气温多出现在7月和8月。七月份最热，月平均气温27.3℃。一月份最冷，月平均气温为–0.2℃。

2. 降雨量

年平均降雨量640mm，24小时降雨量多年平均值90mm，百年一遇24小时降雨量245mm，每年7、8、9三个月的降雨量是全年降雨量的55%。

3. 风向

冬季盛行西偏北风，夏季盛行南偏东风，春、秋季则交替出现；年平均风速约为2.8~3.2m/s，2004年以前历史纪录最大风速为24 m/s，但2004年6月24日最大风速刷新了历史纪录，瞬时最大风速达到了26 m/s，风力为10级。

4. 冻土

年平均地面结冰时间约为60天，标准冻深小于60cm，地面以下100mm，冻结平均天数为55天。

第三章
仰韶文化房基（F1-F9）本体勘察

第一节 房基保存现状

根据大河村遗址文化层的叠压、打破关系及出土遗物的特征分析，仰韶文化可分为仰韶文化前三期和仰韶文化后四期共七期。仰韶文化房基F1～F9分别属于不同时期，房基F1～F4属仰韶文化第三期，房基F5～F9属仰韶文化第四期。房基F1～F9考古发掘后搭建遗址博物馆进行原址展示与保护。房基F1～F4是一组东西并列、紧密相连的四间为一体的建筑群；房基F1、F2、F3为长方形，F4为梯形；虽遭破坏，但大部分墙壁都保存一定的高度。房基F5～F9在同一平面上，东西并列；在建造顺序上存在一定顺承关系，最先建成F8、F9，而后利用F8的东墙建成F6，最后利用F6的西墙南端和F8的东墙建成F7。如图3.1所示。

图3.1 房基F1-F9现状（2019年）

1. 房基F1

房基F1南北长约5.2米，东西宽约4米，面积约20.8平方米。如图3.2所示。房基位于F2和F3之间，它与F2是同时期建筑，共用一墙。该房基的西南角和东墙的中部分别被仰韶文化第四期的灰坑H11和龙山早期的灰坑H12打破，周围墙壁高低不同，大部分还保存着一定高度。房基东、西、北三面墙壁保存较好，高约0.5～1.05米，厚约0.26～0.36米。房基北墙中段和东墙北段都保存高约1米，南墙保存较差，高约仅0.2米，南墙内侧发现附加有厚约0.1米的两段曾修补过的内墙，修补部分东段长约0.9米，西段残长约1.3米，宽约0.1～0.15米，残存高度与南墙相同。房内地坪基本平坦，地势西北部略高于东南部。

在房基F1北墙西部和东墙偏北段分别有两个缺口，其两侧的拐角处皆抹成圆弧形，显

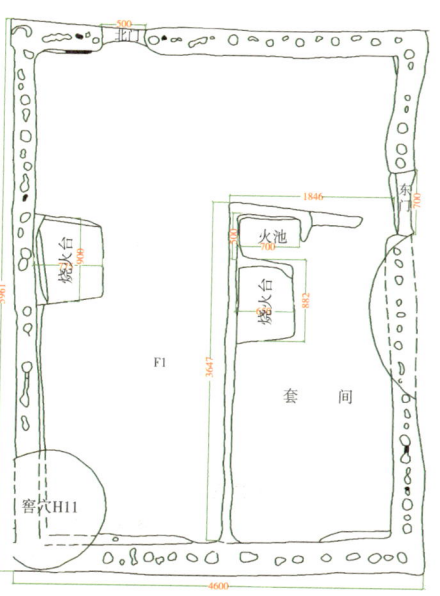

图3.2 房基F1现状

F1北门 　　　　　　　　　F1东门

图3.3 房基门遗迹

然是先后作为房门使用。房基F1有两个门，一个向北，位于北墙西部，门东西两侧的门口墙壁呈抹角方形或弧形，门宽约0.5米，底部用红烧土块堆筑成一道门坎，门坎横断面呈半圆形，宽约0.15～0.2米，高约0.05米，门坎表面涂抹一层砂质细泥，直接拐抹到两侧墙壁底部和地面上，使三者紧密连接在一起；另一个门向东，位于东墙北部，南北两侧的门口墙壁呈抹角方形，门宽约0.7米，底部用硬草拌泥修筑一道门坎，门坎表面也涂抹一层砂质细泥，门坎横断面呈长方形，宽约0.5米，高约0.05米。东门在后期扩建房基F3、F4时封闭不用，因此门坎上保留有封闭时加筑的薄墙。

在房基南墙中部的地坪上，房内由南墙中部起往北部加筑一道南北长3.7米的隔墙，该隔墙由北段向东延伸了0.88米，正和废弃的东门中部相应照。隔墙将房基F1分为外间和套间两部分，隔墙为套间的西壁和北壁。隔墙厚约0.09～0.12米，残高约0.1～0.3米。套间呈长方形，南北长约3.58米，东西宽约1.84米，面积约6.59平方米。外间呈拐角形，面积约13.21平方米。隔墙的筑法与房基墙壁的筑法略同，先栽埋一排直径约为0.04～0.06米的立柱，下部并缠上横列的禾谷类植物杆和芦苇束，构成隔墙的骨架，然后在骨架两侧涂抹细草拌泥和细沙泥墙面，为了使隔墙底部和地坪紧密连接，在隔墙底部的两侧又涂抹一层厚约0.02～0.03米的粗砂白灰面地坪。

另外，套间通向外间的门向北，在套间北墙东段留有一宽约0.9米的过门，与房基F1的东门相对应。过门底部用硬草拌泥修筑门坎，门坎横断门呈半圆形。残长约0.6米，宽约0.14米，高约0.03～0.05米。在套间地面上，有三个用碎陶片、红烧土及粘土夯砸成的圜底柱洞，口径约0.16～0.25米，深0.12～0.2米，这三个柱洞可能与支撑房顶所立的中柱有关。

图3.4　房基 F1 隔间

房基F1内构筑烧火台两个，火池一个。一个烧火台位于外间的西墙中部略偏北，与北门错位对应。烧火台西侧紧贴F1的西墙，为此在西墙上另外再抹一层砂质细泥，用来保护墙壁。烧火台呈长方形，南北长91厘米，东西宽79厘米，高4～5厘米。烧火台修筑方法是在地坪上用草拌泥土坯修砌，土坯长约20厘米，宽8~12厘米，厚3厘米，表面涂抹一层厚约1厘米的砂质细泥，并抹光。烧火台中部被烧成灰青色，四周呈红色，并有多道龟裂缝。烧火台北侧筑一道挡风墙，挡风墙东西长与烧火台相同，厚4厘米，残存高约10厘米。烧火台的东南角和东北角各立一个直径8~10厘米的空心红烧土柱，烧土柱空心直径4~5厘米。发掘时均已呈西北—东南向的倒在地坪上，残高约60~70厘米。

另一个烧火台位于套间的西北部，西侧紧贴西隔墙，北侧与火池相邻。烧火台呈长方形，南北长75厘米，东西宽60厘米，高3厘米。烧火台的修筑方法，是在地坪上铺一层厚2厘米的硬草拌泥，表面再抹一层厚1厘米的砂质细泥，并打磨光滑。台面被烧成棕红色，质地坚硬。烧火台北侧筑起一道长与烧火台宽度相等，厚10~14厘米、高20厘米的挡风墙。

火池位于套间的西北角（隔墙的拐角处），西、北面紧贴西隔墙和北隔墙，南面紧邻烧火台，东面北端有一矮墙与北隔墙的东端相接，东侧南墙为一缺口。这就构成了一个南北长70厘米、东西宽50厘米的长方形火池。由于火池的西、北两面紧靠隔墙，所以在与火池相连的墙面上，均加抹一层厚约2厘米的黏土保护层。

外间烧火台　　　　　　　　　套间烧火台与火池

图3.5　房基F1烧火台与火池

房基F1四周墙体内共有柱洞81个，芦苇束痕迹23个。南墙内有柱洞15个，芦苇束痕迹6个；西墙内有柱洞19个，芦苇束痕迹6个；北墙内有柱洞21个，芦苇束7个；东墙内有柱洞26个，芦苇束痕迹4个。柱洞有圆形、椭圆形和不规则形3种。其中圆形柱洞的直径约8~12厘米，柱洞的间距一般为8~22厘米。柱洞内地坪以上为白色木灰，地坪以下1~15厘米为木炭，再往下均为朽木灰。芦苇束直径8~10厘米，约10~12根芦苇为一束。另外从某些柱洞内壁和北门东侧的墙壁上可看到藤条或草绳绑扎木柱和横木的痕迹。横木直径4~6厘米，横木上下间距一般10厘米左右。在套间内还有3个柱洞，其中一个位于套间西南角，两个分布于套间的中部，口径为16~25厘米、深12~20厘米，圆底，是用碎陶片、红烧土及黏土砸成的。

房基F1内上层堆积厚约0.5米的红烧土块，内夹碎木炭和仰韶文化的陶片等，下层有0.5厘米黑色灰烬直接压在地坪上。

芦苇束痕迹　　　　　　　　　　　柱洞

柱洞

图3.6　房基F1墙体芦苇束与柱洞痕迹

2. 房基F2

房基F2平面呈长方形，南北长约5.39米，东西宽约2.64米，面积约14.23平方米。房基F2位于F1的西侧，两者同时建筑，中间共用一墙，即F2的东墙为F1的西墙。房基的东南角被仰韶文化第四期灰坑H11打破。房门向南，位于南墙中部偏西，门宽约0.5米；东、西两侧门口的墙壁呈方形，底部无门坎。房基北墙和西墙保存较好，残高约0.5～0.74米；南墙保存较差，残高仅0.05米，三面墙宽约0.24～0.35米；西墙中部向室内倾斜较甚。在南墙内房门东、西两侧，曾加固修补一道厚约0.1米左右未经火烧的附加土墙，房门的东侧保存较高，约0.05米左右，西侧大部分被损坏。房内地势北高南低，特别是偏南部分有较明显的向南倾斜现象。房基西、北、南三面墙内有圆形、椭圆形和不规则形的柱洞56个；柱洞直径和间距与F1相似。房基墙内有横木，但未发现芦苇束痕迹。

房基内共筑建2个烧火台和一个土台。其中一个烧火台位于房基F2东北角，东、北两侧紧贴墙壁，平面近长方形，南北长约1.17米，北端东西宽约0.88米，南端东西宽约0.77米，高约0.08米；台面不太平整，经火烧成坚硬的黑红色。房基发掘时台上放有一罐碳化的粮食和两枚莲子及一块长约0.5米的木炭。在该烧火台的南边间隔0.64米处，紧靠东墙有另一个近方形的烧火台，边长各1米，高0.05米。位于东墙的中部略偏北，烧火台的东侧紧贴东墙，北侧建筑一道挡火墙；挡火墙东西长约1.2米，南北宽约0.35米，残高约0.56米。因挡火墙局

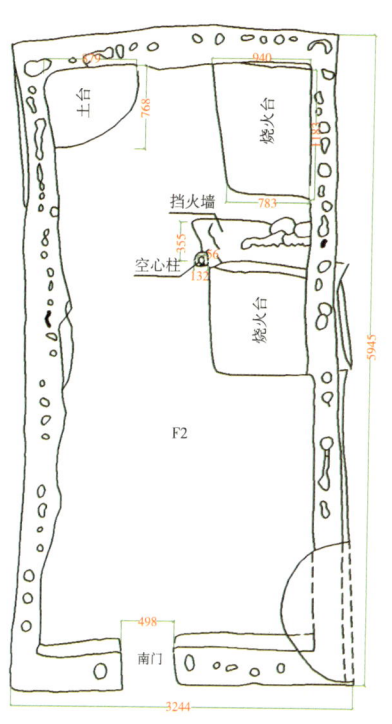

图3.7 房基F2现状

西北角烧火台 　　　　　　　　中部烧火台

挡火墙 　　　　　　　　　　　土台

图3.8 房基 F2烧火台、土台、挡火墙

部开裂及坍塌，可以清楚的看到墙内有芦苇和木棍的痕迹。挡火墙的南侧在涂抹烧火台表层时，沿墙壁上涂抹一层厚约0.05～0.08厘米的保护层。北墙西端有一根空心烧土柱与挡火墙的西南角连在一起。空心烧土柱的外径约0.11米，内径约0.05～0.06米。内径底部残有木炭。挡火墙的南侧在涂抹烧火台表层时，沿墙壁上涂抹一层5～8厘米的保护层。

土台位于房内的西北角，未经火烧，呈扇面形，西、北两侧紧贴墙壁，北边长0.8米，西边长0.6米，高0.18米。土台边沿圆滑，台面上凹凸不平，似为有意做成的放置器物用的坑窝；发掘时上面放有3件陶器。

3. 房基F3

房基F3平面呈长方形，南北长约3.7米，东西宽约2.1米，面积约7.8平方米。房基位于F1的东侧，为二次扩建；利用F1的东墙，其它三壁是二次扩建时新建筑的。房门向北，设在北墙中部，门宽0.5米，底部用灰黏土筑有门坎，门坎高0.1米，宽0.19米。房基F3的南墙和东墙保存较好，残高约0.5米，宽0.3米；北墙保存较差，残高0.1米，有些地方仅能看出痕迹。房基F3的南、东两面墙共有柱洞33个，其中南墙10个，东墙23个；柱洞直径很小，一般为0.05～0.08米；北墙未发现柱洞。南墙西半部被龙山早期灰坑H12打破北边一半。在打破的断面上有三道横木痕迹，横木直径0.05米，上下间距0.1米。

房内除西南部被灰坑H12打破少许外，其余区域地势平坦。房内仅有一个烧火台，位于西墙中部略偏北，正好与F1东边废弃门相对，而且紧连。南侧被灰坑H12打破少许。烧

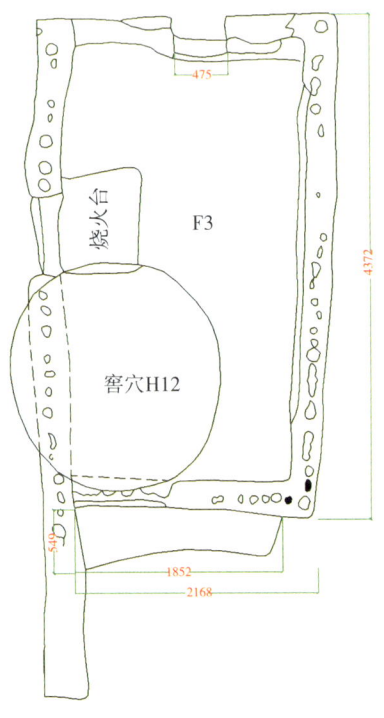

图3.9　房基F3现状

火台呈长方形，南北长0.85米，东西宽0.7米，高出地坪2~3厘米。台面较平，稍向东倾斜，其南部被后期窖穴所破坏。另外，在南墙外侧发现一道东西向矮墙，东西长约2.9米，南北宽约0.4~0.45米，高约0.3米。矮墙表面涂抹砂质泥一层，并烧成土红色。这一段矮墙显然是为了加固南墙而修建的。发掘时房内无遗物。

图3.10 房基F3南墙外矮墙

4. 房基F4

房基F4平面呈梯形，南北长约2.57~3.13米，东西宽约0.87米，面积约2.5平方米。房基位于F3东侧，同属于扩建，借用F3的东墙。房门向北，位于北墙的中间，门宽约0.5米。北墙和东墙北半部破坏较甚，墙壁仅显痕迹，东墙南部和南墙保存较好，残高约0.3厘米，宽约0.18~0.25米。

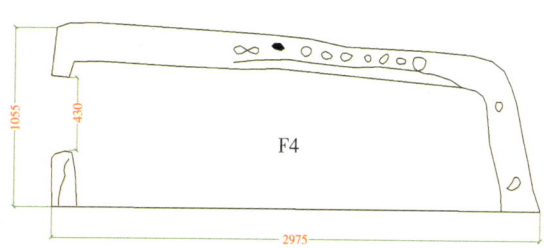

图3.11 房基F4现状

房基内地坪较粗糙。发掘时房内无遗物，仅发现墙壁上有两处烟熏痕迹和大量的灰烬。另外在南墙外F3东墙的拐角处放有一堆木炭。由于房基F4面积较小，室内又有烟熏痕迹和房外大量的木炭堆积，故此，推测该房基是用来保留火种用的。

图3.12　房基F4拐角处木炭痕迹

5. 房基F5

房基F5平面呈长方形，南北长约4.6米，东西宽约3.3米，面积约15.18平方米。房基距地表0.85米，在F2的西边偏北，相距0.6米，地坪高于F2约0.4米，西距F6仅0.3米，而且高出F6～F9的地坪约0.3米，它的下层灰土地基间接压着F10的地坪。它的东北角被龙山文化早期灰坑H34打破少许，东部上层地坪也被破坏。

房基F5仅存用草拌泥建筑的西墙和北墙西段。墙宽0.2～0.3米，高出室内地坪0.1米。墙壁和地坪均用火烧烤，墙壁火候较地坪差。墙内及房内未发现柱洞痕迹，估计此房墙壁较低。

在房内西北角有一个长方形烧火台，南北长1.68米，东西宽0.8米，高出地坪6厘米。房内地坪共铺3层，由下至上：第一层厚0.16米，灰土砸实；第二层厚2～3厘米，黏土掺

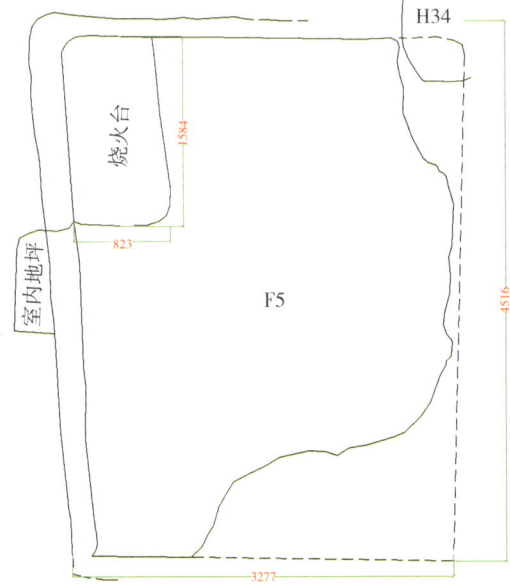

图3.13　房基F5现状

少量黄砂，上面经火烧烤成淡红色；第三层厚1~2厘米，黄砂掺少量黏土铺平抹光，经火烧烤成红棕色的光滑地面。在铺设第三层地坪时，沿四周墙壁向上抹一层墙皮。经解剖发现西墙中部下面的地坪伸出墙外，故此推测房门可能向西。

6. 房基F6

房基F6平面呈长方形，南北长约4.1米，东西宽约2.5米，面积约10.25平方米。房基与F7、F8、F9四座房基东西并列。在建筑上有先后，最先建成F8、F9，而后利用F8的东墙建成F6，最后以F6的西墙南端和F8的南墙东端建成F7。

图3.14　房基F9、F8、F7、F6现状（由南向北）

房基F6在中部偏北有一道东西隔墙，将房分为南北两间，南间较大，北间较小。房基隔墙中部留有过道，使南北相通。南间保存较好，墙高约0.1米，厚0.4~0.7米；北间的西

图3.15　房基F6现状

南角和部分隔墙以及西墙被灰坑H33打破，北间保存较差，仅能看出大致轮廓，由东北角向西延伸与F8的东北角相应。

房基的建筑方法为：利用F8东墙作为西墙，而后在F8的东北角用草拌泥向东延伸与F8、F9的北墙成一条直线筑墙，长2.5米，再向南拐成直角筑东墙及隔墙的东段。西墙南端及东墙南端和南墙，是利用废弃的红烧土垒砌而成。在垒墙的红烧土块上清晰地可看到平整光滑的墙皮面以及木柱、横木和芦苇束的痕迹。泥墙宽度22～40厘米，残高4～6厘米，墙内仅东北角有一个圆形柱洞。红烧土块墙宽40～70厘米，残高10厘米。另外，南墙东端向东和中部向南都有一段残墙，由此推测在房基东南角还有其他建筑。

房内地势中部较高，南北稍低，未发现烧火台和柱洞。地坪现存3层，由下而上，第1层用一般灰土铺垫，厚6厘米；第2层、第3层均用黏土掺细沙铺垫，每层厚2～2.5厘米。地坪和墙壁均未经火烧烤。

两间的过门在隔墙的中部，门宽约0.6米。因墙壁破坏较大，通向房外的门向不详。

（由南向北）

图3.16　房基F6、F7用红烧土垒砌的墙壁

7. 房基F7

房基F7平面呈长方形，南北长约1.3米，东西宽约0.8米，面积约1.04平方米，是房基中最小的。建筑的方法是借F8凹入房内的一块地方，并利用F6、F8的一部分墙壁，用草拌泥筑起西南房角。在它的西南角栽一根木桩，柱洞直径0.15米，深0.4米，并筑一道矮墙。墙宽0.2米，高0.15米。房内未铺设地坪，仅利用原地面略加平整。房门向南，宽0.46米，门下筑有宽0.15米、高0.08米的门槛。房基F7的面积较小，应属于F8、F9的附属建筑，因低矮简陋不适于人们居住，只能储藏东西或作其它用处。

8. 房基F8

房基平面近似刀把形，东半部南北长约2.9米，西半部南北长约3.6米，北部东西宽约3米，南部宽约2.5米，面积10.45平方米。房基F8和F9同时建筑，中部用隔墙分开，并有过

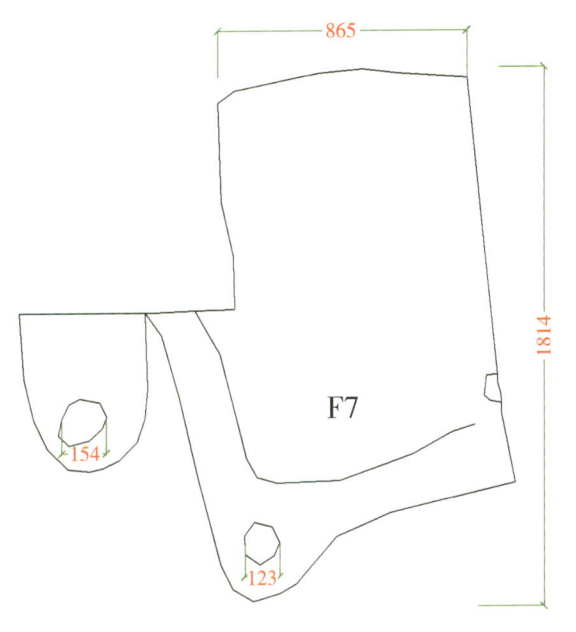

图3.17　房基F7现状

门相通。房基F8的东南角凹入房内，北部被窖穴H28、H29打破，中间的隔墙仅留下南端的一段，残长1米，厚0.16米，比四周的墙壁窄。

房基F8四周墙壁仅南墙、东墙和北墙的东端留有痕迹，残高0.1~0.3米，厚0.26~0.36米。房基墙体内东南角有2个柱洞，另外在外凸南墙南北两侧各有1个柱洞；南侧柱洞周围用草拌泥筑有泥墩。

房内东半部用草拌泥铺垫一个大型土台，南北长2.9米，东西宽2.4米，高出西半部地坪0.05~0.06米。房内未发现烧火台。地坪铺垫2层，下层为草拌泥，厚0.04米；上层为细砂，厚0.03~0.04米。房基地坪和南墙均未用火烧烤，只是个别地方由于用火所致被烧成棕红色。房内未发现遗物，门向不详。

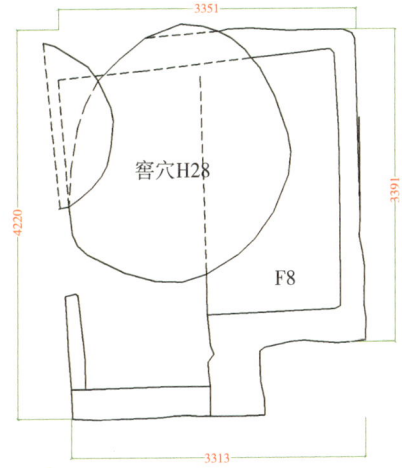

图3.18　房基F8现状

9. 房基F9

房基F9平面呈梯形，南北长3.4米，南端东西宽1.7米，北端东西宽1.4米，面积5.27平方米。房基F9被窖穴H29打破。四周墙壁仅南墙和西墙南段高出地面0.1米，宽0.35～0.4米，其他墙壁均被破坏。

房内未发现烧火台和柱洞。房内地坪铺设两层，用料和厚度与F8相同。从窖穴H28和H29的南壁剖面看出，F8和F9的地坪是一次铺设的。此外，在F8和F9下面30厘米处皆有早期房基，房内未发现遗物，F9通向F8的门道，宽约0.5m。

图3.19　房基F9现状

房基F9与F8建筑方法相同。未挖基槽，在略经平整砸实的基础面上，直接用硬草拌泥筑墙。在墙的内外两侧再涂抹一层厚0.05～0.06米的细砂草拌泥墙皮。房顶主要是木柱支撑，泥墙较低，不到房檐，中间一段空隙可能是用树枝编成木骨，并在内外两侧涂抹草拌泥，房檐伸出墙外，以保护泥墙不受雨水破坏。以上推测的依据有：墙内没有木骨，

图3.20　灰坑H28、29现状

泥墙不可能筑高，最高1.2～1.5米，否则墙易倒塌。房角外不远处有柱洞，有的柱洞周围用草拌泥筑起柱墩与墙相连，用来保护和加固木柱。木柱栽在墙外位置上，既可以支撑房顶，又便于房檐外伸。柱洞直径0.1～0.15米，深0.4米。

表3.1 房基F1-F9基本情况表

房基	F1	F2	F3	F4	F5	F6	F7	F8	F9
建筑形状	长方形	长方形	长方形	梯形	长方形	长方形	长方形	刀把形	梯形
建筑形式	地面上建筑									
建筑方法	木骨整塑陶房				木骨退化				
有无基槽	有	有	--	--	无	无	无	无	无
地坪铺设	---	---	--		3层	3层		2层	2层
柱洞	有	有	有	有	无	有	有	有	无
烧火台	有	有	有	无	有	无	无	无	无
有无套间	有	无	无	无	无	有	无	无	无
门向	北、东	南	北	北			南		
分期	仰三	仰三	仰三	仰三	仰四	仰四	仰四	仰四	仰四

10. 灰坑

灰坑H12打破房基F3地坪及房基F1和F3墙体；灰坑H11打破房基F1和F2地坪及墙体；灰坑H28打破房基F8地坪；灰坑H29打破房基F9地坪；灰坑F33打破了房基F6地坪及墙体。

表3.2 灰坑登记表

编号	形状	直径（米）口	直径（米）底	坑深（米）	分期	备注
H11	袋状	1.4	1.6	0.85	仰四	打破F1、F2
H12	袋状	1.8	2.1	0.94	龙早	打破F1、F3
H28	袋状	2.9	3	1.15	仰四	打破F8，北H29打破
H29	袋状	1.9	2.4	1.82	龙早	打破H28、F8、F9
H33	袋状	1.09	1.82	0.58	仰四	打破F6

第二节 房基建筑特征

大河村遗址考古发掘共清理出房基47座，其中仰韶文化房基45座。仰韶文化共分为七期，房基几乎涵盖了仰韶文化发展的各个阶段，房屋建筑技术发展演变的阶段性十分明显。仰韶文化房基由早到晚（第二期到第四期）均以地面上建筑为主，平面多呈方形或长方形，建筑方法始终沿用"木骨"建筑工艺。房基的发展不仅表现在"木骨"建筑方法的兴起、发展和衰退变化过程，而且表现在房子布局和室内结构上，反映了大河村仰韶文化房屋建筑的延续性。

1. 房基时代特征

仰韶文化第二期房基的"木骨技术"较为原始，处于兴起阶段。用于支撑房屋的"木骨"只有木柱，不见后期的横木和芦苇束等。

仰韶文化第三期共发现17座房基，除一座为半地穴式外，其余皆为地面式建筑。其房屋整体建筑水平较高，地坪铺设有多层。"木骨技术"在这一时期逐步走向完善成熟，用于支撑房屋的木骨不仅有木柱，而且还采用横木和芦苇束。木骨插栽的十分密集，墙壁内布满柱洞和横木、芦苇束印迹。仰韶文化第三期的房基多为两间或两间以上的建筑群。

仰韶文化第四期共发现27座房基，除两座半地穴式建筑外，其余均为地面建筑。晚期房屋在较多地继承了中期发展的基础上，"木骨技术"逐渐衰退，木柱密度明显不如前期，不见横木或芦苇束等。

2. 房基（F1-F9）建筑特征

仰韶文化房基（F1-F9）为地面上建筑，平面多数为长方形，少数为梯形。房基建筑面

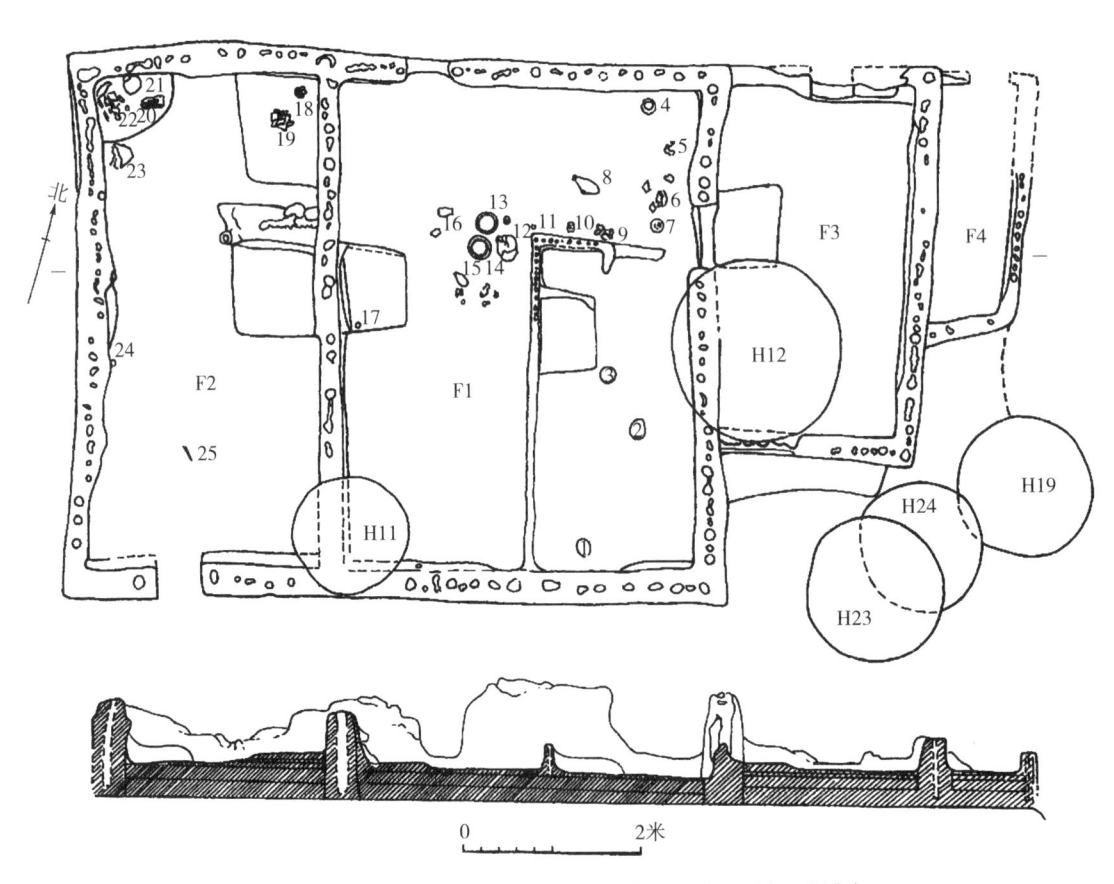

图3.21 房基F1-F4平、剖面图（摘自《郑州大河村》）

积大小不一，其中最大的为35m²，最小的为2.34m²，而大多数为8~15m²。

2.1 房基F1–F4建筑特征

房基F1–F4属仰韶文化第三期，是一组东西并列，紧密相连的四间为一体的建筑群，在布局和结构上更具时代特征。房基建筑方法属"木骨整塑"，最明显特征是墙体内布满柱洞、芦苇束和横木痕迹，墙体经过火烧成坚硬的砖红色。房基F1内筑隔墙，将房分成外间和套间。每间房子的迎门处或房角处有1个或2个方形烧火台，而不见灶坑。

2.2 房基F5–F9建筑特征

房基F5–F9属仰韶文化第四期，建筑方法多样化，有用红烧土块垒砌而成的，有用草拌泥建筑而成的，也有二者并用的，此外有用"木骨"建成的，但"木骨技术"明显退化。

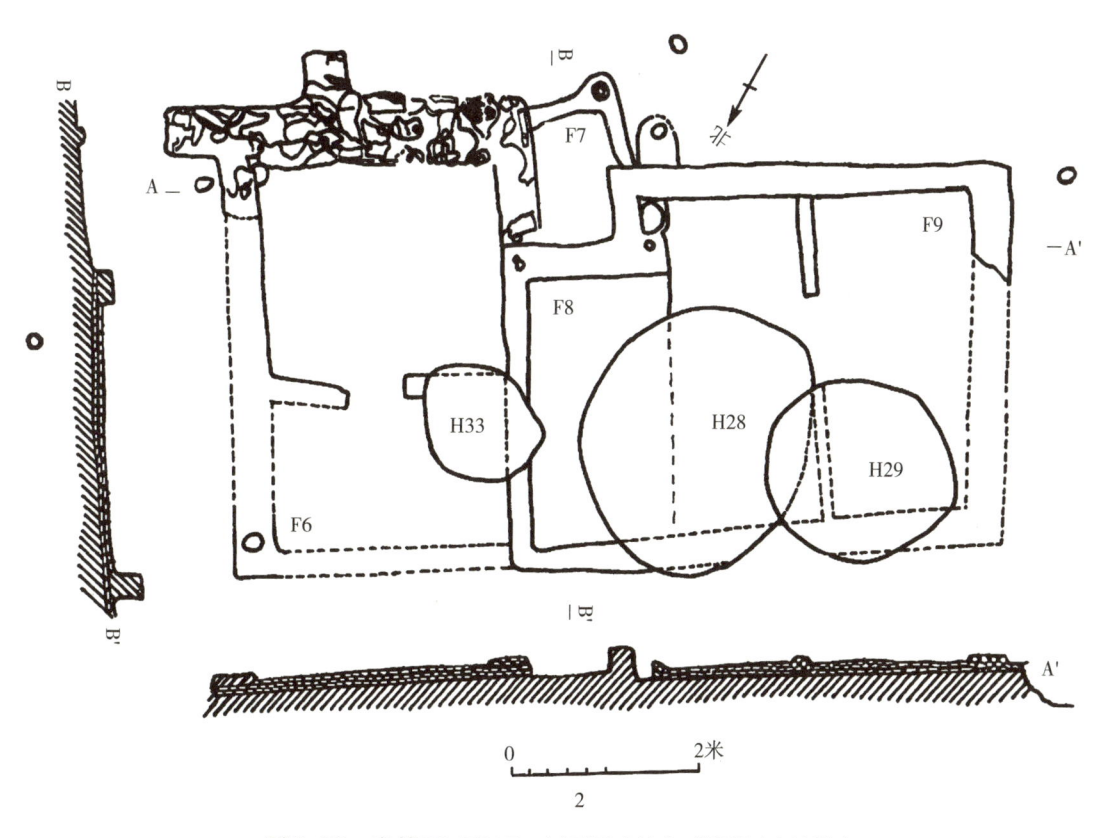

图3.22 房基F6–F9平、剖面图（摘自《郑州大河村》）

第三节 房基建筑材料及工艺

由于遗址建造材料及工艺的不同，在受到自然及人为因素的影响后所出现的病害也不同，因此遗址建造材料及工艺的分析检测是研究其历史信息和保存现状的重要途径，也是分析遗址病害原因的方法之一。同时分析与研究遗址的建造材料与工艺，还可以更加全面掌握和评价遗址的历史价值、科学价值和艺术价值，为遗址保护工程中修复工艺的选择提供参考。

大河村遗址房基建筑材料是草拌泥火烧而成的红烧土，采用"木骨泥墙整塑"工艺建造。

为了研究大河村遗址仰韶文化房基建筑材料性能及工艺特点，现场采集不同类型的样品，采用多种方法进行了分析检测，分析房基所用建造材料的物理、化学性质及建筑工艺，为房基保护修复材料及工艺的筛选提供依据。

1. 房基建筑材料

1.1 墙体红烧土物理性质分析

现场采集房基（F1-F4）脱落的具有代表性和典型性的红烧土块样品，如图3.23所示。对其密度、孔隙率、含水率、表面硬度、烧结温度等物理性质进行分析检测。

图3.23　房基墙体红烧土样块

（1）含水率

采用烘干称重法（Gravimetric）测定墙体红烧土的含水率。首先称重红烧土试样记m_0，（湿样重量g），放入烘箱（105℃）烘8~12小时至恒重，冷却至室温称重记m_d（干样重量g）。计算试样含水率：$w_0(\%) = (m_0-m_d)/m_d \times 100\%$。计算结果如表3.3所示。

表3.3　房基墙体红烧土试样含水率测定结果

样品编号	1#	2#	3#	4#
含水率（%）	2.43	2.23	2.22	2.28

房基红烧土含水率测定结果表明，红烧土样品间含水率差异不显著，样品平均含水率为2.29%，其中1号样品的含水率最高，其他三房基红烧土样品含水率相差很小。

（2）密度

采用蜡封法测定房基墙体红烧土的密度。首先用天平称出样品的质量m（g），蜡封试样，往量筒中注入适量水读出体积为V_1，用细绳系住样品放入量筒中浸没读出体积为V_2。计算红烧土密度：$\rho = m/(V_2-V_1)$，计算结果如表3.4所示。

表3.4　房基墙体红烧土试样密度测定结果

样品编号	1#	2#	3#	4#
密度（g/cm³）	1.89	1.92	1.93	1.94

房基红烧土密度测定结果表明，样品间密度差异较小。

（3）孔隙率

采用水煮法和电极孔隙率相结合的方法测定红烧土试样的孔隙率。首先称取红烧土试样干重记为m_0，放入蒸馏水烧杯中，加热煮沸，使蒸馏水完全渗透到TiO_2电极中的孔隙内，停止加热降至室温，把试样快速放入事先准备好称重用的小吊篮内，试样浸没在水中，称取饱和试样在水中的悬浮重量记为m_1；将饱和试样取出，用湿布抹去试样表面的水，称量饱和试样的质量，记为m_2。通过公式测定孔隙率：$p=(m_2-m_0)/(m_2-m_1)$，计算结果如表3.5所示。

表3.5 房基墙体红烧土孔隙率测定结果

样品编号	1#	2#	3#	4#
孔隙率（%）	16.23	18.16	16.63	16.87

房基红烧土孔隙率测定结果表明，样品间的孔隙率差异较小。其中房基F2试块孔隙率最高，孔隙率越高，其吸水率也越高。

（4）吸水率

采用称重法测定红烧土试样的吸水率。首先将红烧土块在110℃±5℃烘箱中干燥至恒重，即每隔24h的两次连续质量之差小于0.1%，放在有硅胶或其他干燥器剂的干燥器内冷却至室温，称重记为m_1。

将红烧土块放入真空容器中，使其互不接触，加入足够的水将试块覆盖并高出5cm。抽真空至10kPa±1kPa，并保持30min后停止抽真空，让红烧土块浸泡15min后取出。将红烧土块表面水擦净，立即称重，记为m_2。计算红烧土吸水率：$E=(m_2-m_1)/m_1×100\%$。m_1：红烧土干重，m_2：红烧土湿重；计算结果如表3.6所示。

表3.6 房基墙体红烧土吸水率测定结果

样品编号	1#	2#	3#	4#
吸水率（%）	9.18	10.5	9.37	9.84

房基红烧土吸水率测定结果表明，样品间吸水率差异不大。

（5）色差

色差是颜色变化重要表现。计算公式：$\triangle E=[(\triangle L)^2+(\triangle a)^2+(\triangle b)^2]^{1/2}$，该式中L表示反射光的明度；a表示反射光的红色与绿色的成分；b表示反射光中黄色与蓝色的成分。$\triangle L=L_1-L_2$；$\triangle a=a_1-a_2$；$\triangle b=b_1-b_2$，计算结果如表3.7所示。

表3.7 房基墙体红烧土色差测定结果

样品编号	1#	2#	3#	4#
色差（△E）	2.53	2.44	2.35	2.71

房基红烧土试样色差测定结果表明，各试块色差间差别较小，说明每个房基烧烤程度相差不大。

（6）表面硬度

采用瑞士EQUOTIP3携带式硬度计进行房基墙体红烧土表面硬度的测定。在房基墙体表面随意选取20个点，测量其表面硬度，然后取平均值。测定结果如表3.8所示。

图3.24 硬度测试

表3.8 房基墙体红烧土表面硬度测定结果（HLD）

样品编号	1#	2#	3#	4#
表面硬度	214.75	216	216.4	227.55

房基墙体红烧土表面硬度测定结果表明，不同墙体红烧土的表面硬度相差不大。

（7）烧结温度

房基F1北墙与东墙是多层墙体，采集墙体多层红烧土样品检测其烧结温度。如图3.25和3.26所示。

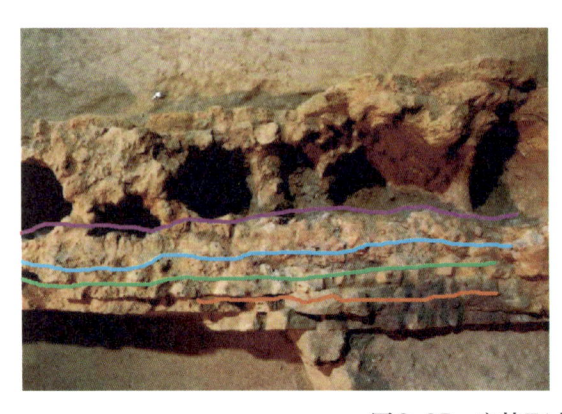

图3.25 房基F1墙体不同层红烧土

房基墙体红烧土烧结温度测定结果表明，多层墙体外侧红烧土烧结温度低于300℃，中间层红烧土烧结温度为350–500℃，内层红烧土烧结温度最高为600℃，说明不同层红烧土的烧结温度存在差异，外层红烧土烧结温度较低，内层温度较高。推测产生差异的原因为内层土体经多次烧烤而成。

1.2 墙体红烧土化学成分分析

采用X-射线荧光仪（XRF）、显微共聚焦拉曼光谱仪、扫描电镜-能谱仪（SEM-EDX）、X-射线衍射（XRD）等仪器设备分析房基红烧土的化学成分。

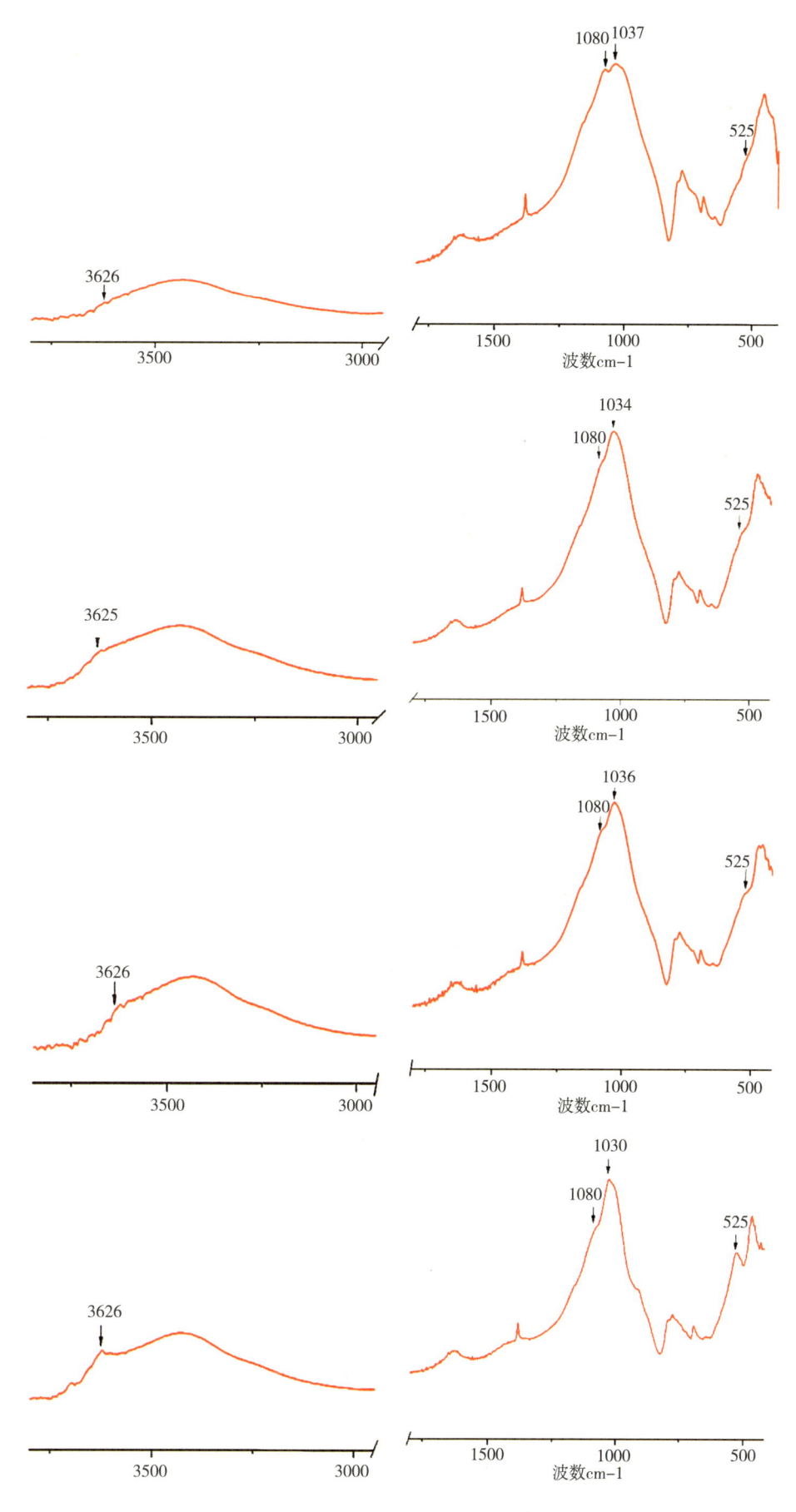

图3.26 墙体红烧土烧结温度测定图

（1）化学成分

采用X-射线荧光仪（XRF）分析房基红烧土块的化学成分，检测结果如表3.9所示。红烧土主要成分为Si、Fe、Al、Ca、K等元素，还有少量的S、Mn、Cl等元素。

表3.9 墙体红烧土块XRF分析结果（w%）

样品	Ca	Si	Fe	S	Al	K	Mn	Ti	Cl	Rb	Sr	Zn	Cu
1#	3.20	53.01	20.88	0.76	14.78	3.46	0.41	0.89	——	0.64	1.93	——	——
2#	2.93	52.77	32.19			4.57	0.56	1.45	1.34	1.07	2.80		
3#	2.57	48.51	26.06	0.18	14.86	3.42	0.32	1.29		0.75	2.04		
4#	3.43	——	22.77	1.38	18.11	2.97	0.29	1.01	1.82	0.58	1.19	0.16	0.15
5#	5.14	46.81	23.37	0.50	15.68	3.52	0.44	1.08		0.72	1.69	0.22	——
6#	4.92	52.26	18.37	0.32	17.43	3.54	0.29	0.82	——	0.49	1.16	0.23	0.18

（2）微观结构观察

采用扫描电镜（SEM）对墙体红烧土样品进行微观形貌结构检测，并进行能谱分析。电镜扫描照片如图3.27所示。

从墙体红烧土样品扫描电镜微观结构照片中发现，样品微观形貌结构基本相同，颗粒间空隙较大，较为酥松，较大颗粒被无定形小颗粒包裹成网状结构，颗粒大小不均一，且矿物颗粒萎缩，有明显烧结痕迹；存有大的孔洞，推测其为某些物质被烧灼后的痕迹。

图3.27 房基墙体红烧土扫描电镜照片（1）

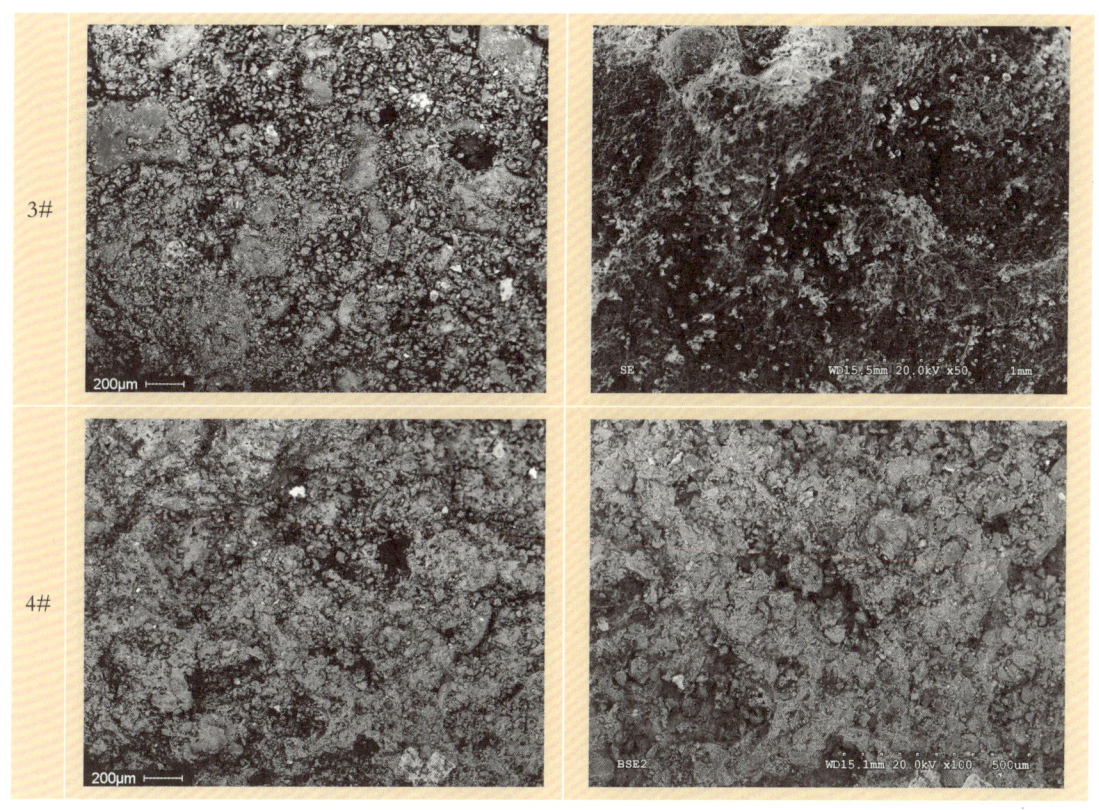

图3.27　房基墙体红烧土扫描电镜照片（2）

表3.10　房基墙体红烧土块SEM-EDS分析结果

样品	C	O	Na	Al	Mg	Si	Ti	Fe	Ca	Cl	K
1#	9.10	22.44	1.68	10.55	1.91	38.54	0.57	9.03	1.72	0.74	3.72
2#	11.38	24.9	1.67	10.66	1.84	37.3	0.68	5.75	1.69	0.81	3.33
3#	11.63	19.69	1.33	9.14	1.9	39.07	0.7	8.79	3.00	0.49	4.24
4#	21.66	18.28	1.53	8.09	1.27	29.86	0.61	8.78	4.89	1.83	3.21

由能谱检测结果可知，墙体红烧土的主要成分为Si、Fe、Al、Ca、K等元素，还有少量的Na、K、Cl、Mg元素，其主要元素与XRF分析结果一致。

1.3 房基墙体红烧土矿物成分分析

将房基墙体红烧土样品研磨，在样品槽内压成平面，采用X-射线衍射仪（XRD）分析红烧土的矿物成分，分析图谱如图3.28所示。

由X-射线衍射仪（XRD）分析结果可知，1#红烧土样品的主要成分是石英、长石、微斜长石、钠长石等；2#红烧土样品主要成分是石英、长石、微斜长石、钠长石、钙长石等；3#红烧土样品的主要成分是石英、长石、钠长石、钙长石；4#红烧土样品主要成分为石英、微斜长石、钠长石。

红烧土4个样品均采集于不同房基遗址，其矿物组成所占比重虽不同，但主要矿物成分都为石英、长石、钠长石等，均含有经热处理的钠长石矿物；表明房基墙体在烧造过程中，由于加热温度不均匀，导致不同区域物相组成存在差异。

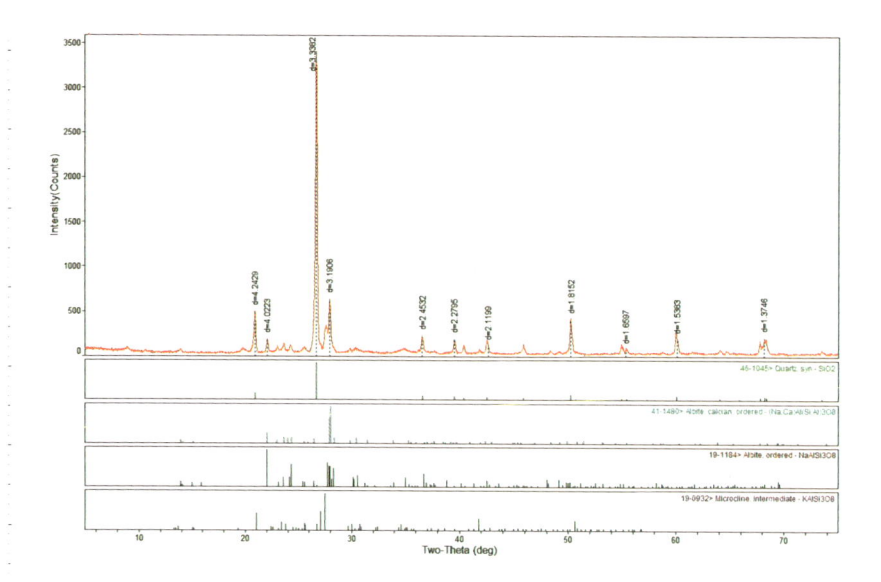

样品 1#

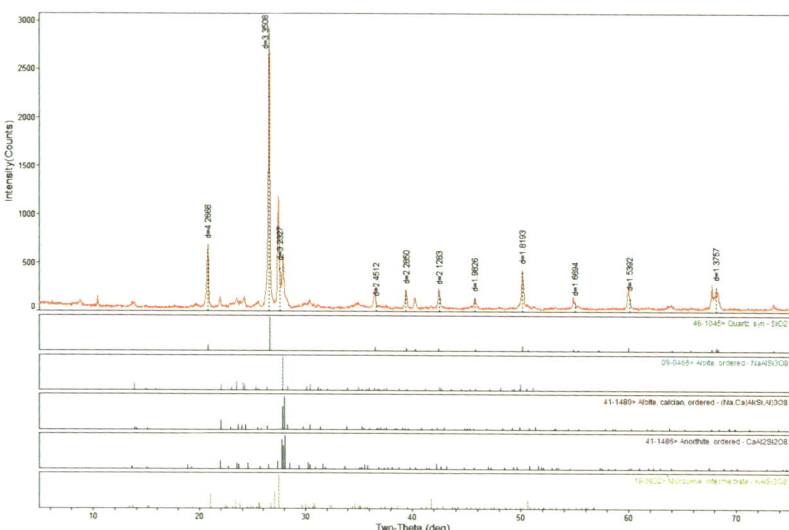

样品 2#

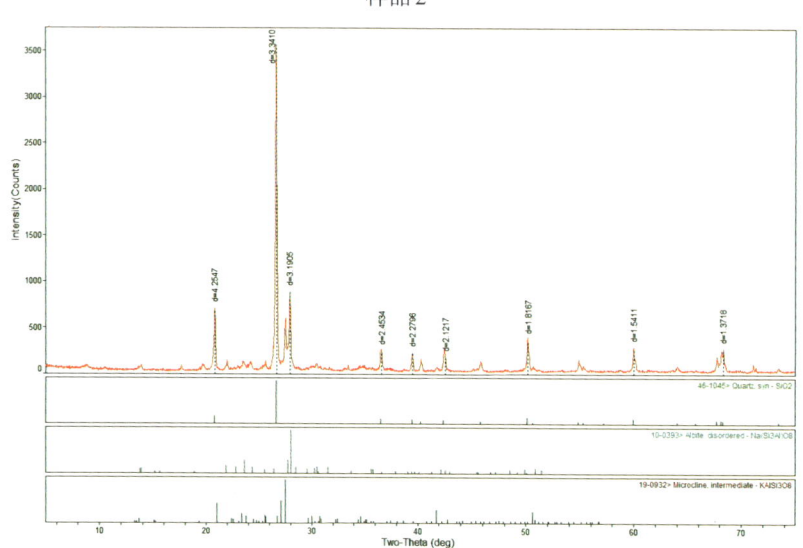

样品 3#

样品4#

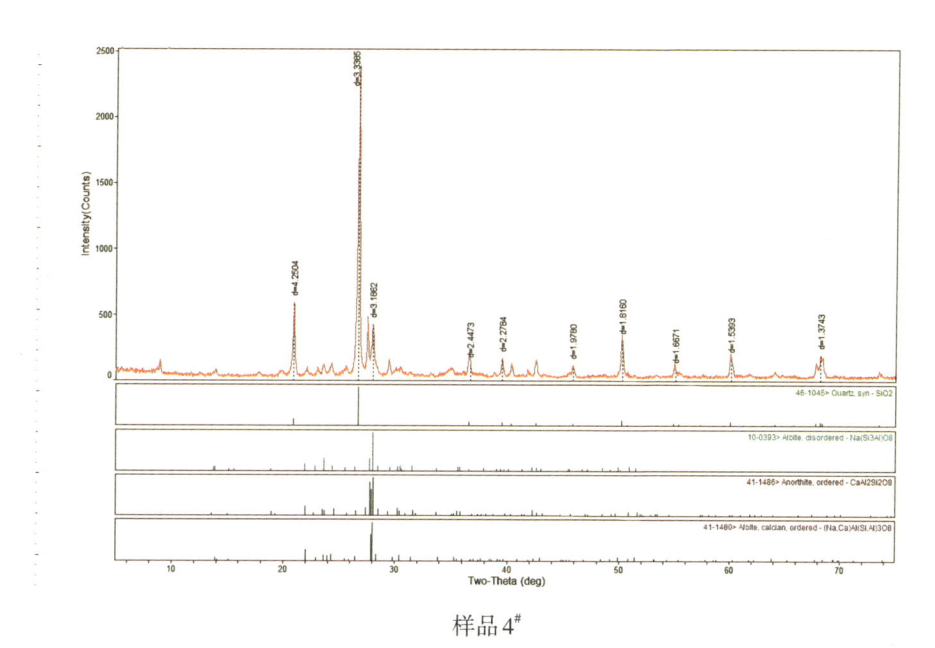

图3.28　房基墙体红烧土样品X-射线衍射仪（XRD）分析结果

1.4 房基墙体柱洞木碳分析

房基柱洞内发现的木炭，经 ^{14}C 测定的年代为 4770±30BP，年轮校正年代为 3641–

图3.29　房基柱洞木炭

3516Cal BC（5590–5465 Cal BP），该时间段为新石器时代仰韶文化时期，与考古判断年代一致。同时经过树种鉴定，木材为壳斗科槲栎的一种。

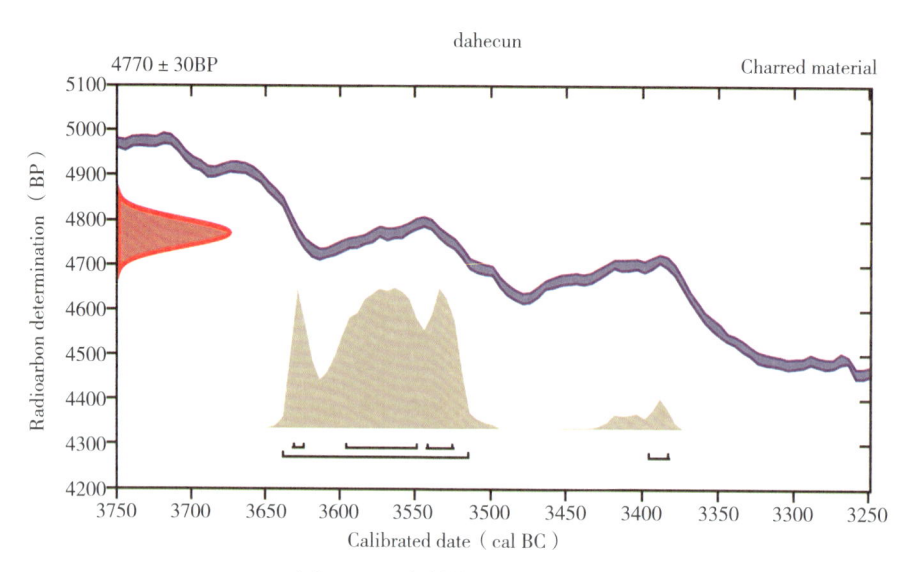

图3.30 房基柱洞木炭测年图

1.5 房基地面材料分析

（1）显微观察

采用便携显微镜观察房基地面材料，发现含有少量贝壳类与颗粒物。如图3.31所示。

图3.31 房基地坪显微观察

（2）矿物成分分析

采用X-射线衍射仪（XRD）、激光拉曼光谱仪等设备对房基地面材料的矿物成分进行分析检测。如图3.32所示。

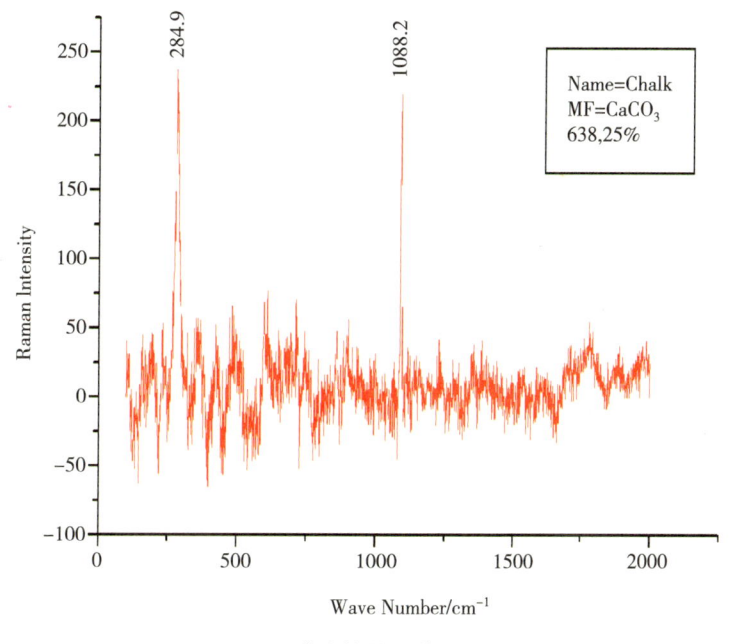

激光拉曼图谱

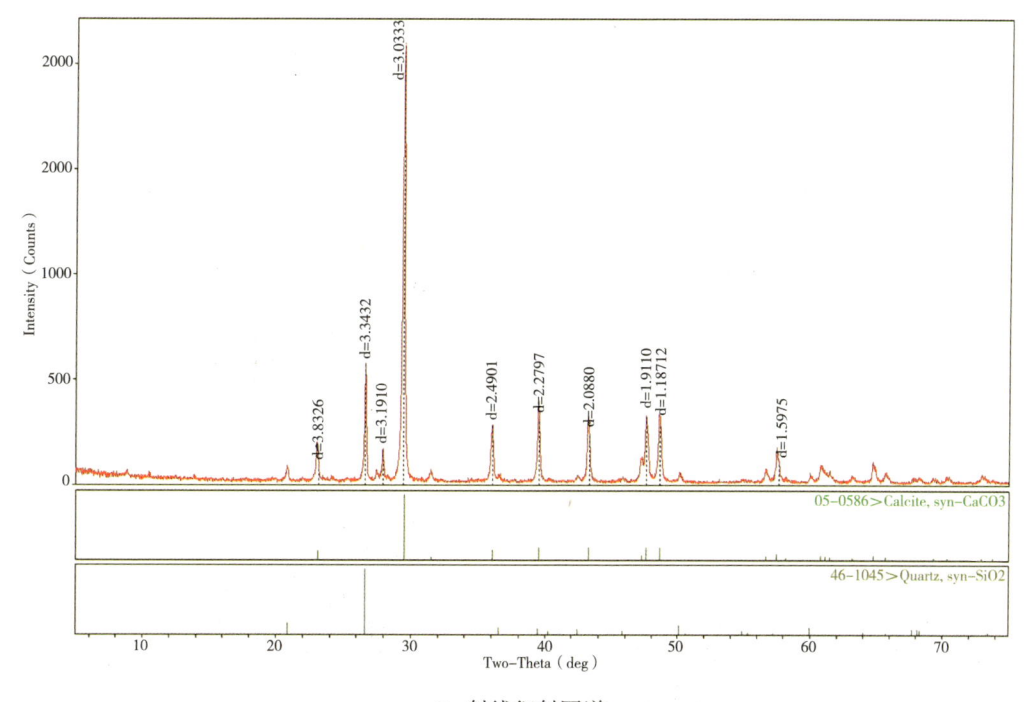

X-射线衍射图谱

图3.32　房基地坪材料矿物成分分析图谱

房基地坪样品经激光拉曼光谱分析结果为$CaCO_3$；X-射线衍射仪分析结果主要是碳酸钙、石英、堇青石。结合显微镜观察照片，房基地面材料主要由料礓石、沙子和黏土组成。

图3.33 房基基槽地基剖面照片

2. 房基建筑工艺

2.1 房基F1-F4建筑工艺

仰韶文化房基建筑工艺先进,"木骨技术"发展成熟,火候较高,烧成整塑陶房,具有坚固耐用、防潮保温的优点。仰韶文化房屋墙壁建造工艺实际上是后期用砖垒墙工艺的先声。房基F1-F4墙体制作工艺如下:

(1) 挖地基

地面开挖基槽,基槽尺寸一般为宽0.4厘米,深0.4厘米。如图3.33所示。

(2) 搭建墙壁木骨架

在房基四周墙体基槽栽埋直径8~12厘米的圆形立柱,柱与柱的间距一般为8~22厘米,然后在立柱的外侧(个别在内侧)用藤条或草扭成的绳子缚上直径约4~6厘米的横木棍(或芦苇束),其上下间距一般为10

芦苇束及木头痕迹　　　　　横木痕迹

墙体芦苇杆痕迹照片

图3.34 房基横木痕迹

厘米左右，最后在立柱之间的横木内侧，又各缚一簇直径约10厘米的芦苇束，以构成墙壁的骨架。如图3.34所示。

依据房基F3南墙壁可知，墙壁是东西排列三根直径约12厘米的圆形立柱，立柱间距为17～22厘米，在立柱上保留着用藤条之类的东西和绳子缠缚四道横木棍和芦苇束的痕迹，由上到下第一道是用两根共宽5.5～6厘米的小木棍并列缠缚于立柱之上，向下间隔12厘米为第二道，是用直径约3厘米的横列芦苇束缚于立柱上，再向下间隔10～11厘米的第三道，又用直径3.5厘米的圆木棍横列缠缚于立柱上，在距第三道横木棍下面约4～10厘米处，是用直径约5～7厘米的弯曲木棍缠缚在立柱下部，构成第四道。在立柱之间的横木上又缠缚上直径约12厘米的竖立芦苇束，构成墙壁的骨架。目前因房基墙体风化剥落，仅剩三道横木痕迹。如图3.35所示。

图3.35　房基F3南墙体横木痕迹

（3）敷泥

在墙壁骨架的内外两侧，先敷上一层草拌泥，再在草拌泥的表面涂上一层厚约1.5～3.5厘米的细沙泥，构成比较光滑的墙面。如图3.36所示。

（4）地面

当墙壁筑成后，再在房内铺设地坪。采用料礓石粉、粗砂和黏土按一定比例混合后铺设地坪，地坪铺设后再经过火烧，光洁明亮，非常像现在的水泥地面，可以称它为"原始水泥"。如图3.37所示。

图3.36　草拌泥痕迹

图3.37 房基"水泥"地坪

（5）火烧

墙壁和地坪筑好后，经过火烧。墙壁被烧成相当坚硬的红色，部分粗大柱洞的内壁已经烧成了砖灰色。如图3.38所示。

地坪火烧残留碳灰痕迹　　　　　　　　墙壁烧烤痕迹照片

图3.38 房基墙体及地坪火烧痕迹

（6）烧火台

每间房子的迎门处或房角处有1个或2个方形烧火台。在地坪上用草拌泥土坯修砌，表面涂抹一层砂质细泥，并抹光，筑挡风和挡火墙。

2.2 房基F5-F9建筑工艺

房基（F5-F9）建筑方法多样化，"木骨技术"明显退化。墙壁大多数不再用火烧。如图3.39所示。

（1）墙壁

房基墙壁未挖基槽，在略经平整砸实的基础面上，直接用硬草拌泥筑墙。在墙的内外两侧再涂抹一层细砂草拌泥墙皮。房顶主要是木柱支撑，泥墙较低，不到房

图3.39 房基F5

檐，中间一段空隙可能是用树枝编成木骨，并在内外两侧涂抹草拌泥，房檐伸出墙外，以保护泥墙不受雨水破坏。

（2）地坪

房基F5地坪共铺3层，由下至上：第一层厚0.16米，灰土砸实；第二层厚2~3厘米，黏土掺少量黄砂，上面经火烧烤成淡红色；第三层厚1~2厘米，黄砂掺少量黏土铺平抹光，经火烧烤成红棕色的光滑地面。在铺设第三层地坪时，沿四周墙壁向上抹一层墙皮。

第四节　房基病害类型与病因分析

大河村遗址博物馆现已开放展示仰韶文化房基F1~F9，其中房基F1~F4是一组两面坡式的排房建筑，历经5000余年，仍保留有完整的平面布局和1米多高的墙壁。遗址考古发掘后，房基上搭建了保护房，避免受降雨、光照等自然因素的直接破坏，但仍受地下毛细水及温差的影响，导致房基地坪及墙体表面苔藓及霉菌滋生，并存在红烧土开裂、脱落、坍塌等病害。遗址博物馆建立后，房基保存环境进一步改善，受地下毛细水和保存环境影响较小。遗址自考古发掘后近50年的时间，受自然环境和保存环境的影响，房基墙体风化破坏严重。

1. 房基病害类型

遗址病害调查是对病害类型、位置、范围、程度等情况进行详细、科学的记录测绘。由于受各种自然因素和人为因素的影响，房基材料及结构出现劣化。房基主要存在结构和表层两种类型病害，表层病害主要有积尘、酥碱粉化、泛盐等，影响房基的真实性；结构病害表现为房基结构所产生的开裂、变形、坍塌、掏蚀、脱落、移位等现象，该类病害直接关系到房基的稳定性、安全性和完整性，如果不控制将直接导致房基产生毁灭性破坏。

（1）墙体坍塌

受自然或人为因素的影响，房基墙体出现开裂或碎裂，严重区域导致红烧土块的脱落，致使墙体结构失稳而坍塌，只残留倒塌红烧土块或房基基础部分，墙体的坍塌破坏了房基的完整性和真实性，影响了房基的观赏性和价值。如图3.40所示。

（2）墙体掏蚀

房基墙体掏蚀是影响遗址安全的重要因素，墙体基部受地下毛细水的影响，因盐分结晶、溶解后体积的变化，在膨胀-收缩的反复作用下，红烧土结构不断疏松，引起墙体基部凹陷或孔洞不断扩大、加深，导致掏蚀严重。房基F4西墙内侧掏蚀深度最大处达10厘米，表现为墙体基部红烧土多孔洞，且酥碱粉化，严重影响房基墙体结构的稳定性。因新建遗址博物馆及环境整治原因，目前房基受地下毛细水影响较小，掏蚀病害已基本稳定。如图3.41所示。

图3.40　房基墙体坍塌

图3.41　房基墙体基部掏蚀

（3）墙体裂隙

房基墙体受发掘前后环境变化及保存环境的影响，导致红烧土的胀缩、变形和表面损坏，造成墙体出现开裂或碎裂现象。墙体裂隙有卸荷裂隙、变形裂隙及建造工艺裂隙等，裂隙纵横交错，较大裂隙为竖直方向发育，宽至0.2~5厘米，裂缝长度不等，有很多裂缝从墙体顶部延伸到基部。裂隙将墙体分割成无数碎块，严重影响到房基的稳定性和安全性。如图3.42所示。

（4）墙体红烧土片层剥落

房基墙体发掘后受建造材料工艺、环境因素与盐结晶等多重因素的影响，导致红烧土间粘结力的下降，加之墙体开裂、碎裂或剥离严重，红烧土在外力和重力作用下成片状或小块状脱落，脱落土块大小不一，尤其是墙体顶部脱落严重，局部区域完全脱落而坍塌。如图3.43所示。

图3.42　房基墙体裂隙

图3.43　房基墙体红烧土片状脱落

（5）墙体红烧土表层空鼓与剥离

因建造工艺原因，房基墙体红烧土大部分为多层，且层与层间呈剥离状态，分布不连续，形成墙体红烧土局部剥离或空鼓，整体上处于不稳定状态，空鼓或剥离红烧土在重力作用下易脱落。如图3.44所示。

（6）墙体红烧土泛盐

房基由于受地下毛细水和环境温湿度变化的影响，导致可溶盐在墙体红烧土表面覆盖一层较厚的白色盐结晶，盐壳最厚达2毫米。目前因已建遗址博物馆，房基受地下毛细水影响较小，盐析现象基本停止。墙体表面盐壳在环境温湿度变化下导致红烧土酥碱粉化。如图3.45所示。

（7）墙体红烧土酥碱粉化

房基墙体因红烧土体结构酥松导致土体呈粉末状脱落。房基墙体及地坪材料内可溶盐在毛细水作用下大量富集在墙体表面，在保存环境的影响下盐类反复结晶-溶解-结晶，造成房基红烧土结构收缩-膨胀-收缩，从而破坏了红烧土土体结构，导致墙体红烧土酥碱粉化现象明显，尤其是墙体的顶部，表层酥碱粉化层厚达3厘米，墙体基部堆积了较厚的已脱落的红色粉末。酥碱病害在房基墙体表面普遍存在，尤其是墙体基部的酥碱粉化会直接影响到房基的结构稳定性。如图3.46所示。

图3.44　房基墙体红烧土片层剥离

图3.45　房基墙体泛盐

（8）生物病害

房基存在的生物病害主要是苔藓、霉菌、鼠害和虫害等。因受地下毛细水影响导致墙体表面苔藓、藻类和霉菌滋生严重，墙体表面覆盖较厚的苔藓、藻类和霉菌死亡体，造成墙体表面变色。新建遗址博物馆后，房基受地下毛细水的影响较小，无苔藓、藻类和霉菌滋生。另外，墙体基部有甲壳虫类昆虫遗留的虫洞等活动痕迹；局部有历史上遗留的鼠洞。如图3.47所示。

（9）人为破坏

房基F1-F9中有5个窖穴，打破了房基墙体及地坪，破坏了房基完整性。灰坑坑壁存在裂隙、块状或粉化脱落及苔藓生物体等病害，整体保存较完整。如图3.48所示。

图3.46　房基墙体红烧土酥碱粉化

图3.47　房基墙体生物病害

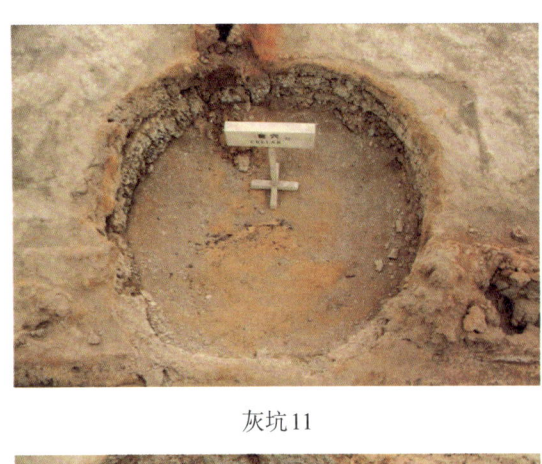

灰坑11 　　　　　　　　　　　　　　　灰坑12

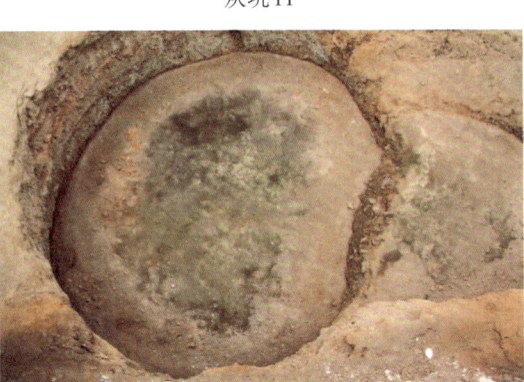

灰坑28 　　　　　　　　　　　　　　　灰坑29

图3.48　房基被灰坑破坏

2. 房基病害样品分析

2.1 白色盐析物

采集房基墙体红烧土表面盐析物，如图3.49所示。采用X-射线荧光仪（XRF）、离子色谱仪（HPLC）及X-射线衍射仪（XRD）进行检测，分析白色结晶物的成分，为下一步房基的保护加固提供依据。

图3.49　房基墙体表面结晶盐显微照片

表3.11　房基墙体表面盐析物XRF分析结果（w%）

样品编号	Ca	Si	Fe	S	K	Ti	Sr	P	Sc
1#	49.533	7.729	3.291	30.345	0.726	0.187	2.421	6.039	0.181
2#	46.887	10.051	4.781	29.752	1.134	0.255		5.01	0.233
3#	41.561	12.961	7.833	27.21	1.365	0.343	3.226	5.501	
4#	50.977	10.75	3.773	25.571	0.83	0.163	2.506	5.187	

由X-射线荧光仪（XRF）分析结果表明，白色结晶物主要化学成分为Ca、S、Si、Fe等元素，还有少量的P、K等元素；离子色谱分析结果，白色结晶物中含有阳离子Na^+、Ca^{2+}等，阴离子Cl^-、NO_3^-、SO_4^{2-}等；X-射线衍射仪（XRD）分析结果表明，白色结晶物主要矿物成分为硫酸钙、硫酸镁、硫酸钠等。如图3.50所示。

2.2 墙体红烧土酥粉物分析

采集房基墙体红烧土酥碱粉化物，采用X-射线荧光仪（XRF）及离子色谱（HPLC）测定化学成分及阴阳离子，为分析房基红烧土粉化原因提供依据。

（1）化学成分分析

房基墙体积尘及粉化物X-射线荧光仪（XRF）分析结果如表3.12所示。

表3.12　房基积尘及粉化物化学成分分析结果（w%）

样品	Ca	Si	Fe	S	Al	K	Mn	Ti	Cl	Rb	Sr	Zn	Cu	P
积尘	12.62	41.65	19.12	2.15	13.25	2.98	0.35	0.94	1.8	0.67	2.66	0.21	0.19	1.34
酥粉	2.43	57.37	14.46	0.61	17.4	3.28	0.22	0.73	1.24	0.56	1.58		0.10	

样品1#

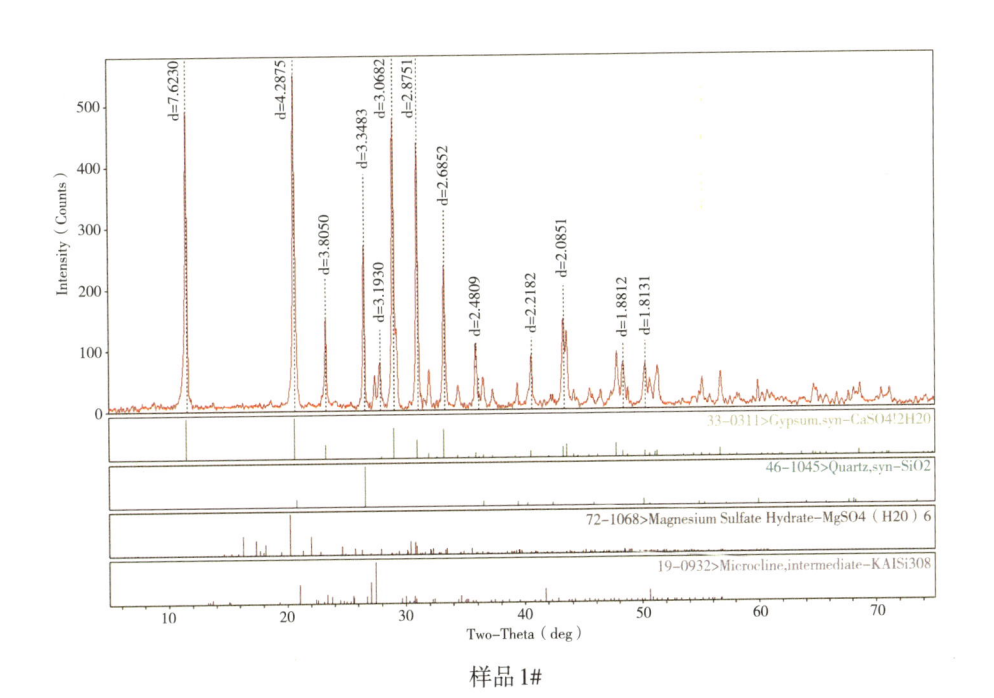

图3.50　房基墙体白色结晶物XRD分析结果（1）

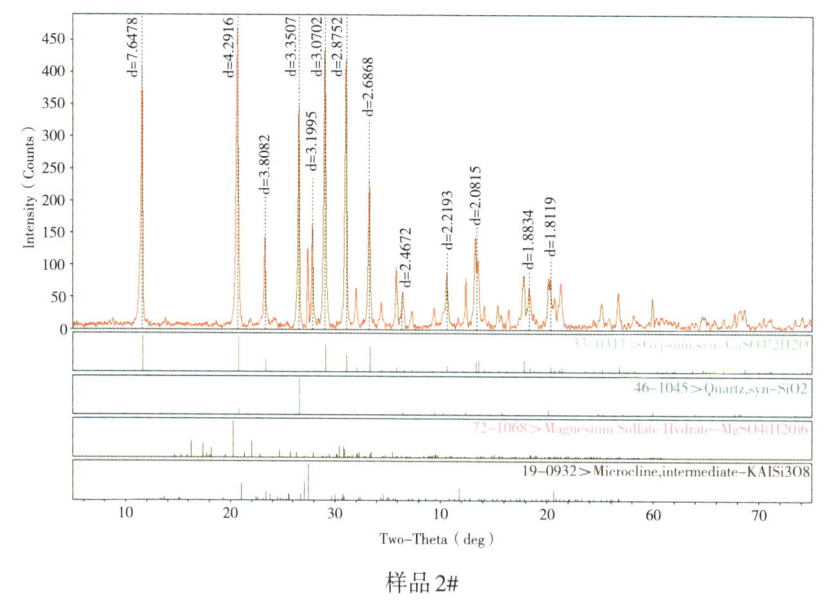

样品 2#

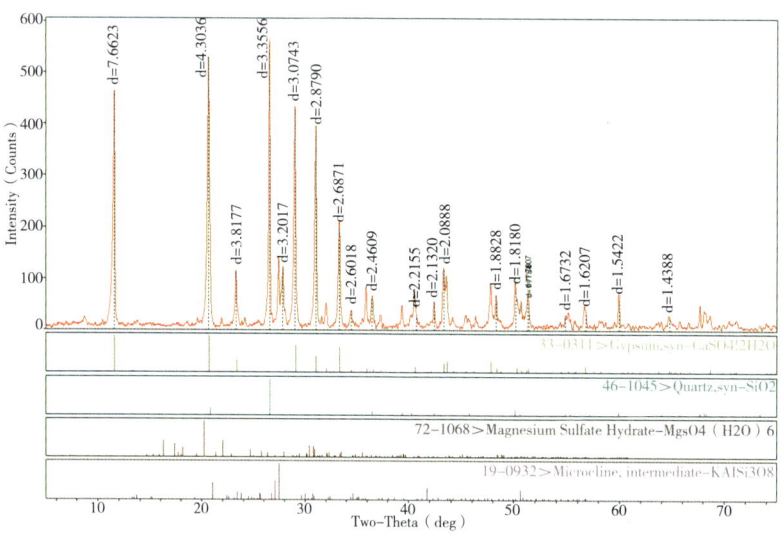

样品 3#

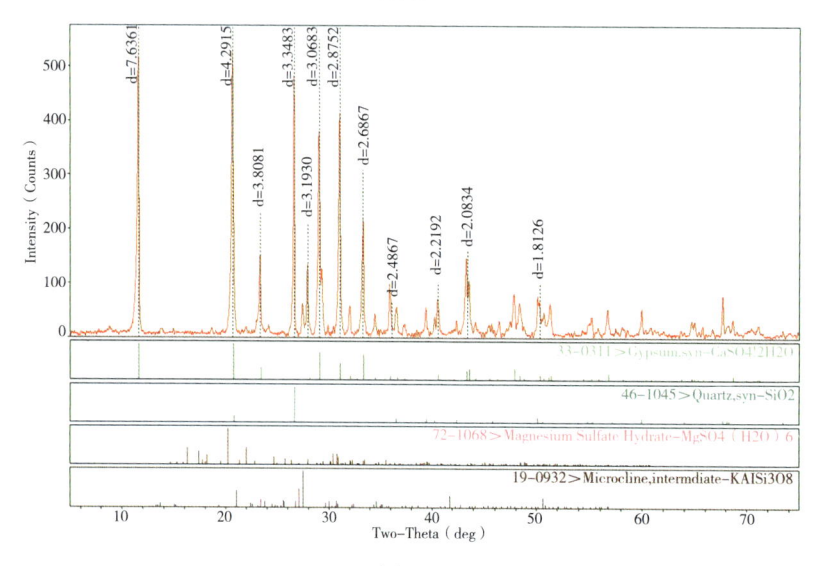

样品 4#

图 3.50 房基墙体白色结晶物 XRD 分析结果（2）

由化学成分分析结果可知，积尘的主要元素为Si、Ca、Fe、Al、K、S等，还有少量的Mn、Cl、Zn、Cu等元素；红烧土酥粉物主要元素为Si、Fe、Al、Ca、K，还有少量的Mn、Cl、Cu等元素。

（2）阴阳离子含量

分别取通过1mm筛孔的风干粉化物样品2g和10g（精确到0.001g），加入去CO_2蒸馏水振荡均匀，高速离心去除部分不溶物，再将上清液用慢速滤纸过滤。采用离子色谱仪（HPLC）测定阴阳离子含量。

表3.13　房基粉化物阴阳离子含量分析结果（mg/g）

阴阳离子	Na^+	K^+	Ca^{2+}	Cl^-	NO_3^-	SO_4^{2-}
样品1#	2.22	0.72	34.85	2.77	5.43	195.62
样品2#	1.93	0.36	29.72	2.76	4.72	180.29
样品3#	7.19	1.51	51.91	12.07	25.78	221.75
样品4#	6.51	0.84	49.83	16.51	24.30	203.42

由分析检测结果可知，粉化物含有阳离子Na^+、K^+、Ca^{2+}等，含有阴离子Cl^-、NO_3^-、SO_4^{2-}等；阳离子含量顺序为：$Ca^{2+} > Na^+ > K^+$，阴离子含量顺序为：$SO_4^{2-} > NO_3^- > Cl^-$，且多以硫酸盐与硝酸盐存在。

2.3 黑色硬质物成分

采集房基F1北墙门口柱洞内部较硬的黑色硬质物，采用X-射线荧光仪（XRF）与扫描电镜（SEM-EDS）对其进行分析检测。如图3.51所示。

图3.51　房基F1北墙最大柱洞黑色硬化物

（1）化学成分分析

采用X-射线荧光仪（XRF）分析黑色硬质物的化学成分，为下一步房基的保护加固提供依据。化学成分分析结果如表3.14所示。

表3.14 房基黑色硬质物XRF分析结果（w%）

样品	Ca	Si	Fe	S	Al	K	Mn	Ti	Ba	Rb
F1-黑色物	8.863	28.849	39.727	2.419	9.169	6.774	0.557	1.337	1.06	0.352

由X-射线荧光仪（XRF）分析结果可知，黑色硬壳物的主要成分为Si、Fe、Al、Ca、K等元素，还有少量的S、Mn、Ba等元素。

（2）微观结构分析

采用扫描电镜（SEM）对墙体柱洞黑色硬质物进行微观形貌结构观察，并进行能谱分析。电镜扫描照片及能谱分析如图3.52和表3.15所示。

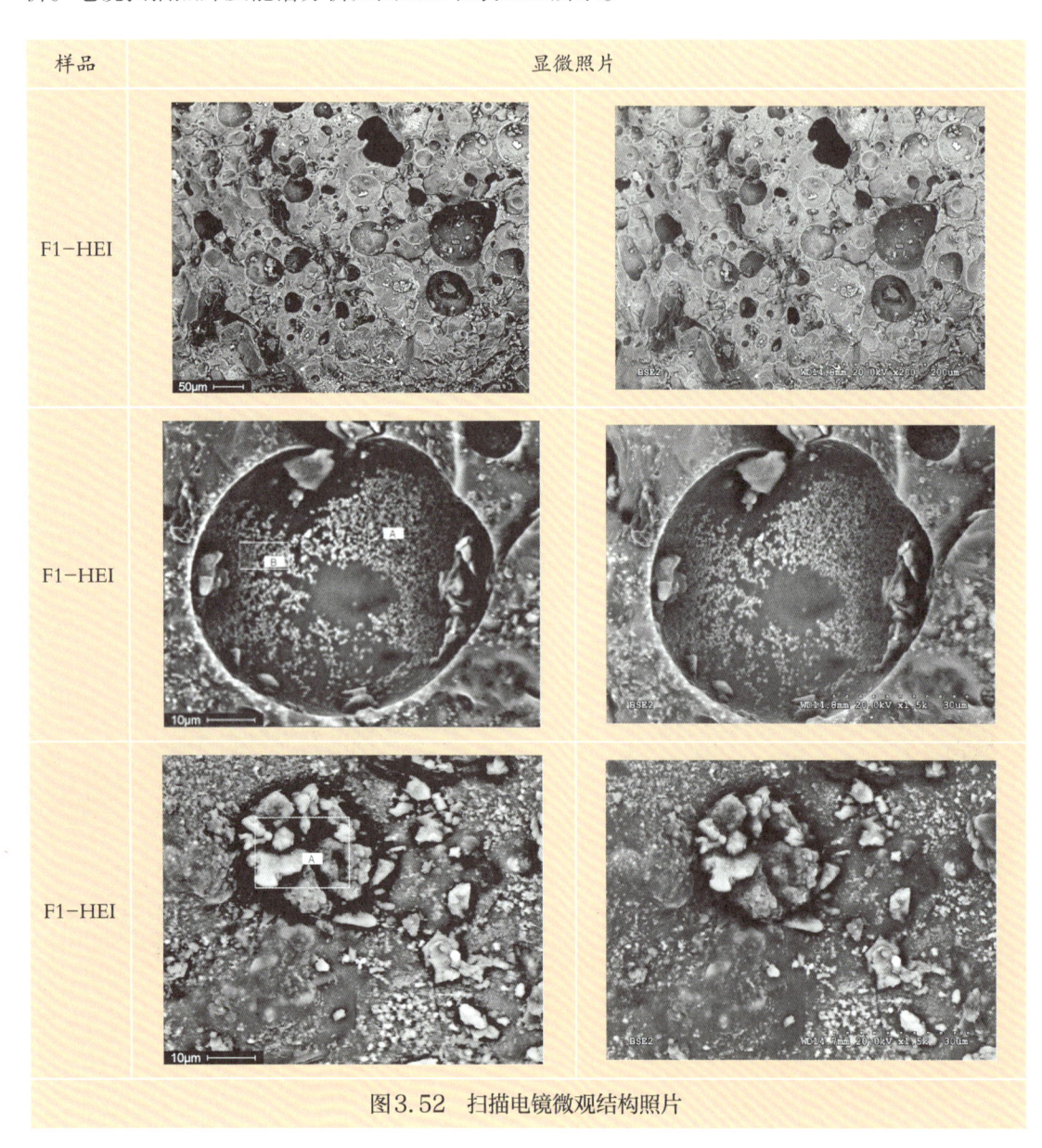

样品	显微照片
F1-HEI	
F1-HEI	
F1-HEI	

图3.52 扫描电镜微观结构照片

表3.15　房基黑色物扫描电镜能谱（SEM-EDS）分析结果

样品	C	O	Na	Al	Mg	Si	Fe	Ca	K	Ni	S
F1-HEI-1	9.34	16.7	0.52	3.95	0.56	11.92	2.91	29.6	1.4	2.54	20.56
F1-HEI-2A	10.08	3.79		4.63	1.35	6.7	71.27	0.77	1.41		
F1-HEI-2B	8.55	21.04	1.37	16.44	3.4	25.83	18.87	1.01	2.79		
F1-HEI-3	26.34	14.82	1.18	5.53	1.53	20.37	5.12	11.84	2.4	2.82	6.81

由扫描电镜能谱分析结果可知，黑色硬质物的主要成分为Si、Ca、Fe、Al等元素，还有少量的Na、K、S等元素；其主要元素与XRF分析结果一致。

3.房基现状评估

3.1 真实性评估

大河村遗址仰韶文化房基遗址历经5000余年，保留了真实的历史信息。现原址展示的房基F1-F9的空间位置、建筑形制、材料、构造做法等均保留着出土时的真实状态，具有高度真实性。

3.2 完整性评估

仰韶文化房基F1-F9具有自身的完整性。自1987年展示以来，虽然出现了粉化、泛白、局部垮塌等多种病害，但房基的重要特征、构造没有遭到严重破坏，保存完整，仍然可以清晰地展现出房基建筑的布局特点、木骨泥墙的构造特征，其作为珍贵建筑遗存的特征点都完整保留了下来。

3.3 延续性评估

仰韶文化房基F1-F9发掘后搭建了保护房，进行了原址保护与展示，其余发掘房基已回填保护。新博物馆建设后，房基的保存环境和保存状况均得到改善，另外通过有效的科学保护技术对房基进行保护加固修复，使其在目前保存环境下能够长期保存下去，也使房基的历史价值、科学价值和艺术价值等得以延续。

4.房基病害评估

遗址考古发掘后，房基F1-F9修建了保护房进行原址保护与展示，其余房基已回填保护。保护房对房基起到较好的保护作用，防止雨水和光照等自然因素对房基的直接破坏，减少了冻融、温湿度变化等对房基的影响；但因地下毛细水、温湿度变化和可溶盐等影响，房基墙体及地坪表面苔藓、藻类和霉菌滋生严重，红烧土酥碱粉化、开裂及坍塌现象严重；新建遗址博物馆后，保存环境得到改善，加之地下水位下降，房基F1～F9受地下毛细水的影响变小，墙体表面无苔藓、藻类和霉菌等生物病害的滋生，但因环境温湿度变化，墙体红烧土仍存在酥碱粉化现象。根据现场调查，房基现存主要有坍塌、裂隙、空鼓、盐析、酥碱粉化等病害。

房基墙体裂隙主要由于房基开挖后红烧土失水造成开裂，裂隙纵横交错，将墙体分割成无数碎块，墙体整体稳定性下降，在其外动力作用下引起墙体的坍塌；裂隙往往会造成房基局部缺失，破坏了房基的稳定性和完整性，影响墙体的安全性；裂隙本身是软弱结构面，力学性能较低，较易形成土遗址失稳破坏的界面；但就目前来看，考虑到房基开挖后保存环境基本处于稳定，裂隙基本不会有扩大的危险。

房基墙体红烧土因建造材料工艺原因存在剥离或空鼓区域，湿气易吸入，造成内部红烧土的劣化，剥离或空鼓红烧土在重力作用下易剥落；墙体脱落后露出的新红烧土在自然环境因素下继续劣化，增加了红烧土的孔隙率，吸湿性随之增加，进一步加速了劣化。墙体表面风化主要表现为局部泛白、片层剥落及酥碱粉化，主要是由房基表面含水率反复变化引起的；由于毛细水作用导致墙体表面可溶盐析出，不断富集在墙体表面形成结壳，而同时受到结壳层下析出盐分的结晶力作用和强蒸发作用，表面土体迅速失水，引起内外土体间的不均匀收缩，形成片状剥离，边缘翘起的破坏；墙体受到自然因素及人为因素的影响导致局部土体结构不稳定，最终脱离墙体而脱落；红烧土块缺失是由于其墙体结构方面的原因造成的，同时脱落会更进一步加剧现存墙体结构稳定性问题，造成新的悬空面的出现。

这些病害严重影响房基的外貌、稳定性、完整性和艺术性，且这些病害都存在继续发展的趋势，因此急需进行保护加固修复，以提高表面强度，增加其稳定性和抗风化能力。

5. 房基病害原因分析

根据大河村遗址区域地质、水文、气候及房基保存微环境等自然环境条件，房基墙体红烧土产生的病害可归纳为以下几个因素。

5.1 内因-红烧土自身原因

房基墙体是采用草拌泥砌筑，再用火烧烤，材料的弹性消失，刚性增加。土体抵抗外力的能力大小与土的粘结性强弱有关，土的粘结性除与土体结构状况以及代换性阳离子的组成等有关外，还主要与土颗粒的比表面积、土颗粒间分子引力大小成正比。土体在高温（900℃）条件下紧邻的土颗粒能通过组分离子的换位和在晶格中的重排形成颗粒间固体键合，颗粒的熔融形成液相起到加强粘结的作用；而在较低温度条件下（600℃以下）形成的红烧土，土中加强粘结作用的有机质被烧结碳化使得材料的孔隙率增大，土颗粒间分子引力变小，颗粒的比表面积变小，进而导致粘结性变弱。

房基红烧土的分析检测表明其烧结温度较低，强度低；红烧土中有机胶结物作用完全损失，无机胶结物作用部分损失；红烧土存在孔隙率大、成分不均匀等问题，导致红烧土吸湿性大，受地下水毛细作用、干湿交替、盐的反复结晶等环境因素的影响，房基墙体红烧土易劣化。

5.2 外因－环境因素

遗址博物馆重新修建后，保存环境得到明显的改善，虽然地下毛细水明显减少；但展厅内无恒温恒湿设备，温湿度受室外环境影响大，导致展厅内温湿度变化较大，房基墙体红烧土受温湿度变化而继续劣化。

（1）地下毛细水作用

房基历史上受地下毛细水的影响较大，地下水通过毛细水作用到房基墙体，墙体表面及地坪仍残留因毛细水作用而滋生的苔藓、藻类、霉菌等生物体，加之在可溶盐的作用下，最终导致墙体出现风化酥粉、表面泛白现象的发生；新博物馆建设后，展厅内湿度降低，房基地坪处于干燥状态，受毛细水作用影响很小，地坪及墙体虽无苔藓、藻类和霉菌生长，但其死亡体仍覆盖在墙体表面。

（2）温湿度变化

从监测数据可以看出，监测期间土体最高温度27.2℃，最低温度3.0℃；最高相对湿度89.7%，最低相对湿度34.5%；与博物馆外温湿度变化规律一致。由于遗址展厅内通风不畅，房基区域虽然受地下毛细水的影响变小，但遗址展厅内夏季温度高，冬季温度低，温湿度变化较大，导致房基墙体红烧土热胀冷缩，表面可溶盐吸湿和结晶仍在继续，加速了房基墙体红烧土的酥碱粉化。

（3）可溶盐破坏

可溶盐结晶不仅破坏了房基墙体外观面貌，而且其在红烧土层表面溶解—结晶循环产生应力，加快了房基墙体红烧土粉化速度。根据土类遗址的一般情况，只要遗址本体存在空气接触面，在土壤含水率与空气含水率不同时，可溶盐的结晶循环就无法避免，最终导致遗址出现表面泛白、酥粉、剥落等病害的发生。

根据分析检测，房基墙体存在可溶性盐，盐类结晶时吸收较大水分，造成结晶盐体积膨胀，使得土颗粒之间空隙增大变得松散，导致房基墙体红烧土的粉化。相对于保存环境温度变化，相对湿度的变化是影响可溶盐的结晶作用对房基产生破坏的最主要因素。

（4）生物破坏

早期房基因地下毛细水原因，导致墙体及地坪含水率较高，苔藓、藻类及霉菌滋生严重，虽对房基墙体的结构稳定性影响不大，但生物代谢物易导致表面松软、酥粉、剥落等病害；另外，潮湿环境下红烧土遭受虫害影响，墙体基部可见虫洞，影响墙体的结构稳定性。

PART

第三部分

03

设计篇

大河村遗址仰韶文化房基保护修复
研究

第四章
仰韶文化房基（F1-F9）保护加固方案

第一节 房基保护目的及原则

大河村遗址仰韶文化房基（F1-F9）保护加固设计以国际、国内文物保护的相关法律法规、准则及保存现状勘察、病害原因分析、现状评估和保护加固试验评估结果为依据。房基（F1-F9）保护始终坚持以现状保护为前提，严格遵守最小干预、不改变原状、研究与保护并重、保护有效历史信息等原则，坚持采用传统材料与原始工艺，使房基的保护修复达到保持其真实性和完整性的总体要求。实现科学、安全、有效的保护，对房基的历史、艺术、科学价值的保存具有重要意义。

1. 保护目的

采用科学、有效的技术手段对房基进行保护加固修复，治理和清除房基现存病害，保证房基在目前保存环境条件下的安全性、完整性和稳定性，防止房基病害的继续发展，减缓风化破坏速度；加强预防性保护，对房基进行合理的展示利用，为公众提供相对真实的观览体验。

2. 保护原则

房基保护坚持以原址现状保护为前提，以物理加固为主，化学加固为辅，并以不改变房基整体外貌为原则，同时在保护实施过程中，不允许对房基造成新的破坏和影响；保护加固工程要达到可识别性和可再处理性的要求；保护材料和工艺必须进行实验室及现场试验，在材料性质、配比、施工工艺取得试验成功的前提下，再用于工程实施。在"抢救为主、保护第一、合理利用、加强管理"的文物保护工作方针指导下，同时遵循以下原则：

（1）真实性原则：根据房基保存现状，保护现存房基的原状及历史信息，保护以价值为依据，保存重要遗迹信息，真实全面的保留和延续其历史、艺术、科学等信息。

（2）最小干预性原则：不改变房基原状是对房基真实性最好的保护，保证房基墙体结构稳定性和安全性的前提下对墙体进行修补和加固，对房基的干预减少到最低限度。除了必须进行保护处理的部位，不应进行更多的干预；必须干预时，附加的手段只用在最必要的部分，并减少到最低限度。采用的保护措施，应以延续现状，缓解劣化为主要目标。

（3）可再处理原则：保护所用材料及技术等干预行为，不影响再次保护修复的可行性。一切技术措施应当不妨碍再次对房基进行保护处理；经过处理的部分要和房基或前一次处理的部分既相协调，又可识别。

（4）稳定性原则：对房基保护所施加的材料及技术措施等干预行为，具有较长时间的稳定性，降低干预频率。

（5）兼容性原则：保护修复所用的材料和工艺要与房基建造材料及工艺的属性相匹配。尽量采用与房基墙体相符合的传统材料、工艺或技术。按照文物保护要求使用保护技术、独特的传统工艺技术必须保留。所有的新材料和新工艺都必须经过前期试验和研究，证明是最有效的，且对房基无害后才可使用。

第二节　房基保护加固方案

针对不同类型、保存状况的土遗址，保护方式分为原状保护、场馆保护和覆盖保护三种。原状保护即采取必要的保护手段，对遗址尽可能少干预，保证遗址的安全稳定；场馆保护即在原地或异地建立遗址博物馆或陈列室进行展示和保护；覆盖保护即通过回填、表面补砌包埋和复原等措施对遗址进行覆盖和保护。

大河村遗址仰韶文化房基（F1-F9）属搭建博物馆原址保护的方式，针对房基现存病害采取结构加固和表面处理两种方式，增加房基墙体整体稳定性和安全性。结构加固主要针对影响墙体结构稳定性的残缺、开裂、变形、掏蚀或坍塌等病害进行修补加固，不处理将导致房基发生毁灭性破坏；表面处理主要对墙体表面现存病害进行治理，防止病害进一步发展。房基保护加固内容主要包括表面及柱洞内积尘、粉化物及苔藓死亡体等的清除；墙体红烧土表面脱盐处理；墙体脱落、移位或碎裂等红烧土块归位粘结加固；墙体土体开裂、空鼓及剥离等灌浆及补缝加固；墙体坍塌及掏蚀区域修补加固；墙体红烧土酥碱粉化渗透加固；窑穴保护加固。

1. 房基表面清洁

对房基表面的污染物，如积尘、粉化物、霉菌及苔藓死亡残留物等污染物进行物理清理，使房基恢复考古发掘时外貌。

1.1 清洁要求

（1）清洁以清除房基墙体表面及柱洞内积尘、酥碱粉化物及苔藓霉菌死亡体等污染物，打开墙体红烧土表面被灰尘或污物封闭的微孔，恢复其呼吸性；

（2）清洁表面是加固的基础，清洁过程不应对房基墙体造成新的破坏；

（3）清洁程度要适度，注意清除的深度，避免过度清除破坏房基墙体；

（4）清洁程序中的每一个步骤都是可控制的、渐进的与有选择性的。

1.2 清洁措施

主要采用毛刷、竹刀、小型吸尘器、蒸汽等物理方式进行清除。

2.墙体脱落红烧土块等归位粘结加固

2.1 粘结加固材料要求

（1）粘结材料有适当的粘性，粘结强度应小于或等于红烧土的强度；

（2）粘结材料易清除，不损伤房基墙体；

（3）粘结材料颜色尽量与房基墙体外观协调。

2.2 粘结加固措施

采用水硬性石灰作为粘结材料，添加红烧土粉为骨料，并添加减水剂、易分散纤维等助剂配制的粘结材料，根据房基脱落、移位等红烧土块的位置进行归位粘结。

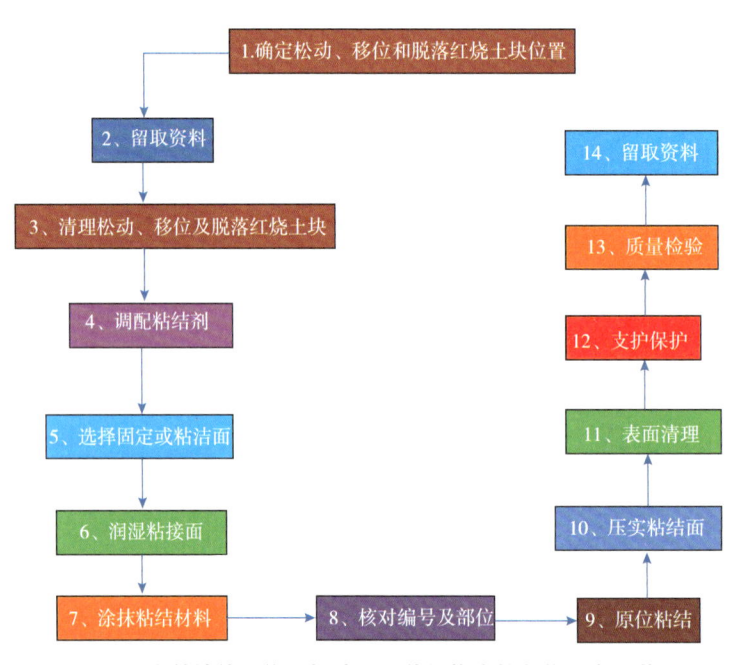

图4.1　房基墙体移位、松动、脱落红烧土的归位固定工艺图

3.墙体红烧土空鼓等灌浆加固

3.1 灌浆材料要求

灌浆材料既要求凝固后形成结石体的外观、密度、孔隙率、强度和土体具有较好的兼容性，又要求材料具有长期强度和较小的收缩性等。灌浆材料应具有以下特点：

（1）灌浆材料在物理、化学等性能上与墙体性能相近，具有良好的兼容性；

（2）灌浆材料具有良好的结合能力，强度适中，对保护对象的影响较小；

（3）灌浆材料流动性好，具有较小的收缩性；

（4）灌浆材料具有良好的耐候性和耐老化性。

3.2 灌浆措施

采用水硬性石灰作为粘结材料，红烧土粉为骨料，添加减水剂、消泡剂、纤维素醚等助剂配制的灌浆材料，对墙体开裂、空鼓及剥离等区域进行灌浆加固，充填开裂、空鼓及剥离等区域，增加墙体的完整性，以防止开裂、空鼓和剥离土体的继续开裂和脱落。

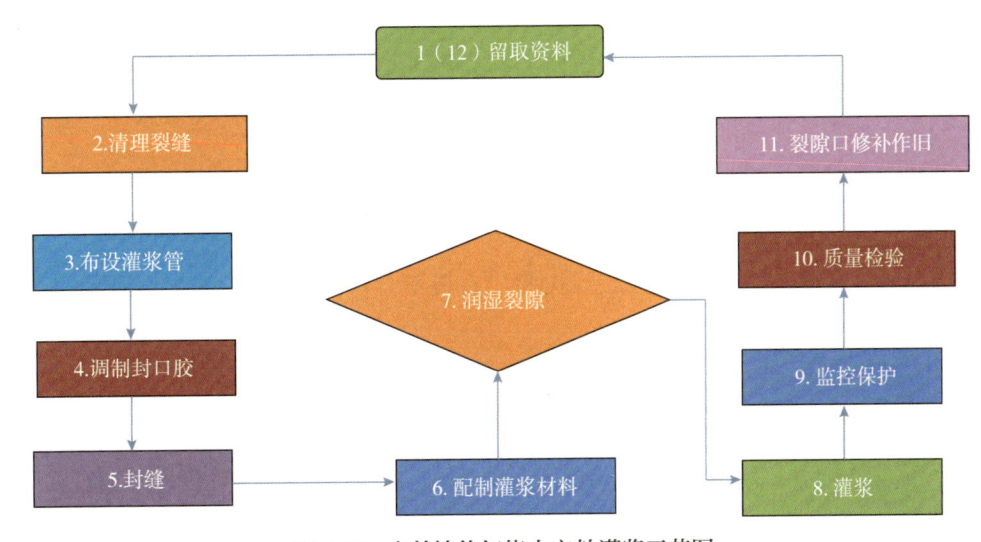

图4.2 房基墙体红烧土空鼓灌浆工艺图

4.墙体红烧土表面排盐处理

4.1 排盐材料要求

排盐材料适合于盐分集中在表层的基层材料排盐。排盐材料由多种纤维、黏土等复合而成的、具有高孔隙率、高比表面积、接近中性的浆状材料，其质量宜满足下列要求：不含有任何石灰等无机或有机粘结剂；与基层有着良好的附着力，在自重力作用下不脱离基层；收缩率低，施工后不发生分离；清除后基层的颜色不能改变；pH值为中性，对基层无腐蚀作用；可降解、环保。

4.2 排盐措施

针对房基保存较好墙体的盐析区域采用排盐材料进行墙体排盐，并检测排盐前后盐含量、成分及排盐材料水溶液的电导率变化以评估排盐效果。

5.墙体坍塌及掏蚀区域修补加固

5.1 修补要求

（1）墙体缺损严重且影响房基美观及结构稳定性区域宜修补；

（2）修补材料强度低于墙体红烧土强度，且与墙体红烧土具有兼容性。

5.2 修补措施

采用水硬性石灰添加红烧土粉配制的修补材料，对房基墙体坍塌区域影响墙体结构稳定性的进行修补，对墙体底部掏蚀区域进行修补。

6. 墙体红烧土酥碱粉化渗透加固

表面加固材料可以分为无机材料和有机高分子材料。通常情况下，不同加固材料可以混合使用，以发挥二者的优点，提高加固效果。无机材料抗老化性好，价格低，对文物的外观影响不大；缺点是收缩性大，耐水性差，加固效果不显著。常用无机材料包括二氧化硅在氢氧化钠或氢氧化钾溶液中的分散体系、碱土金属的氢氧化物及其复合盐，如硅酸锂、硅酸钾硅酸铝、氢氧化钙及氢氧化钡等。

有机高分子材料具有耐水、耐腐蚀、强度高、加固性能好等优点。常用高分子材料包括有机硅材料、丙烯酸树脂及醋酸乙烯树脂、有机聚合体系（如聚氨酯）聚甲基丙烯酸甲酯及有机乳液等。

6.1 渗透加固材料要求

房基墙体表面渗透加固材料具有提高强度、防风化等作用。加固材料应具有以下特点：

（1）不改变墙体本身色彩和质感；

（2）具有良好的渗透性；能够渗透到未风化的墙体红烧土中；

（3）加固效果好；不改变墙体红烧土的毛细吸水性能和透气性能；

（4）具有一定的可再处理性；具有良好的耐候性；无毒或低毒。

6.2 渗透加固措施

采用有机氟硅材料对房基红烧土进行渗透加固，增加了红烧土的整体强度，防止房基墙体的继续风化。

7. 窖穴保护加固

针对窖穴壁开裂、块状脱落、粉化剥落等区域按照房基墙体保护加固方式进行保护加固。

第三节 房基保存环境监测方案

针对房基展厅内环境和房基本体进行实时监测，为管理方提供文物保护环境网络化、智能化实时监测系统，对监测参数进行数据融合，建立环境参数历史数据库，为房基展厅环境调控和文物预防性保护提供技术支撑，为保护措施的制定提供科学依据。

1. 监测目的

监测目的是统计分析房基保存微环境，为房基展厅环境调控和房基本体预防性保护提供依据；对比房基保护加固前后相关监测数据，以评估保护加固措施的可行性和保护效果，为下一步提出房基保存环境控制、保护加固和预防性保护建议等提供依据。

2. 监测范围

（1）房基展厅及展厅外大气环境的监测。
（2）房基本体的监测。
（3）房基保护工程实施效果的监测。

3. 监测内容

（1）房基保存环境监测

房基展厅内安装环境监测仪器，实时监测房基保存环境温、湿度及房基墙体含水率、含盐量等变化规律，对比分析房基展厅内环境与大气环境的相关性，结合房基的保存现状，分析保护环境对房基长期保存的影响，便于调控房基展厅的保存环境，以减少或避免环境因素对房基本体的破坏。

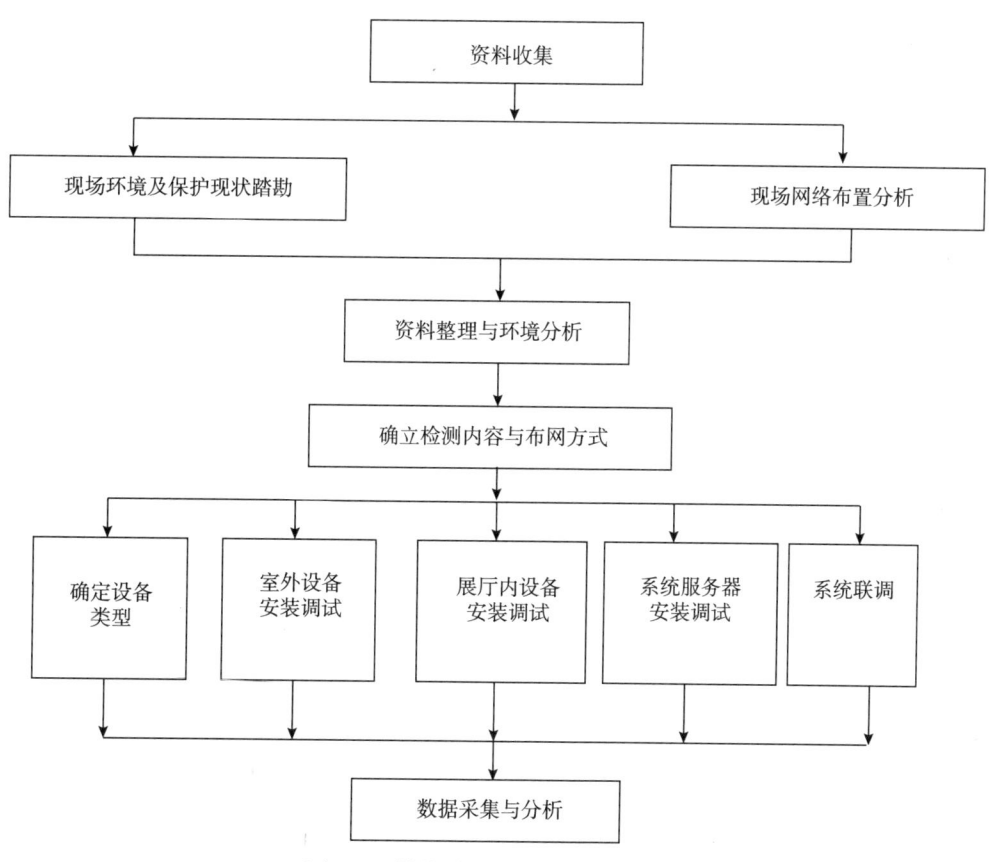

图4.3 博物馆环境监测技术路线图

房基保护加固后，对房基墙体稳定性、土体强度、含水率、裂隙等检测和监测，并实时监测房基墙体及地坪土体温度、湿度等以评估保护加固效果。

（2）地下水及毛细水的监测

通过监测房基地坪土体含水率变化以评估地下毛细水的变化，结合房基现状评估地下水对房基的影响；在博物馆外遗址场地钻孔，通过水位计监测遗址场地地下水位的变化情况。

4. 技术路线

根据房基保存现状及设计思路，保存环境监测拟采用以下技术路线，见图4.3。

5. 房基保存环境无线监测系统布设

博物馆展厅及遗址区域布设环境监测传感器，监测系统要达到以下目标：

（1）在监测区域中根据房基展厅及遗址位置等因素部署相关传感器网络；

（2）根据监测区域的建筑结构和建筑周边环境部署无线传输网络；

（3）本地监测数据备份由监测公司服务器中心托管；

（4）监测中心应具有对监测点的布设、监测点的监测、监测网络拓扑、监测点的数据图形等显示功能。

PART
04

第四部分

施工篇

大河村遗址仰韶文化房基保护修复
研究

第五章

仰韶文化房基（F1-F9）保护修复

第一节　房基表面清洁

1. 墙体表面及柱洞内积尘和粉化物的清理

对房基表面积尘、粉化物及墙体柱洞内杂物等进行清理，采用毛刷、吸耳球、小型吸尘器及竹刀等物理方式清理。根据房基不同病害情况，采用不同方式进行清理，以达到最佳清洁效果，避免清理过程对房基造成损害。

（1）防护

清理前对房基地坪表面铺设毯子进行防护处理，防止人为踩踏对房基地坪的破坏；对结构不稳定墙体或柱洞进行临时支护，防止清理过程中墙体坍塌，造成二次破坏。如图5.1所示。

图5.1　防护与支护

（2）除尘

采用毛刷、吸耳球及小型吸尘器等清除墙体及地坪表面积尘及粉化物，因墙体红烧土表面风化酥碱较严重，清理过程要认真、谨慎小心，防止清理过程造成破坏。如图5.2所示。

图5.2　毛刷与洗耳球除尘

（3）吸尘

表面积尘清除时要配有吸尘设备，防止尘土飞扬影响其他墙体和博物馆展厅。如图5.3所示。

图5.3　吸尘器除尘

2.墙体表面苔藓、霉菌死亡体的清理

针对房基墙体表面苔藓、霉菌死亡体等，采用竹刀、毛刷等物理方式清除。

（1）清除生物体

用竹刀、毛刷等工具清除墙体表面大部分苔藓及霉菌死亡生物体。

（2）软化

对表面较难清除的污染物，先用去离子水润湿宣纸敷在墙体表面进行软化。如图5.5所示。

（3）清除

软化后再用竹刀、手术刀等工具逐层慢慢剔除，用棉签蘸水轻滚，使其完全去除。清除过程要仔细、缓慢，防止清理过程破坏房基墙体。如图5.4所示。

图5.4　贴敷软化

图5.5 污染物清除

3.清洁效果

房基表面积尘、粉化物等清理后，房基轮廓明显，增加了房基的艺术价值，避免了积尘及粉化物在环境温湿度变化下对红烧土的破坏。如图5.6所示。

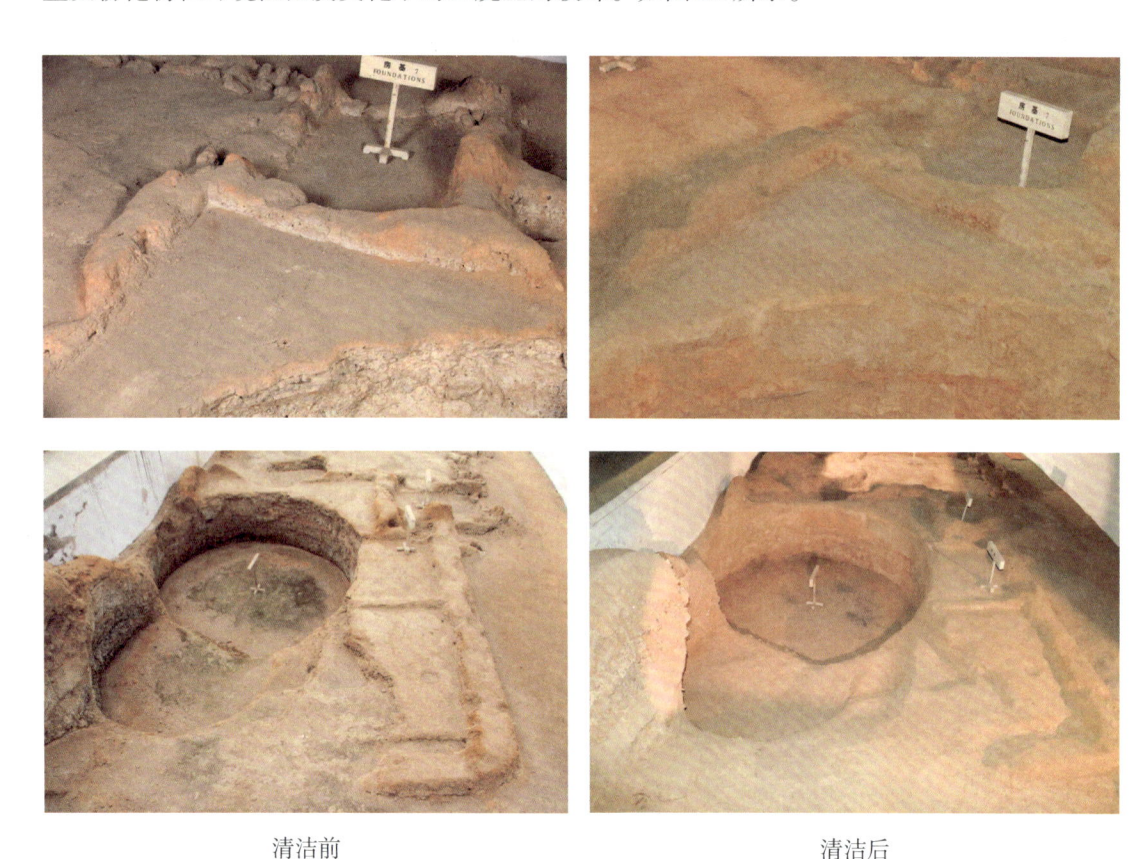

清洁前　　　　　　　　　　　　清洁后

图5.6 房基清洁效果

第二节　房基墙体坍塌及掏蚀区域修补加固

针对房基墙体坍塌、残缺及基部掏蚀等影响结构稳定性的区域，采用无机材料水硬性石灰添加红烧土粉和相应助剂配制的修补材料进行修补，增加房基墙体的真实性、稳定性和完整性。

1. 修补材料

（1）水硬性石灰

水硬性石灰（NHL2）为德国 Hesller 公司生产，符合欧洲标准 EN459-1/2010。

表5.1　Hesller公司NHL2材料组分及性能

成份（%）	测试结果	参数/成份	测试结果	欧标459-1指标
氧化钙 CaO	59.5	细度0.09mm（%）	0.2	≤15.0
氧化镁 MgO	2.2	细0.2mm（%）	0.0	≤5.0
三氧化硫 SO_3	0.89	容重（Kg/dm^2）	0.71	
自由钙	25.6	需水量（g）	290	
二氧化碳 CO_2	0.7	扩散（mm）	186	≤188 ≥182
自由水	0.7	贯入量（mm）	24	≤50 ≥10
烧失量（1000±25°C）	13.9	空气量（Vol%）	3.2	≤20.0
二氧化硅 SiO_2	14.3	抗压强度（Mpa）	3.3	≤7.0 ≥2.0
三氧化二铁 Fe_2O_3	1.84	初凝时间（min）	250	≥60
三氧化二铝 Al_2O_3	4.91			
合计	97.54			

（2）红烧土要求

选用与房基墙体红烧土相同的土质或重新烧制红烧土，经干燥粉碎后，过10～18目筛网，去除土中直径大于3mm的颗粒，贮存于通风干燥处备用，保证其自然晒干后的含水量≤2%。

（3）修补材料配比

水硬性石灰（NHL2）：红烧土粉=3：7，并添加减水剂、易分散纤维、有机硅粉剂等，水灰比为0.20。

表5.2　水硬性石灰灌注粘结材料
（注：每种配方为干混料，取1000克，比例中数字为各组分质量）

组分	比例
水硬性石灰（NHL2）	300
红烧土粉	682
减水剂（C-SP）	10
易分散纤维（WDF-530）	5
纤维素醚（MC500）	3

（4）性能检测

将不同配比的修补材料分别制成5cm×5cm、10cm×10cm样块，待干燥后观察颜色并测试其强度。如图5.7所示。

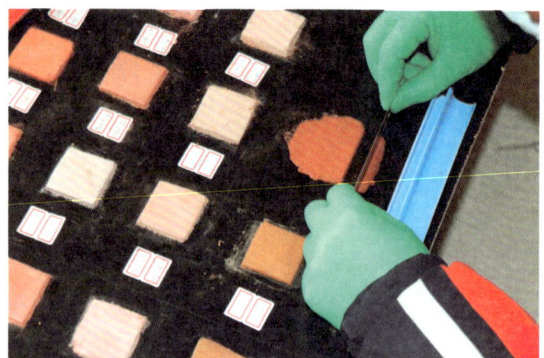

图5.7 试块制作

通过观察修补材料样块颜色并进行强度测试，选择强度适宜且干燥后颜色与遗址土体接近的配比，以满足房基墙体修补的要求。

表5.3 墙体红烧土修补材料表面硬度

序号	平均值
配制材料1	177.6
配制材料2	162.5
遗址墙体－外侧	184.5
遗址墙体－内侧	216.4

采用水硬性石灰添加红烧土粉制作的样块，其试块色差及表面硬度测试结果表明，试块颜色与原墙体红烧土颜色接近，且修补材料的表面硬度稍小于房基墙体的表面硬度，可满足修补材料施工要求。

2. 修补工艺

（1）留取资料

留取房基墙体坍塌或掏蚀等红烧土资料。留取资料包括三部分内容：拍摄照片、填写保护修复档案表并绘制 AutoCAD 图。

（2）清理墙体垮塌或残损红烧土

清理房基墙体基部积土和坍塌部位的浮土、虚土及不稳定土体，直至露出稳定安全的基底层。如图 5.8 所示。

图 5.8　清理墙体坍塌土

（3）润湿

对墙体修补区域采用滴管或小喷雾器喷去离子水进行润湿，并将红烧土基层打毛，增加修补体与原墙体红烧土的粘结性。如图 5.9 所示。

图 5.9　润湿红烧土基层

（4）修补

采用竹刀、牙科工具或修复工具等对墙体坍塌区域进行修补，并按房基墙体原形状进行修补，使新旧墙体保持形貌一致。如图5.10所示。

图5.10　修补墙体

（5）质量检验

修补养护48小时后，检查墙体修补区域是否开裂和收缩等。

（6）修补作旧

检验合格后，对墙体修补体进行做旧处理，达到外观色彩协调。

3. 修补效果

房基墙体坍塌和掏蚀区域经修补后，增强了墙体结构稳定性，提高了房基的完整性和真实性，取得了较好的保护加固效果。如图5.11所示。

修补前 　　　　　　　　　　　　　　　修补后

图5.11　墙体红烧土坍塌修补效果

第三节　房基墙体红烧土块归位粘结加固

针对房基墙体脱落、移位、错位或碎裂的红烧土块，采用无机材料水硬性石灰添加红烧土粉等配制的粘结材料进行归位和粘结加固，保证墙体的完整性和稳定性。

1. 粘结材料

（1）红烧土料要求

选择与房基相似的红烧土或新烧制的红烧土，保证其自然晒干后的含水量≤2%。经干燥粉碎后，去除土中直径大于0.15mm的颗粒。

（2）粘结材料配比

水硬性石灰：红烧土粉=4：6（体积比），添加相应的减水剂、纤维素醚、易分散纤维等助剂，水灰比0.24。

2. 粘结工艺

（1）留取资料

留取房基墙体脱落、松动、移位、错位、断裂及碎裂等红烧土资料。留取资料包括三部分内容：照片、保护修复档案表和AutoCAD图。对红烧土块进行编号，在AutoCAD图上标明松动、移位及脱落红烧土块的形状、位置和编号等。

（2）确定松动、移位及脱落红烧土块位置

根据房基墙体整体外观形貌、历史资料和照片等，按照松动、移位和脱落红烧土块的形状和正确位置对其进行编号、标记位置。如图5.12所示。

图5.12　墙体红烧土块编号及位置标记

（3）清理松动、移位及脱落红烧土块

采用竹刀、毛刷、吸耳球等清除红烧土块表面的积尘、泥垢和盐壳等，尤其注重粘结面的清洁。如图5.13所示。

图5.13 墙体红烧土块表面盐壳及积尘清理

（4）调配粘结材料

根据墙体红烧土块粘结材料的配比配制粘结材料，将配制好的粘结材料装入密封容器中密封保存备用。如图5.14所示。

图5.14 墙体红烧土块粘结材料的配制

（5）选择固定或粘结面

根据墙体红烧土块松动、移位及脱落等形状及墙体结构等，确定红烧土块固定的具体位置和方向，以确保回贴红烧土块的结构稳定与安全。如图5.15所示。

（6）润湿粘接面

根据红烧土块粘结面的大小和空间形态，用毛刷和吸耳球清理干净粘结面的积尘后，再用软毛笔（刷）蘸取去离子水和加固剂或用小喷壶对选定的固定粘接面进行润湿。注意红烧土块的润湿要充分到位，又不能过饱和。如图5.16所示。

（7）涂抹粘结材料

在墙体和红烧土块粘结支撑面两侧，采用竹刀、牙科工具或修复工具涂抹配制好的粘结材料，要求涂布均匀，厚度适中，在保证粘接面能够有效粘接的同时，尽可能不使粘结材料溢出粘结红烧土块的边缘。如图5.17所示。

（8）核对编号及部位

在墙体红烧土块粘接前，仔细核对红烧土块的编号、位置及方向等特征，避免粘结错误。如图5.18所示。

图5.15　确定墙体红烧土块位置

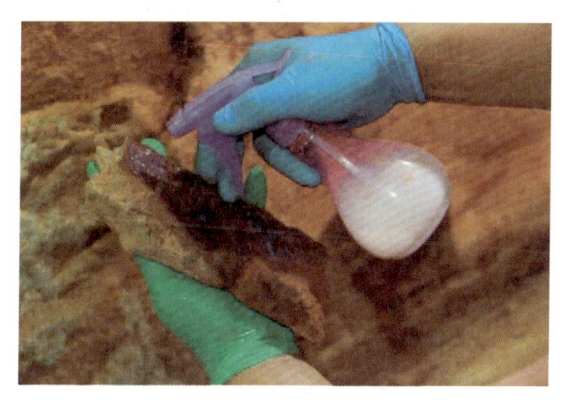

图5.16　润湿

图5.17　涂抹粘接材料

图5.18　核定红烧土块位置

（9）原位粘结

按照脱落红烧土块的形状和方向进行归位粘结，将红烧土块按原部位与走向平稳回粘，轻轻按压回粘的红烧土块，校正回粘位置，尽可能减少人为偏差，保证其能较好地贴回原处。如图5.19所示。

图5.19　墙体红烧土块原墙粘接

（10）压实粘结面

用手轻压回粘的红烧土块，使其尽可能与原墙体密切贴合，不留空隙。如图5.20所示。

（11）表面清理

采用小扁铲、竹刀等修复工具清除红烧土块周边及表面多余的归位粘接材料，再用棉签及去离子水将残剩粘接材料清理干净。如图5.21所示。

图5.20　压实红烧土块粘接面

图5.21　红烧土块粘接面的清理

（12）支护保护

对于归位粘结较大的红烧土块，在粘结固定材料未固化前要进行临时支护，防止粘结材料固化稳固前垮落破坏。支护时表面先垫一层薄海棉、宣纸或毯子等柔性材料，再用木板和木棍支顶。支护可采取简易可行的木（竹）架支顶等方法。如图5.22所示。

图5.22　红烧土块粘结后的临时支护

（13）质量检验

养护48小时后，采用目测法和敲击法对归位粘接好的红烧土块进行初步质量检验。不合格区域返工，重新粘接。

（14）留取资料

对于归位粘接合格的红烧土块，拍摄照片、填写保护修复档案表并绘制AutoCAD图。

3.粘结效果

房基墙体剥落的红烧土块经回贴加固后，增加了墙体稳定性，提高了房基的完整性和真实性，得到了较好的保护加固效果。如图5.23所示。

回贴前 　　　　　　　　　　　　回贴后

图5.23　墙体红烧土块回贴加固效果

第四节　房基墙体空鼓及剥离等灌浆加固

针对房基墙体不同层红烧土间空鼓、开裂、剥离等区域，采用水硬性石灰添加红烧土粉配制的灌浆材料进行灌浆加固，充填开裂、空鼓及剥离等区域，防止墙体红烧土的继续开裂和脱落，增加墙体的稳定性和完整性。

1. 灌浆材料

（1）红烧土料要求

选择与房基相似的红烧土或新烧制红烧土，保证其自然晒干后的含水量≤2%。经干燥粉碎后，去除土中直径大于0.1mm的颗粒。

（2）灌浆材料配比

水硬性石灰：红烧土粉=3：7（体积比），并添加相应的减水剂、纤维素醚、消泡剂等助剂，水灰比为0.32。

2. 灌浆工艺

（1）留取资料

留取房基墙体红烧土层空鼓及剥离等区域资料。留取资料包括三部分内容：拍摄照片、填写保护修复档案表并绘制AutoCAD图。在AutoCAD图上标明房基墙体空鼓或剥离区域位置、范围、面积、尺寸、形状特征等。

（2）检测

采用红外热成像或内窥镜对墙体红烧土空鼓和剥离区域内部进行观察和检测，明确空鼓或剥离分布范围、面积等，便于灌浆加固。如图5.24所示。

图5.24 红外热成像检测空鼓区域

（3）清理空鼓和剥离等区域内杂物

根据墙体红烧土空鼓或剥离区域形态、尺寸和特征，采用扁铲、竹刀、修复工具、吹风机、吸尘器及压缩空气清除空鼓和剥离等空腔内杂物。先清理内部脱落的块状物，再清理内部积尘及酥粉等，清理过程必要时进行支护，避免清理过程造成二次破坏。如图5.25所示。

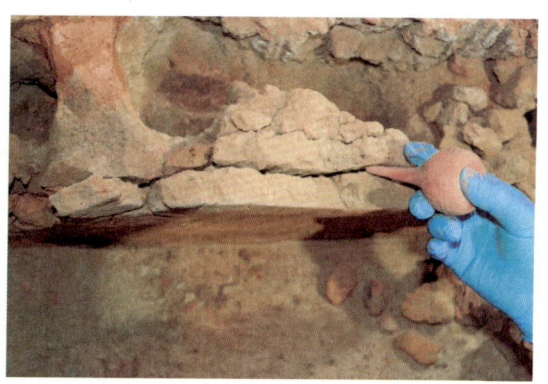

图5.25 墙体空腔清理

（4）布设灌浆管

根据墙体空鼓和剥离红烧土的张开度和分布情况，布设灌浆管的位置和数量，灌浆管的孔径与长度按实际状况选取。选取既适合灌浆，又适合作观察的部位埋设注浆管及灌浆嘴，并设置好进浆嘴、排气嘴和出浆嘴。如空鼓或剥离面积大的区域，可埋设多根灌浆管，灌浆嘴间距一般为5~10厘米。灌浆嘴采用无损贴嘴法骑缝固定在预定位置，并用封口泥固定。灌浆嘴应固定牢靠，保证导流畅通。如图5.26所示。

（5）调制封口胶泥

调制水硬性石灰添加红烧土配制的粘结材料成胶泥状，以便封堵空鼓及剥离区域开口和固定灌浆管。封口胶泥随搅随用，应在初凝前用完。

图5.26 布设灌浆管

图5.27 封口

图5.28 配制灌浆材料

图5.29 润湿空腔

图5.30 支护

（6）封口

采用封口胶泥封堵空鼓和剥离等区域处的开口及漏浆口。封口是灌浆成功的关键，封堵裂口的应细心严密处理，注意避免出现气泡，确保灌浆时不漏浆，使浆液在自身重力作用下能渗入空鼓或剥离区域深处，保证灌浆质量。如图5.27所示。

（7）配制灌浆材料

按照配比配制灌浆材料。灌注材料随搅随用，应在初凝前用完。如图5.28所示。

（8）润湿

灌浆前先用滴管或灌浆管对墙体空鼓和剥离区域空腔内部喷去离子水进行润湿，以保证浆液的流动。如图5.29所示。

（9）支护

将墙体空鼓和剥离区域进行临时支护，防止润湿或灌浆过程中空鼓和剥离红烧土块在重力作用下脱落，避免二次破坏。支护时表面先垫一层薄海棉或毯子等柔性材料，再用木板和木棍支顶。支护保护的措施可采取简易可行的木（竹）架支顶等方法。如图5.30所示。

（10）灌浆

灌浆是整个空鼓和剥离区域加固的中心环节，必须做好一切准备工作，方可灌浆。根据灌浆部位的实际情况，可选择无压力灌浆设备或注射器进行灌浆，在保证空鼓或剥离土体稳定性及不漏浆的情况下将红烧土层空腔内充满。采用竹刀、牙科工具或修补工具对空鼓口或剥离表面修补。如图5.31所示。

灌浆时遵循少量多次的原则，应采取由里到外、从下至上，或从空鼓内部的底部至顶部，或从两头向中间逐步封闭，保证浆液的渗透，直到下一个排气嘴出浆时停止灌浆，以保证浆液充满空腔内。灌浆结束后，立即拆除注浆管道并清洗干净。

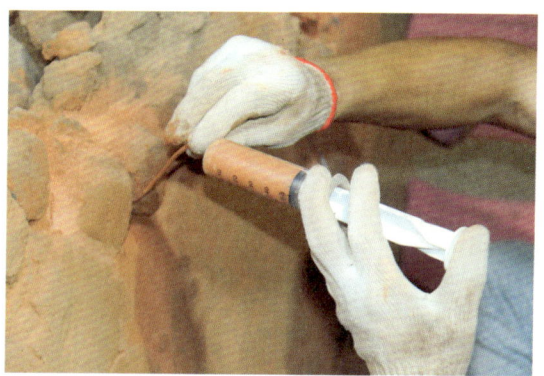

图5.31 灌浆

（9）监控保护

对房基墙体较大的空鼓或剥离区域，灌浆应分多次进行，及时补浆。灌浆时应观测进浆的速度和进浆量，注浆速度要缓慢，避免空腔中空气溢出时产生气泡爆裂。采用棉签、脱脂棉及去离子水将挂在墙体表面的浆液及时清理干净。

（10）质量检验

养护48小时后，采用敲击或红外热成像等方法检查空鼓和剥离区域是否充实。

（11）灌浆口修补作旧

检验合格后，待浆液完全硬结，轻轻地拔掉注浆管和灌浆嘴，采用封口胶泥将注浆管处封堵住抹平，对灌浆口进行修补做旧处理，达到外观色彩协调。如图5.32所示。

（12）留取资料

对空鼓或剥离区域灌浆加固合格的区域拍摄照片、填写保护修复档案表并绘制AutoCAD图，与初始状态比对。

图5.32 封口

第五节　房基墙体裂隙修补加固

针对房基墙体开裂及裂隙等区域，采用修补材料进行补缝，以增加开裂房基墙体的完整性和稳定性。对墙体开裂较深的裂隙，先封缝再灌浆，待浆液硬化后再进行补缝修补，墙体不稳定时采用木板提前进行支护。

1. 补缝材料

（1）红烧土料要求

选择与房基相似的红烧土或新烧制红烧土，保证其自然晒干后的含水量≤2%。经干燥粉碎后，去除土中直径大于0.15mm的颗粒。

（2）补缝材料配比

水硬性石灰：红烧土粉=3：7（体积比），并添加相应的减水剂、纤维素醚、易分散纤维、乳胶粉等助剂，水灰比0.22。

2. 补缝工艺

（1）留取资料

留取房基墙体开裂、裂隙及碎裂等资料。留取资料包括三部分内容：拍摄照片、填写保护修复档案表和绘制AutoCAD图。在AutoCAD图上标明开裂裂缝部位位置、宽度、长度、深度和贯穿情况。必要时可对开裂裂隙内部采用内窥镜进行查看，观察内部情况，便于修补和灌浆加固。

（2）清理开裂裂隙内杂物

根据墙体红烧土裂隙形态、尺寸和特征，采用扁铲、竹刀、修复工具、吹风机、吸尘器及压缩空气清洁裂隙内杂物。先清理内部块状物，再清理内部积尘等，确保清理干净，以保证补缝密实或灌浆充实。如图5.33所示。

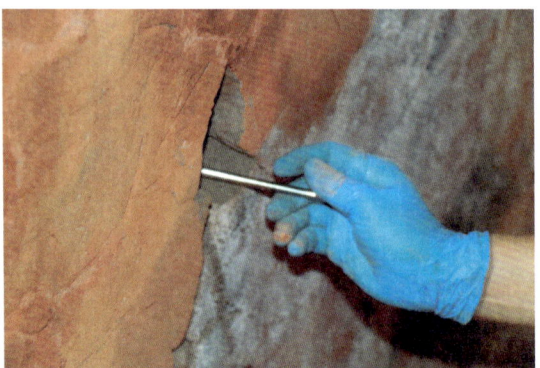

图5.33 除尘

（3）润湿

修补前先用滴管或灌浆管对裂隙两侧及内部喷去离子水进行润湿，以保证修补材料与原裂缝两侧的粘结性。如图5.34所示。

（4）配制修补材料

按照修补材料配方配制修补材料，修补材料随用随配。

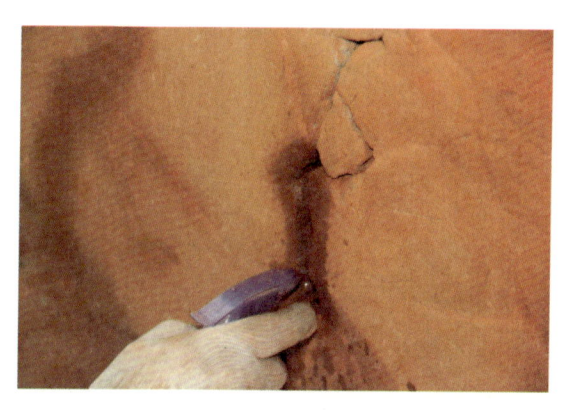

图5.34　缝隙润湿

（5）补缝

采用竹刀、牙科工具或修补工具对开裂及裂缝处进行补缝。如果裂隙较深，可先灌浆再补缝。灌浆可参照空鼓灌浆措施。如图5.35所示。

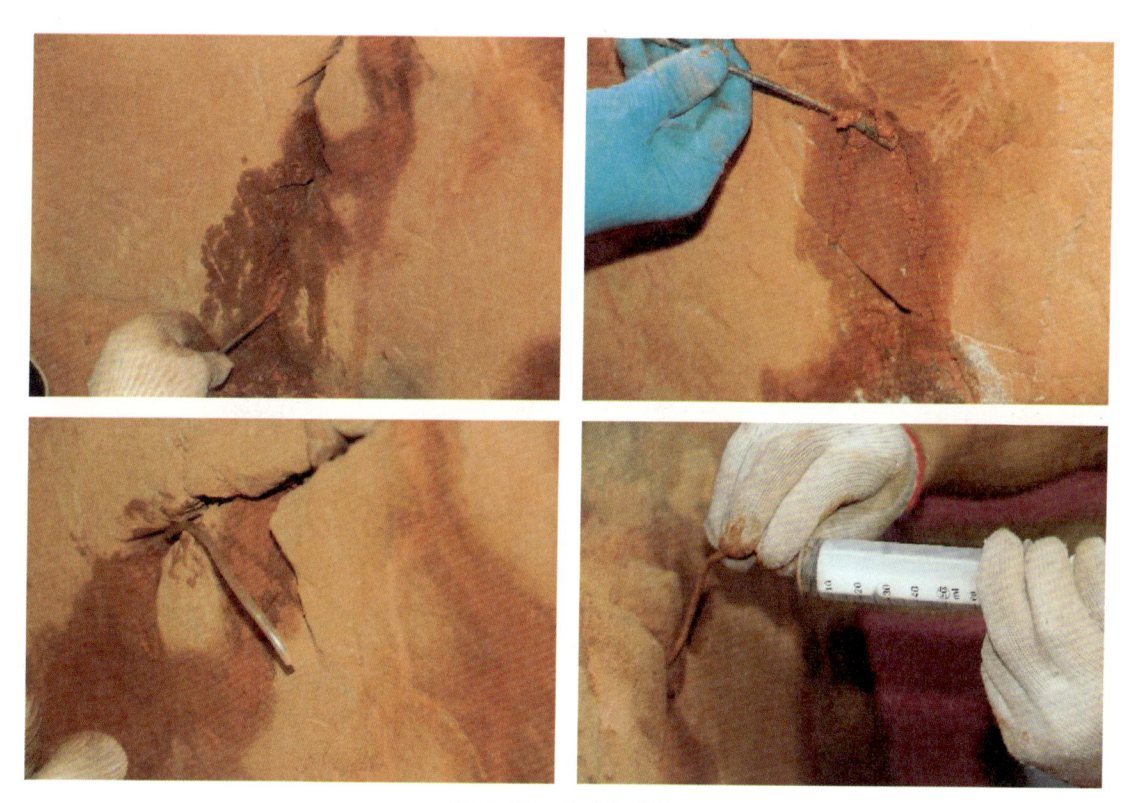

图5.35　补缝与灌浆

（6）质量检验

修补养护48小时后，检查裂隙修补处是否开裂等。

（7）修补作旧

检验合格后，对裂隙修补处进行做旧处理，达到外观色彩协调。

（8）留取资料

对墙体开裂或裂隙修补合格的区域拍摄照片、填写保护修复档案表并绘制AutoCAD图，与初始状态比对。

3. 补缝效果

房基墙体裂缝经修补材料修补加固后，增加了墙体完整性及稳定性，得到了较好的保护加固效果。如图5.36所示。

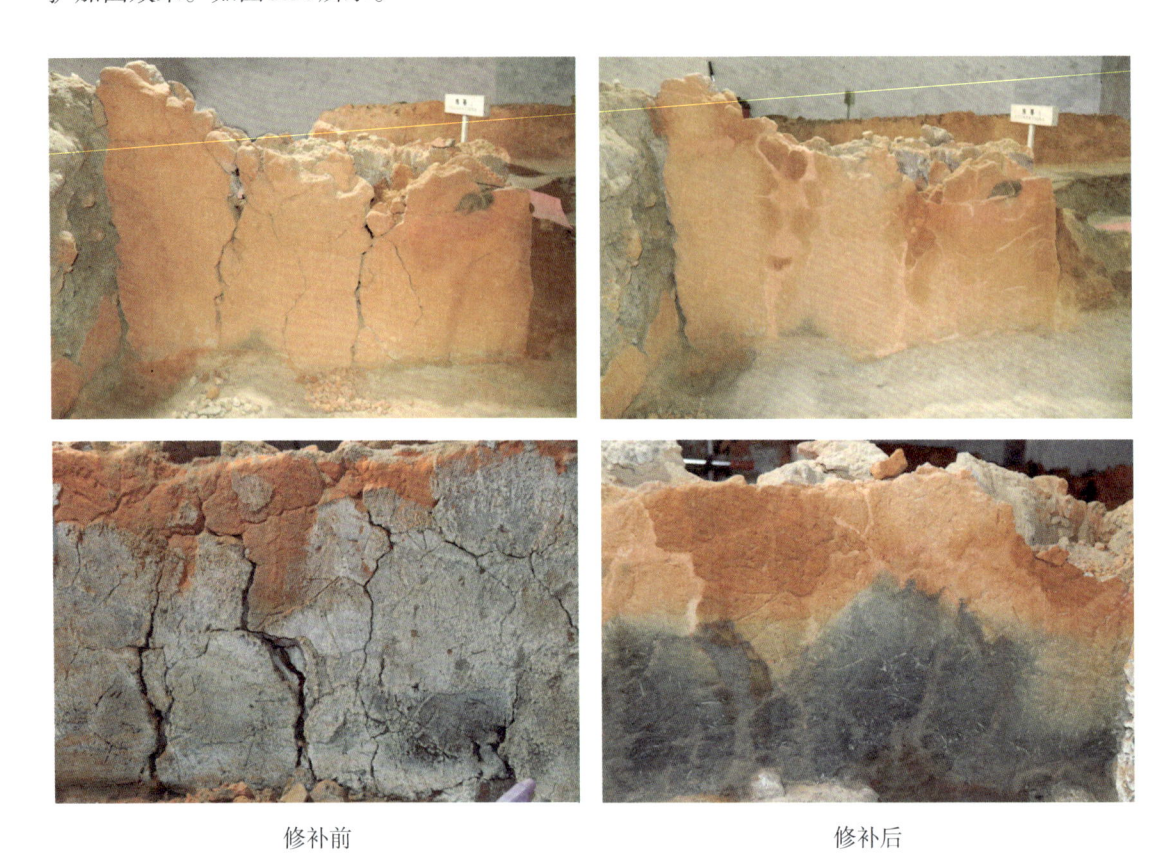

修补前　　　　　　　　　　　　　修补后

图5.36　墙体红烧土裂隙修补效果

第六节　房基墙体红烧土无损排盐处理

无损排盐技术是利用水溶性盐离子的毛细作用将基层中的盐分集中到可以去除的表层材料中，从而降低基层盐分的方法。针对房基墙体表面泛盐区域，采用排盐材料进行排盐处理，并检测排盐前后盐含量、成分或排盐材料水溶液的电导率变化以评估排盐效果。

1. 排盐材料

排盐材料主要成分为高纤维纸浆。pH值为7.5±0.5，密度1.1 kg/L，不可燃。材料特点是内表面积极高，具有多孔性和高纯度。排盐材料涂敷到房基墙体表面，材料中的水进入基材里，使墙体表面的盐分物质开始活化溶解，被活化的盐离子随水分的蒸发而向表层迁移，最后在排盐材料中结晶。剔除掉排盐材料后，盐分也被排除掉。如图5.37所示。

2. 排盐工艺

（1）除尘

人工物理清除脱盐部位表面的灰尘。如图5.38所示。

（2）敷排盐材料

将排盐材料均匀涂覆在盐析区域，厚度约10~20mm，让排盐材料表面成粗糙状，以增加表面积。如果房基墙体表面风化较严重，可先覆一层宣纸，再敷排盐材料，防止排盐过程对墙体红烧土的破坏。根据现场试验，排盐材料的用量约为1-2kg/m²。如图5.39所示。

图5.37 排盐纸浆

图5.38 除尘

图5.39 涂抹排盐材料

（3）养护

自然养护2-4d，待排盐材料干燥后，除掉排盐材料，盐分也被除掉，再用去离子水清洁表面。养护时间长短取决于水溶盐的类型、周围环境气候等，当基层含较多的Cl^-、NO_3^-时，宜在贴敷3~5d后清除排盐材料。如图5.40所示。

图5.40 养护

（5）检测

对比排盐前后基层或排盐材料中水溶盐的含量或电导率等参数变化，确定是否需要重复排盐或已经达到预期排盐效果。根据排盐情况进行多次重复操作，直至检测墙体盐分含量小于危害等级规定值，排盐材料浸泡水的电导率恒定，且排盐区域盐含量较低时，说明脱盐已完成。

3.排盐效果

对房基墙体盐析区域进行了4次脱盐，经电导率测定结果表明，第一次排盐后电导率为1.95ms，第二次排盐后电导率为1.28ms，第三次排盐后电导率为0.75ms，第四次排盐后电导率为0.43ms，电导率逐渐减小，待排盐四次后电导率基本趋于稳定，说明排盐已完成。如图5.41和5.42所示。

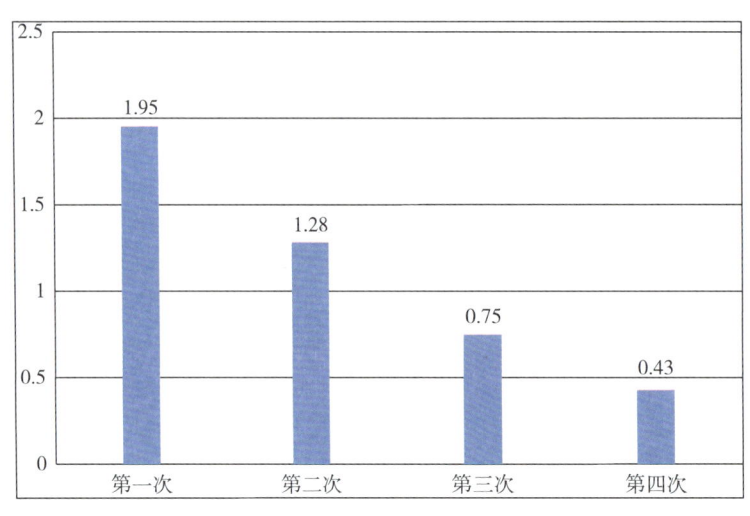

图5.41 电导率测定结果

| 排盐前 | 排盐后 |

图5.42　房基墙体排盐效果

第七节　房基墙体红烧土酥碱粉化渗透加固

针对房基墙体红烧土酥碱粉化区域，采用加固材料对粉化区域进行渗透加固，分阶段分区域实施，增加房基墙体红烧土的整体强度，防止房基墙体的继续风化。

1.加固材料

氟硅加固材料：材料有效成份为30%，无色透明液体，比重（20℃）为1.0～1.18g/cm³，粘度（20℃）0.20 cps，pH值：6～7，溶于乙醇。

保护材料以硅氧烷为主要基质，选用性能优异的氟材料单体对其进行改性。材料中含有大量的F-C键，氟原子可以把碳链很好地屏蔽起来，保持高度的稳定性，因此具有超长的耐候性及耐化学介质腐蚀性。材料防风化、耐化学介质性和透气性能较好。

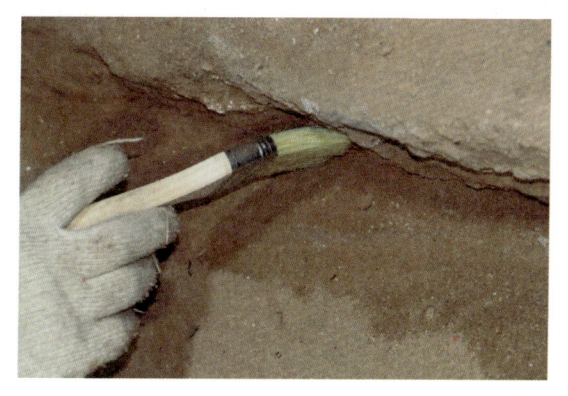

图5.43　除尘

2.加固工艺

（1）除尘

采用物理方式清除房基墙体及地坪表面的积尘、浮土及酥碱粉化物等。如图5.43所示。

（2）加固处理

采用喷雾或点滴方式进行墙体红烧土渗透加固，材料用量根据实验室数据为2kg/m^2，深度最大可达3cm–5cm，使之自然固化。必要可采用钻孔滴加材料以增加渗透深度。间隔2-3d后进行第二次加固处理。加固前可滴加无水乙醇将红烧土毛细孔打开，便于加固材料渗透。如图5.44所示。

点滴加固　　　　　　　　　　钻孔

图5.44　墙体渗透加固

待渗透的加固材料固化后，根据加固前后房基墙体颜色变化、材料渗透深度、防水性、表面强度等定期检测结果，评估加固材料保护加固效果。如图5.45所示。

颜色变化主要通过检测土体加固前后的色差及光泽度；防水性主要根据墙体加固前后吸水性判断，吸水性可采用卡斯特瓶进行检测；表面强度主要通过表面硬度计进行检测，以评估墙体加固强度，加固后强度要稍小于原未风化墙体强度。

图5.45　加固效果检测

3. 加固效果

3.1 颜色评估（加固前后色差）

（1）房基地面

采用CM2300d柯尼卡美能达色差仪定点测量的方法，在房基F2地面加固区域选定2个分散点作为测量点，色差取4个测量点的平均值，用色差仪测定加固前后的色差，评价加固前后颜色的变化。如图5.46所示。

图5.46　色差测量

表5.4　房基F2地面加固前后色差值

加固前	第一组				平均值
L	60.59	60.99	61.45	59.95	60.745
a	5.33	5.14	5.18	5.27	5.23
b	14.64	14.21	14.06	14.12	14.26
加固后	第一组				
L	56.97	54.18	54.69	55.26	55.28
a	6.24	4.76	5.56	5.59	5.54
b	14.99	13.21	13.49	14.03	13.93
ΔE			3.49		
加固前	第二组				平均值
L	62.13	62.48	62.93	61.45	62.25
a	8.03	7.78	7.81	7.87	7.87
b	16.44	15.96	15.82	15.9	16.03
加固后	第二组				
L	58.62	55.56	56.18	56.79	56.79
a	8.93	7.22	8.05	8.18	8.095
b	17.02	14.83	15.32	15.88	15.76
ΔE			3.47		

经过对F2地面加固前后色差的测定发现，地面加固后色差值在3.0–5.0 DE之间，属于微小到中等，在可以接受的范围内。如图5.47所示。

（2）房基墙体

在墙体表面加固区域选定2个分散点作为测量点，色差取4个测量点的平均值，用色差仪测定加固前后的色差，评价加固前后的变化。如图5.48所示。

图5.47 房基F2地面加固前后对比

表5.5 房基F1北墙外侧加固前后色差值

加固前	第一组				平均值
L	55.43	56.28	52.70	54.87	55.245
a	9.36	11.70	10.08	12.72	10.5975
b	15.89	19.25	16.72	19.72	17.5425
加固后	第一组				
L	56.43	56.23	56.91	55.66	56.3075
a	11.76	11.83	11.97	11.44	11.75
b	18.73	19.33	19.20	18.17	18.8575
ΔE		2.05			
加固前	第二组				平均值
L	57.48	58.77	56.57	58.96	57.52
a	12.02	14.59	11.25	14.08	13.3525
b	18.70	22.71	18.31	21.64	20.6925
加固后	第二组				
L	58.90	58.74	59.43	58.06	58.7825
a	14.57	14.70	14.84	14.23	14.585
b	22.20	22.83	22.73	21.55	22.3275
ΔE		2.41			

表5.6 房基F1西墙内侧加固前后色差值

加固前	第一组				平均值
L	54.35	55.30	52.31	55.08	54.26
a	11.99	12.44	11.12	12.32	11.9675
b	18.69	19.08	17.09	19.02	18.47

表5.6续

加固后	第一组				
L	52.55	51.42	50.30	54.38	52.16
a	11.75	11.74	10.36	12.43	11.57
b	17.88	17.22	16.02	18.58	17.43
ΔE			2.38		
加固前	第二组				平均值
L	56.84	57.86	54.61	57.62	56.73
a	14.75	15.17	13.65	14.99	14.64
b	22.21	22.72	20.36	22.63	21.98
加固后	第二组				
L	54.98	53.80	52.46	56.92	54.54
a	14.43	14.27	12.90	15.11	14.18
b	21.32	20.64	19.08	22.21	20.81
ΔE			2.53		

表5.7 房基F3南墙外侧加固前后色差值

加固前	第一组				平均值
L	56.31	55.13	55.01	51.05	54.375
a	9.40	9.70	11.00	10.00	10.025
b	16.09	16.94	17.38	15.37	16.445
加固后	第一组				
L	54.09	53.52	53.47	55.01	56.335
a	11.33	11.04	10.79	11.45	13.8125
b	17.28	16.48	16.51	17.89	20.3275
ΔE			1.32		
加固前	第二组				平均值
L	58.38	57.27	57.32	53.14	56.5275
a	12.06	12.40	13.64	12.47	12.6425
b	18.94	19.87	20.65	18.34	19.45
加固后	第二组				
L	56.43	55.80	55.71	57.40	56.335
a	14.01	13.65	13.39	14.20	13.8125
b	20.62	19.73	19.70	21.26	20.3275
ΔE			1.47		

经过对房基F1北墙及西墙外侧加固前后色差的测定可知，加固后色差在2.0–4.0 DE之间，色差变化较小，颜色变化不明显；F3南墙外侧加固前后色差在0.0–2.0 DE之间，色差变化很小，颜色几乎无变化。

房基F1北墙外侧加固前后对比

房基F1西墙内侧加固前后

房基F3南墙外侧加固前后
图5.48 房基墙体加固前后对比

测定结果表明,有机氟硅材料对地面酥粉区域的加固颜色变化较墙体加固后色差变化稍大,墙体酥碱区域加固前后色差变化较小,几乎无变化。经过加固前后色差数据分析,地面和墙体红烧土颜色变化均在可接受范围内,说明加固材料对房基墙体红烧土及地面的颜色影响较小。

3.2 表面硬度

采用便携硬度计对加固前后区域的表面硬度进行检测。如图5.49所示。

房基墙体　　　　　　　　　　　　房基地坪

图5.49　房基墙体表面硬度检测

表5.6　墙体加固前后区域表面硬度对比（HLD）

测量位置	加固前	加固后	差值
F2地面	189	212	23
F1西墙内侧	221	233.1	12.1
F1北墙外侧	199.5	225.5	26
F3南墙外侧	212.2	235.6	23.4

表面硬度检测结果表明，房基墙体加固后较加固前硬度略有增加，增加了墙体红烧土的强度，提高了防风化能力。

第八节　房基窖穴的保护加固

针对房基内窖穴现存的坑壁坍塌、土体脱落、酥碱粉化等病害，按照房基墙体保护加固措施进行治理。

1. 保护材料

窖穴的保护参考房基墙体相同病害所用的保护材料及工艺。

2. 保护措施

（1）对窖穴壁表面积尘、苔藓霉菌等污染物进行清理。如图5.50所示。

图5.50　穴壁清理

（2）对窖穴壁坍塌区域进行修补加固。如图5.51所示。

图5.51　穴壁的修补

（3）对窖穴壁开裂处进行灌浆和修补加固。如图5.52所示。

图5.52　灌浆与锚杆锚固

（4）对窖穴壁酥碱粉化区域进行渗透加固。如图5.53所示。

3.保护效果

房基窖穴经保护加固修复后，增加了整体稳定性，保护了其完整性。如图5.54所示。

图5.53 渗透与加固

H11保护前 　　　　　　　　　　H11保护后

H12保护前 　　　　　　　　　　H12保护后

图5.54 房基窖穴保护加固效果

第九节　房基烧火台及柱洞的保护加固

针对房基烧火台保存现状及现存病害，采用与房基墙体相同的保护材料及工艺进行保护加固修复，保证烧火台的完整性和稳定性。

1. 保护材料

房基烧火台的保护参考房基墙体相同病害所用的保护材料及工艺。

2.保护措施

（1）清理

使用毛刷、洗耳球、修复刀等工具将烧火台表面的浮土、积尘等清理干净。如图5.55所示。

图5.55　清理

（2）渗透加固

使用滴管均匀滴加有机氟硅材料对粉化区域进行渗透加固。

（3）修补

使用水硬性石灰修补材料对粉化缺失区域、裂隙进行修补加固。如图5.56所示。

烧火台的保护修复

图5.56 房基F1烧火台及柱洞保护修复

3.保护效果

房基烧火经保护加固修复后，增加了烧火台红烧土的强度，提高了烧火台整体稳定性和完整性。如图5.57所示。

| 修复前 | 修复后 |

图5.57 房基烧火台保护前后对比

第十节　房基保护加固修复效果

房基F1-F9经过保护修复后，各种病害得到了有效去除，潜在病害得到了预防，房基墙体结构趋于稳定，观赏性得到改善，最大程度地展示了房基的真实性、完整性。如图5.58-5.64所示。

保护前

图5.58 房基F1-F9保护修复前后对比（1）

保护后

图5.59 房基F1-F9保护修复前后对比（2）

保护前　　　　　　　　　　　　　　　保护后

保护前　　　　　　　　　　　　　　　保护后

保护前　　　　　　　　　　　　　　　保护后

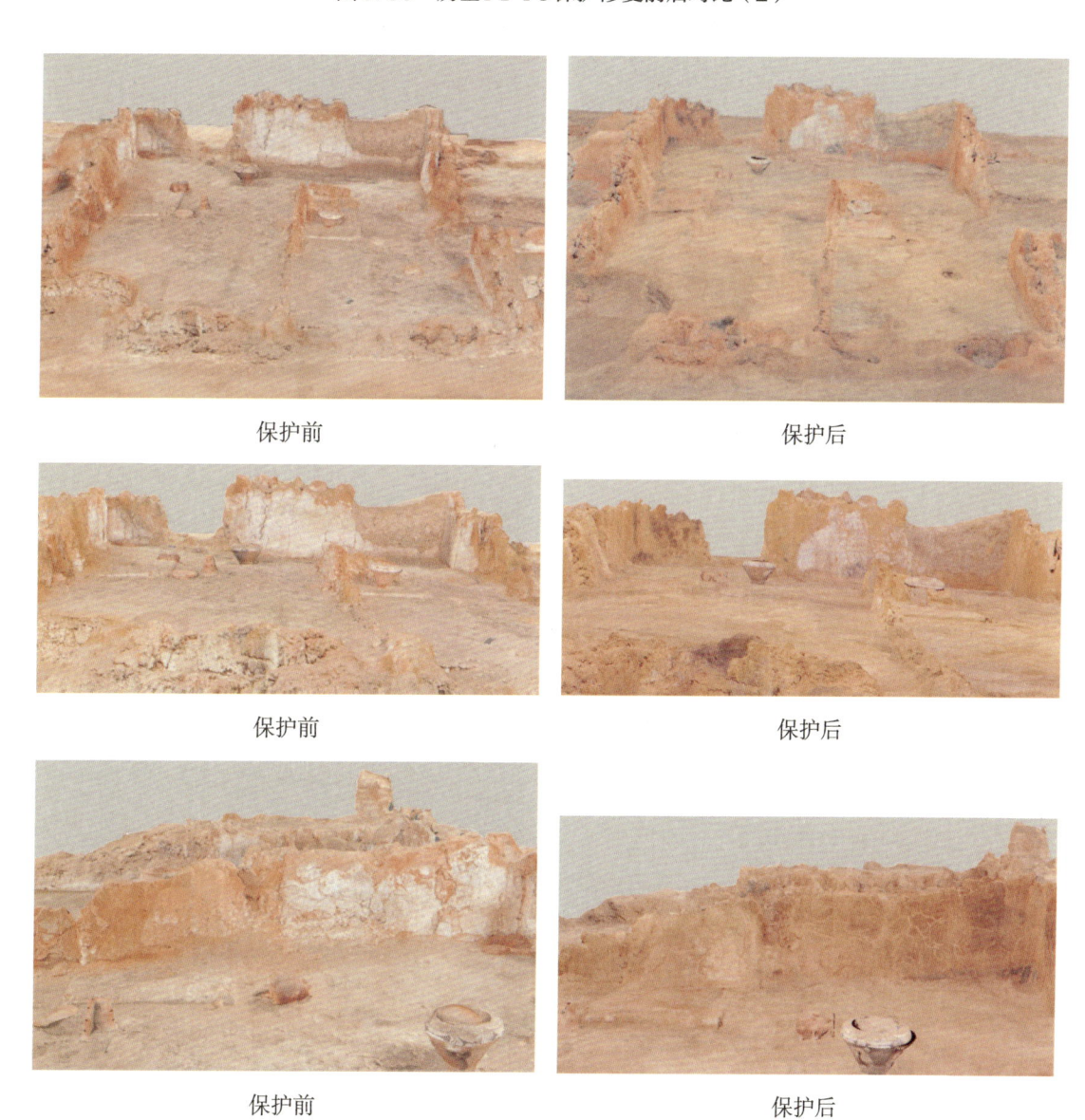

图5.60 房基F1保护修复前后对比

保护前 　　　　　　　　　　　　保护后

保护前 　　　　　　　　　　　　保护后

保护前 　　　　　　　　　　　　保护后

保护前 　　　　　　　　　　　　保护后

保护前　　　　　　　　　　　　　　保护后

房基F2南

保护前　　　　　　　　　　　　　房基F2西保护后

图5.61　房基F2保护修复前后对比

保护前　　　　　　　　　　　　　　保护后

图5.62　房基F3保护修复前后

保护前

保护后

保护前

保护后

保护前  　　　　　　　　　　　　　　保护后

保护前 　　　　　　　　　　　　　　保护后

图5.63　房基F4保护修复前后对比

保护前 　　　　　　　　　　　　　　保护后

图5.64　窖穴28-29保护修复前后对比

第六章
房基数字化信息留取

文物三维空间信息是建立文物本体档案的基础数据。在获取数据的各种技术手段中，三维激光扫描技术为实现文物的精细化测绘提供了技术支撑，在文物信息记录与存档、考古制图、现状调查、监测、保护修复、数字化展示等方面得到广泛应用。三维激光扫描技术在文物保护应用中体现出的主要优势有：（1）安全性高，属于非接触性无损测量技术，符合文物保护"最小干预"原则；（2）精密度高，能实现复杂异型结构文物的精细化数据采集；（3）效率高，每秒可测几千至百万个点，大大提高了野外工作效率；（4）应用前景广，三维模型及正射影像图等可满足文物保护的多样性要求。

由于自然因素、人为因素及环境变化等影响，房基遭受各种病害威胁，急需进行科学保护。为了在保护修复前后真实留取房基的空间信息，遵循各项技术规范及标准，利用三维激光扫描技术及近景高清摄影技术，采集仰韶文化房基F1-F9保护修复前后精细三维数据和纹理数据，对数据进行处理和数字分析，以获取真实的三维模型、正射影像图及结构线画图等相关图件，使房基信息以数字形态永久保存，为其考古、保护、管理、修缮、研究、展示利用等多方面应用提供信息支持。

第一节　数据采集方案

房基数据采集可以使该文物转变成更加方便储存的数字格式，并且可以为文物虚拟修复和数字化展示提供更好的数据支持。

1. 采集目标

利用三维测绘技术及高清摄影技术，采集获取房基F1-F9精细三维数据及纹理数据；通过数据处理构建三维模型及制作相关图件，为保护修复、数字档案建设、科学研究、监测、展示利用等提供支撑。

（1）精细数据获取与资料永久存档

利用三维激光扫描技术及高清摄影技术手段，采集房基三维精细数据信息，作为历史资料永久存档。

（2）三维精细建模

对房基原始扫描点云数据进行处理，建立三维精细模型。所建模型须满足精度及完整性要求，为图件制作及其他应用提供基础数据。

（3）保护修复工程应用

为房基保护修复工程方案的制定及工程实施提供数据与图件支撑。基于三维模型制作白膜正射影像图；基于纹理数据及纹理贴图数据制作彩色正射影像图；基于正射影像图，描绘矢量线划图；基于三维精细模型，制作剖面图、等值线图及进行相关尺寸及其他数据信息测量计算。

2.采集内容

（1）房基点云数据

通过三维扫描设备，分区、分对象实施三维扫描，扫描过程中保证数据的完整性。数据检核、点间距量取、粗差剔除、点云数据拼接、参考系统一致，建立整体、分区、单体点云模型。

（2）房基三维模型

通过专业建模软件，将点云模型建立成三维模型。

（3）房基彩色正射影像

利用高清数码相机，分区、分对象拍摄多角度照片；基于模型及纹理数据制作彩色正射影像图。

（4）房基线划图

基于正射影像图，制作房基矢量线划图、剖面图、等值线图等。

3.采集要求

3.1 纹理数据采集

纹理数据是房基文物信息数据采集的重要内容之一，纹理数据的质量关系到后期彩色正射影像图及三维彩色模型制作的整体效果。在纹理数据采集的过程中，根据纹理分辨率计算出相机距房基拍摄时需要达到的距离最大值（即要求拍摄时在此距离内进行）；根据房基周围光源情况确定灯光的布设；调整相机的参数以达到最佳拍摄效果，进行纹理数据拍摄。纹理数据采集应严格遵循采集标准，保证纹理颜色的原真性，避免光照不足，颜色失真、照片模糊等情况出现。

采用高分辨率相机对文物进行摄影测量，采用辅助光摄影测量，避免自然光的干扰。摄影测量的原理是根据不同点位的照片记录来计算出被摄物体的三维信息。同时此三维信息携带有彩色信息，计算出三维模型就是带有彩色的三维实景模型。

房基图像的分辨率不低于75 DPI；能准确反应对应实际物体的大小尺寸；能直观的展现文物的层次和纹理。

（1）纹理分辨率

整体画面清晰，细节丰富，反差适中，透视关系准确；颜色信息管理规范，色彩还原准确；畸变形状满足三维彩色模型及正射影像要求；根据人肉眼正常视力的分辨率，即在明视距离25厘米处的分辨率约为0.1毫米，设计房基文物纹理采集分辨率最高为0.1毫米。

（2）拍摄基本参数

曝光均匀性：正确的曝光就是通过布光、量光、订光等环节，实现良好的质感和色彩。曝光量的控制是通过相机快门和光圈的调整共同实现的，光圈值决定镜头通光量，同时也影响拍摄画面的景深，每一款镜头都有一个较优的光圈值。光圈值也要根据采集的实际情况来调整，以保证拍摄画面的清晰度。快门数值受闪光灯闪光时间等参数和镜头焦段等因素的限制，总体目标要保证图片的清晰。

白平衡：白平衡控制就是通过图像调整，使在各种光线条件下拍摄出的照片色彩和人眼所看到的景物色彩完全相同。

（3）多角度覆盖

为后期制作三维彩色模型以及多角度平面彩色正射影像图，需进行多角度拍摄。每相邻的两张照片，重叠度要求大于单张照片的1/3。

3.2 三维激光扫描

（1）数据完整性

文物整体扫描数据采集的完整性，单体扫描数据的独立性和完整性。

（2）数据精密度

扫描前对设备进行现场检校，保证在现场环境条件下设备达到最佳使用状态。根据预试验结果，设置点云密度为0.15毫米，以尽可能多的获取文物表面信息。

4. 采集设备

三维激光扫描仪本身主要包括激光测距系统和激光扫描系统，同时也集成CCD和仪器内部控制和校正等系统。在仪器内，通过一个测量水平角的反射镜和一个测量顶距的反射镜同步、快速而有序地旋转，将激光脉冲发射与接收，最后按空间极坐标原理计算出扫描的激光点在被测物体上的三维坐标。根据距离远近投射出的颜色差异，最终形成真距离伪彩色的三维点云数据集。

4.1 三维激光扫描仪

三维激光扫描仪SURPHASER 25HSX涵盖从0.2米到140米的扫描范围，最高扫描速度可达120万点每秒，精度可达0.3毫米，具有优秀扫描品质（0.07毫米噪音），可以达到很高的扫描密度，质量相当于100M像素数码照片。

4.2 数码相机

采用佳能 EOS 5DS R 高分辨率全画幅相机及微距镜头进行实景照片的获取，采用辅助型闪光灯减少环境光对照片的影响。如图6.1所示。

三维激光扫描仪（SURPHASER 25HSX）　　　佳能EOS 5DSR 全画幅单反相机

图6.1　采集设备

5.采集技术路线

三维数据处理主要包括数据准备、数据预处理、三维模型构建及基础图件制作等。如图6.2所示。

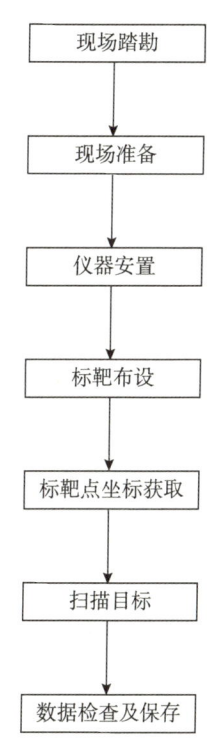

现场踏勘
↓
现场准备
↓
仪器安置
↓
标靶布设
↓
标靶点坐标获取
↓
扫描目标
↓
数据检查及保存

图6.2　三维数据处理技术路线图

第二节　数据采集

数据采集的过程包括三维激光扫描和摄影测量。主要步骤包括：三维激光分站式扫描，扫描过程中草图的绘制，扫描完成后的拼接以及对拼接的数据进行检查工作；扫描数据经过专业处理，形成以离散点为基元且带有三维坐标的三维模型。该数据可以很方便地实现多重分辨率采样，可以利用空间数据建立层次结构来实现实时绘制或者快速计算。

1. 三维激光扫描测绘

（1）现场准备

由于扫描设备对场地的稳定性要求很高，极其微弱的晃动都会影响到数据的质量，必须保证扫描仪所在位置的稳定性。因此应对房基场地的稳固性和仪器安置点进行踏勘，判断场地空间是否满足安置仪器的要求。

（2）仪器安装

扫描的首站位置的确定关乎到整个点云的正方向，选位的原则要把整个区域进行等分来确保前后左右视图，调平的目的是保证向上方向的正确来确保顶底视图。

（3）分站式扫描

出于所扫描对象规模大造型较复杂，单站无法保证整个测区的数据完整，只有通过分站扫描才能完成测区每一部位的扫描，搬站的关键在于每站之间的搭接关系。在扫描过程中绘制草图，以便于对整个测区站位进行整体记录，为下一步数据拼接做准备。

（4）扫描特征点

对于两个不同扫描站点的点云数据，需要进行点云拼接来满足数据的完整性。在单站点云数据采集中需扫描一定数量的特征点来满足点云拼接。特征点尽可能均匀分布在扫描区域内，较为有特征的部位，可选取文物本体凸起点、病害明显部位等。对于特征点较为光滑不容易选取的部位，也可扫描辅助特征点。

（5）数据检查

每完成一个区域的扫描要及时保存数据，并进行数据检查，主要包括数据分层及数据完整性检查。数据检查工作同样贯穿于整个拼接过程，在完成后还要继续进行检查避免出现分层现象。如图6.3所示。

2. 纹理拍摄

为了系统高效地采集纹理数据，设计房基纹理数据采集工作流程：

（1）现场踏勘

现场勘察场地的稳固性，并判断场地空间是否能够满足搭设脚手架的要求。

扫描过程　　　　　　　　　　　　　点云拼接

图6.3　三维激光扫描

（2）现场准备

准备相机、闪光灯、存储卡、备用电池等现场拍摄所需设备，布置所需的灯光。

（3）设备校准

调整相机参数，设置白平衡。现场拍摄色卡，后期需要对照片进行调色，保证照片的真实性。

图6.4　纹理拍摄

（4）拍摄

用相机对需采集目标进行有序的拍摄。如图6.4所示。

（5）数据检查与保存

依次进行规则性摄影测量，细微部摄影测量，现场试算和补拍等流程，同时保证拍摄照片重叠率在60%以上，才能满足生成模型的需要。拍摄数据现场检查是否符合要求、是否完整，并对数据进行安全保存。如图6.5所示。

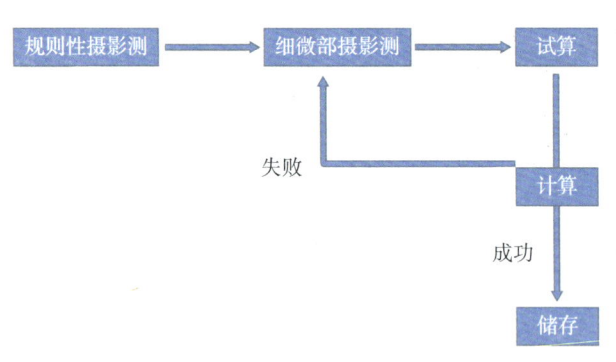

图6.5 摄影测量过程流程图

第三节　数据处理

通过三维激光扫描及纹理拍摄，获取了房基（F1-F9）海量的点云和纹理数据，这些数据是文物原始的信息，在实际应用时，还需进一步进行数据处理，方能在文物保护工作中发挥作用。原始的点云数据仅能够进行基本尺寸的量取及浏览展示，需要由点云构建三维模型，再贴上彩色纹理，从而更逼真地展现文物现状特征，更好地支持相关的文物保护工作。采集数据的处理分为两大部分，扫描数据的处理和摄影测量数据的处理。数据处理主要内容包括：（1）点云数据处理：点云预处理及点云拼接；（2）三维建模：房基整体三维模型；（3）纹理贴图：通过纹理映射原理及方法，构建房基彩色三维模型；（4）基础图件制作：正射影像图、特征部位图件（剖面图及线划图）。如图6.6所示。

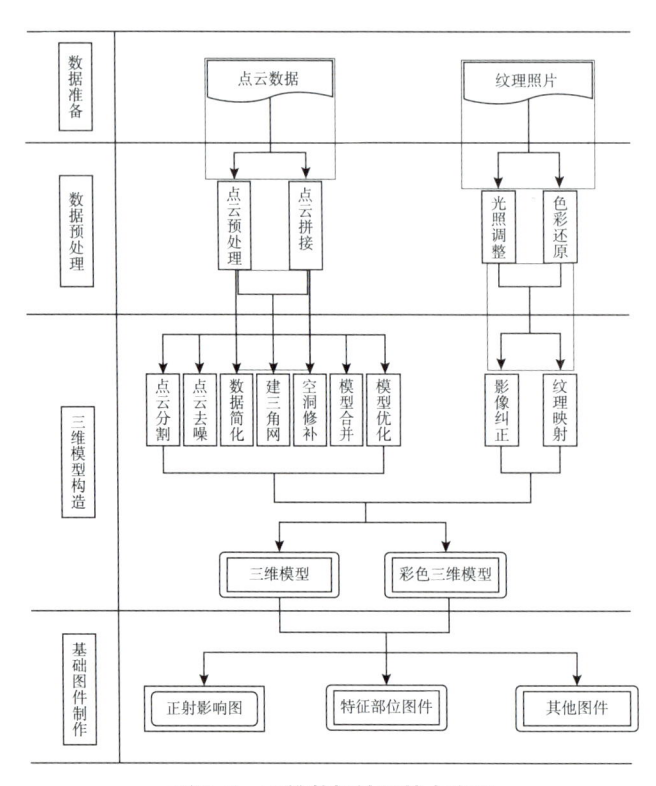

图6.6 三维数据处理基本流程

1. 点云数据处理

点云数据处理包括点云预处理、点云拼接。

1.1 点云预处理

（1）数据准备

用专业软件打开单站点云数据，同时做好原始点云的备份。

（2）数据检核

虽然在扫描现场已经进行了点云数据检核部分工作，如点云数据的缺失程度及点云分层情况等，但无法保证所有采集数据都符合标准。因此在正式处理点云前，均须再次进行数据检核工作，一旦发现点云缺失或数据分层严重，就要将本站数据剔除，转而寻求是否有其他测站数据可以替用，如均无法实现则需重返现场进行补测。

（3）粗差剔除

在点云数据采集时，难免出现由于人为因素等造成的粗差或无关信息，须予以剔除，可用专业软件采取人工交互操作的方式进行。

（4）单站点云模型

经过上述步骤的数据处理，最终形成单站三维点云模型。

1.2 点云拼接

在全部扫描完成后，按照草图中标定位置关系，进行数据拼接，从而形成完整的点云数据。拼接误差取决于单站误差和人为找点误差，此项目点云的精度在1~3mm以内。拼接过程为摄影测量的结果提供了数据支持，同时为线画图的输出提供了依据。现场扫描数据已经进行了预拼接和预检验，经检验已达到覆盖面积，满足需求，现场采集工作完成之后进行三维扫描数据处理。如图6.7所示。

1.3 点云除冗（整体数据的去噪处理）

原始点云数据经过点云预处理和点云拼接，就形成了房基整体的点云。此时的点云数据还包含了较多的冗余数据，这些冗余信息对模型建立或特征的提取会形成干扰，需选择合适的算法对点云数据进行除冗。针对房基扫描数据，采用了区域合并及重采样的方法进行数据除冗，最终获得高质量的完整的点云数据，以准备后续三维建模。如图6.8所示。

2. 三维建模

文物的三维建模与一般物体三维建模有所不同，主要在于文物多为人工打造，具有不规则外形，特别是由于文物表面存在病害而使得外形更为复杂。文物建模需要多尺度建模，以满足不同要求，在实际建模时不仅需要进行整体建模以把握其主要轮廓，还要进行局部精细建模以突出其细节。整体三维建模的主要内容包括：确定边界、点云降噪、数据简化、三角网模型建立、模型合并、模型后处理等。

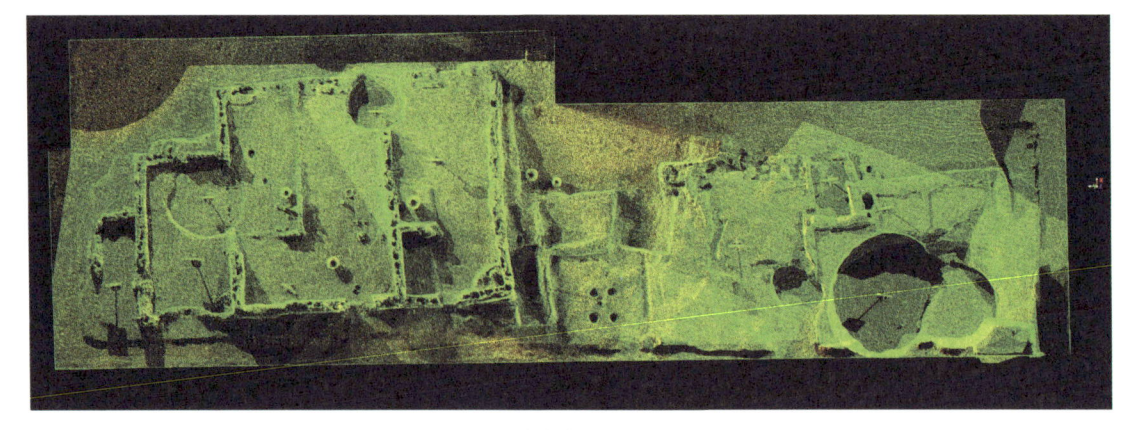

拼接成果图

扫描站位图

图6.7 拼接过程图

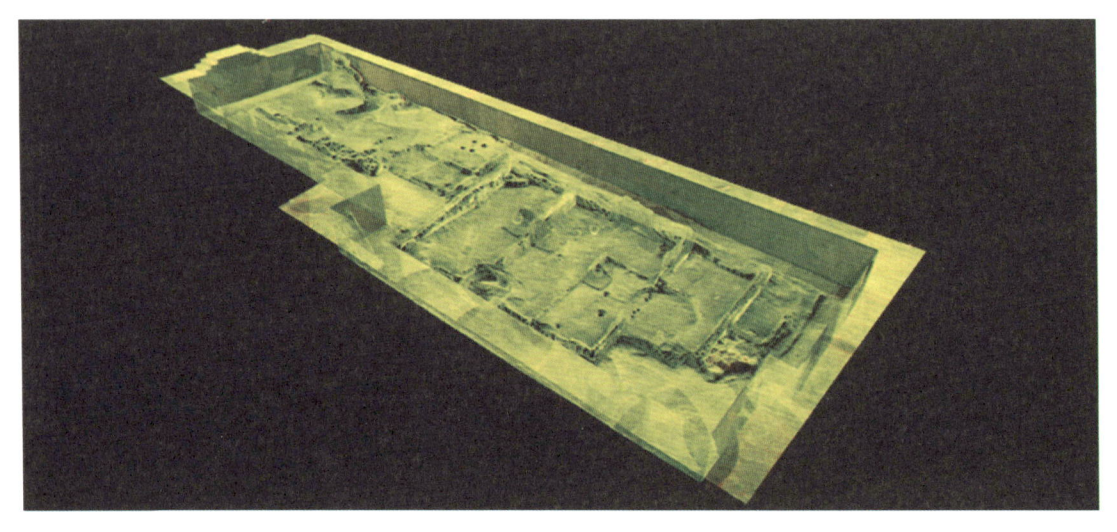

图6.8 点云成果图

2.1 确定边界

由于点云数据的海量性、计算机硬件及数据处理软件等限制，对较大的对象需要分开建模。

2.2 点云降噪

经过点云数据处理后，由于设备及环境等原因，点云仍然存在一定噪声，需根据点云降噪的处理方法，利用三维数据处理软件对点云数据进行选择体外孤点、非连接项及减少噪声等。

2.3 数据简化

考虑到数据的海量性，在建模之前需进行数据简化处理，采用基于曲率采样的方法，采样点间距约2毫米。

2.4 区域模型网格处理

三角网模型建立完成后，存在钉状物、小组件、自相交、高度折射边以及孔洞，需进行网格处理。此外因无法避免的数据缺失而形成的较大孔洞则需要专门处理。在补洞的过程中使用曲面来进行填充，根据实际情况需要进行搭桥、边界删除等相关操作，可参考可见光照片使补洞在最大程度上保留原状。

2.5 模型合并及后处理

模型合并后形成整体的三维模型，需再次进行网格处理，尤其是边界的修剪处理。

2.6 三维模型

经过上述处理后，形成整体的三维模型。

3. 三维彩色模型构建

通过前面的三维建模，获取了房基的三维模型，该模型属于几何形态模型，具有精准的尺寸，能满足一般文物保护应用，但是未含材质纹理信息。为使三维扫描数据更好地服务于房基文物保护应用，需要建立三维彩色模型，这也是数字展示的重点需求。

三维彩色模型构建的基本方法为：以点云数据建立的三维模型及拍摄的纹理数据为基础，利用纹理处理及三维贴图相关软件，经模型简化、光照调整、色彩还原、影像纠正等基本步骤，依据纹理映射原理，将纹理赋予三维模型，从而建成三维彩色模型。

纹理贴图主要包括数据准备、模型处理、纹理贴图、贴图颜色处理、彩色模型输出等过程。

3.1 数据准备

（1）模型数据

将建好的三维模型在相关专业软件中转换成贴图软件支持的常用格式文件。

（2）纹理数据

从外业采集的纹理数据中选取对应位置处的照片若干张，应尽量选择建模对象各面的正视照片。

3.2 模型处理

对三维模型进行简化及分块处理，分区域贴图。

3.3 纹理贴图

在简化的模型和纹理照片上分别选定同名点，由于上述纹理映射原理计算所得的结果误差较小，因此可利用多余同名点进行联合平差，从而将纹理映射于该模型对应位置之上，完成此区域的贴图。

3.4 贴图颜色处理

分区域完成贴图后，各区域交界位置难免存在色彩不一致的现象，即存在接缝问题。因此需对初步建好的三维彩色模型进行检查，对存在此类问题的相关照片进行颜色处理，处理完后再次贴图，重复进行，直至消除接缝问题。

3.5 精度要求及控制

为使三维彩色模型具有较高精度，一般要求点位误差≤2.5毫米。为达到此精度要求，在开展工作过程中应注意以下几点：纹理照片需较高分辨率，纹理分辨率定为平均0.25毫米；利用相关软件实现纹理映射时，同名点选取尤为关键，需要对贴图技术人员进行良好培训；当贴图对象特征点不明显时，需在前期点云数据采集、纹理照片拍摄阶段，增加辅助特征点。

3.6 纹理贴图成果

经过上述步骤，最终获得房基文物三维彩色模型。如图6.9所示。

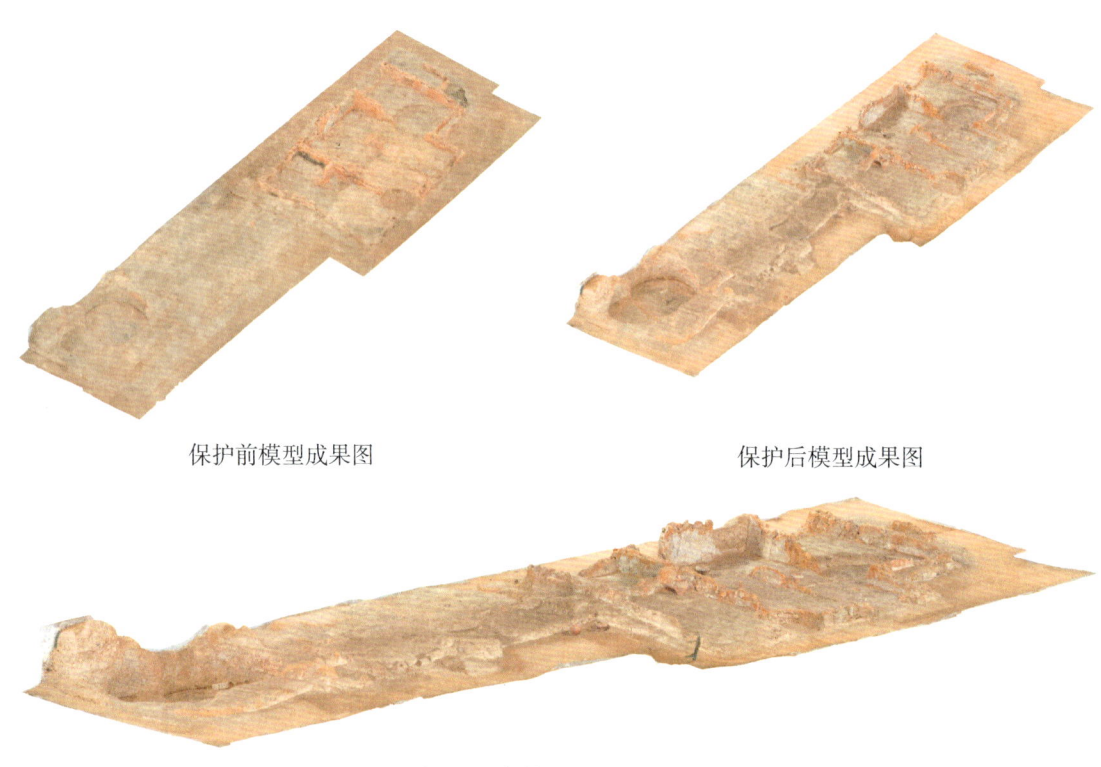

保护前模型成果图　　　　　　　　　　　保护后模型成果图

图6.9　房基三维彩色模型图

4. 正射影像图

数字正射影像图（Digital Orthophoto Map，DOM），是利用数字高程模型经过逐像元进行投影差改正，镶嵌、剪裁生成的影像数据。它是一种既具有相片影像特征，同时又具有线划地图数学、几何与制图特征的图件。由于它包含的信息丰富、直观性强，具有可测量性，成为工程项目中不可或缺的一类基础图件。在房基文物保护工程中，包括病害调查、考古研究、保护修复、监测、展示等均需要正射影像图的支持。

利用三维激光扫描数据和纹理照片可轻松制作高精度的正射影像图，主要指模型和纹理数据准备，制作纹理模型，以此为基础数据制作正射影像图。如图6.10所示。

保护前正射影像图

保护后正射影像图
图6.10　房基正射影像图

5. 特征部位图

文物保护工程中常常关注文物特征部位的形态及相关尺寸数据，而传统测绘方式又难以表达特征部位相关信息，依据三维扫描建立的三维模型和正射影像图可便捷地生成准确而直观的特征部位图件。其中剖面图和线划图是文物保护工程中最常用的两类基础图件。

5.1 剖面图

剖面图又称剖切图，是通过对有关的图形按照一定剖切方向所展示的内部构造图示，即假想用一个剖切平面将物体剖开，移去介于观察者和剖切平面之间的部分，对于剩余的部分向投影面所做的正投影图。文物保护工程中将剖面图作为详细设计的重要内容，常用于指导施工等用途。常见的剖面图类型分为：全剖图、半剖图、阶梯剖图、展开剖图等。

依据三维扫描数据而建立的模型，可进行任意位置的剖切而形成多种侧面图。如图6.11所示。

侧面图
一期西面侧面图

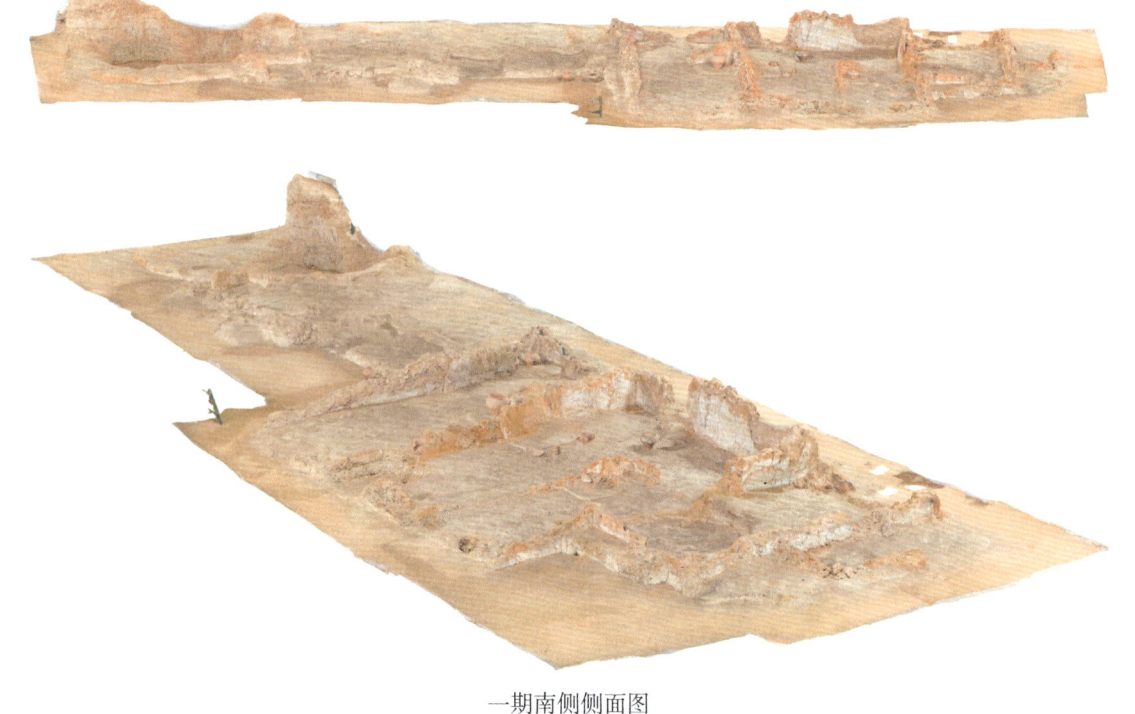

一期南侧侧面图
图6.11 房基三维彩色模型图

5.2 线划图

用线划图来表现文物的基本形态，在考古中应用较为广泛。线划图传统上由人对照文物手工绘制而成，往往对人的手工能力有很高要求，其精度和准确性均存在问题。利用三维扫描和摄影技术制作而成的正射影像图，可作为线划图的输出依据，绘制人员可直接在具有尺寸的正射影像图上勾勒出高精度的线划图，进一步方便了文物线划图的绘制工作。

当然由于普通人员在绘制时缺乏对房基特征的把握，往往还需要考古和艺术人员的参与和完善。在线划图制作中，可借助AutoCAD、Photoshop、Adobe Illustrator等软件，如立面图、剖面图、透视图等，以二维线形式表现房基特征，描述房基基本形状，在线划图上可实现房基基本尺寸量算。参考房基线划图，建立矢量数据库，进行专题信息留存，可为后续保护修复工作提供数据和参考。如图6.12所示。

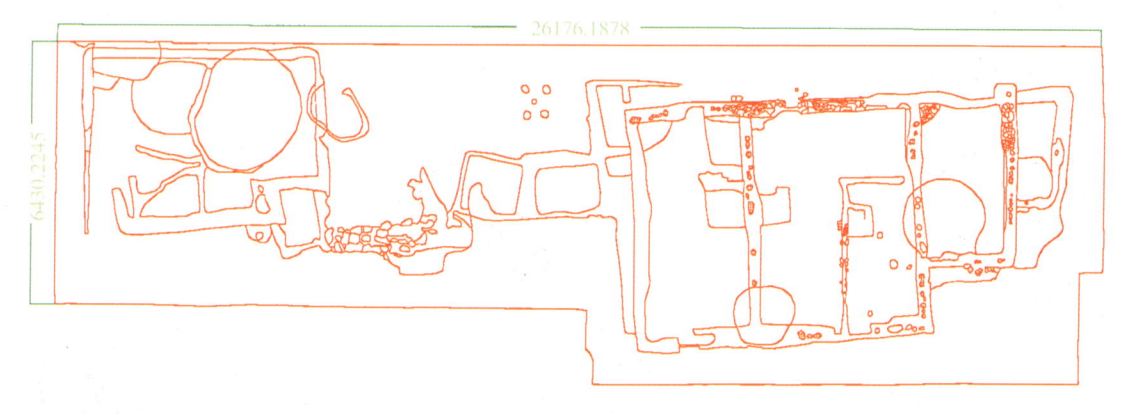

图6.12　房基线画图

第四节　扫描成果

房基数字化信息采集极大地方便了文物修复和文物研究工作，为后续进行保护工作、数字化展示以及勘察研究等提供了详细资料。房基数据采集工作主要包含以下内容：精确获得了被保护文物的位置尺寸信息；精确获得了被保护文物的色彩和饰物信息；制作完成了被保护文物的正射影像图、三维彩色模型；制作完成了被保护文物的点云数据、线划图。如图6.12-6.16所示。

1.点云模型图

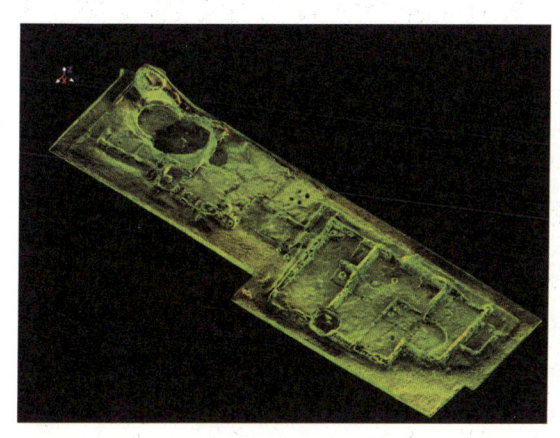

保护前（F1-F9） 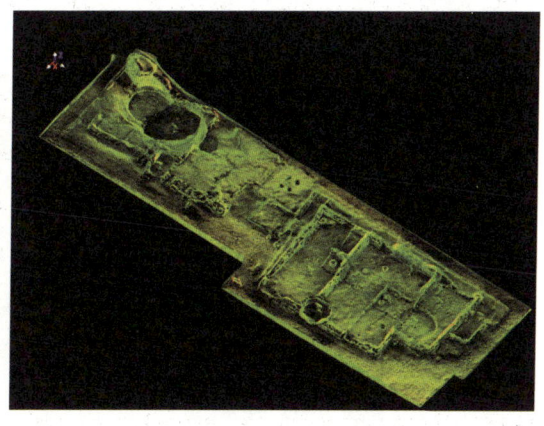　　　　　　　　保护后（F1-F9）

保护前（F1-F4）　　　　　　　　　　　　　保护后（F1-F4）

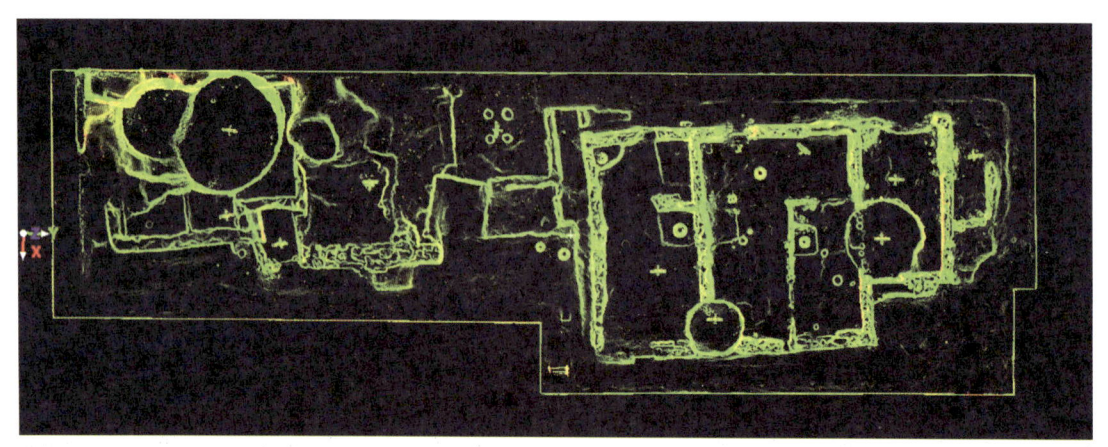

保护前（F1-F9）

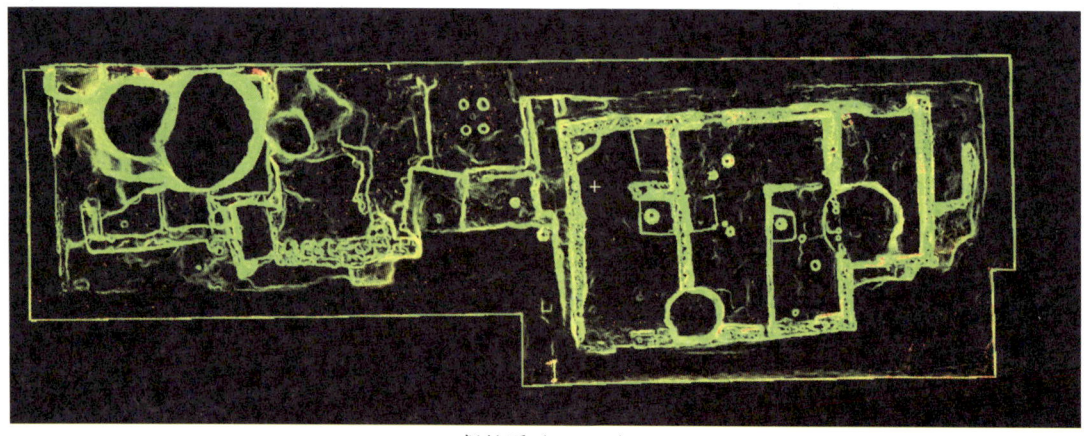

保护后（F1-F9）

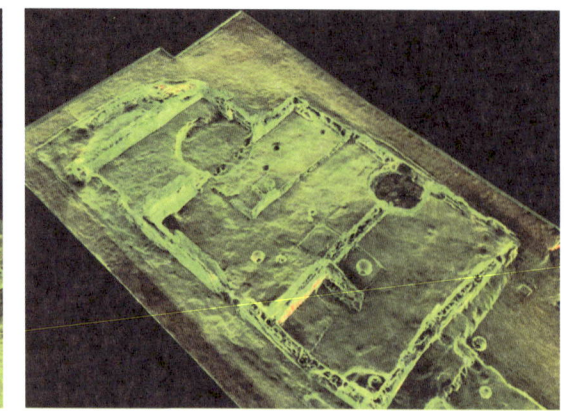

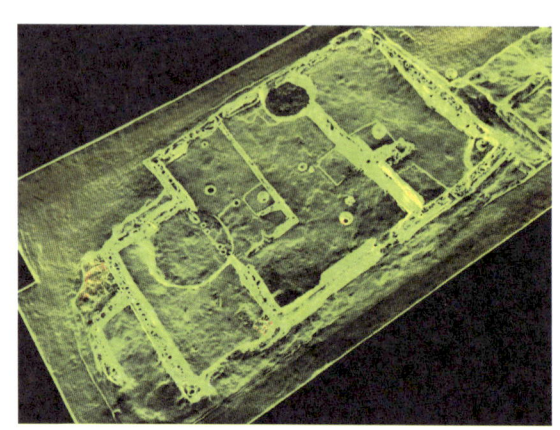

保护前（F1-F9）剖面图

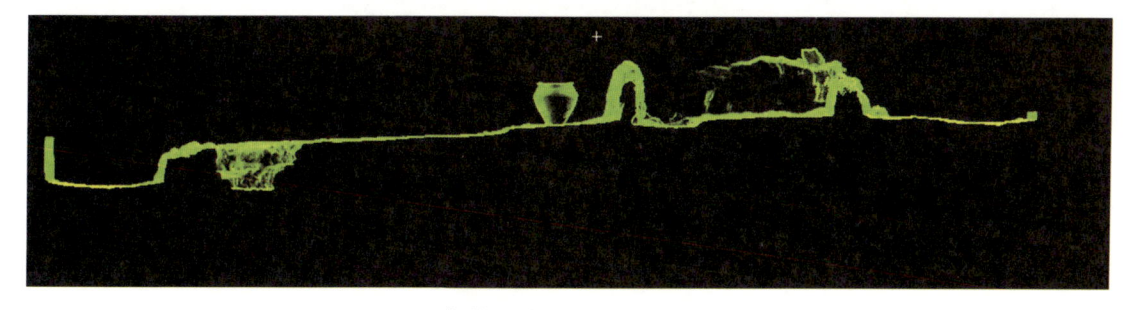

保护后（F1-F9）剖面图

图6.12 三维扫描点云图

2. 房基三维彩色模型对比

保护前　　　　　　　　　　　　　　保护后

图6.13 房基F1-F4保护修复前后

3. 房基正射影像图

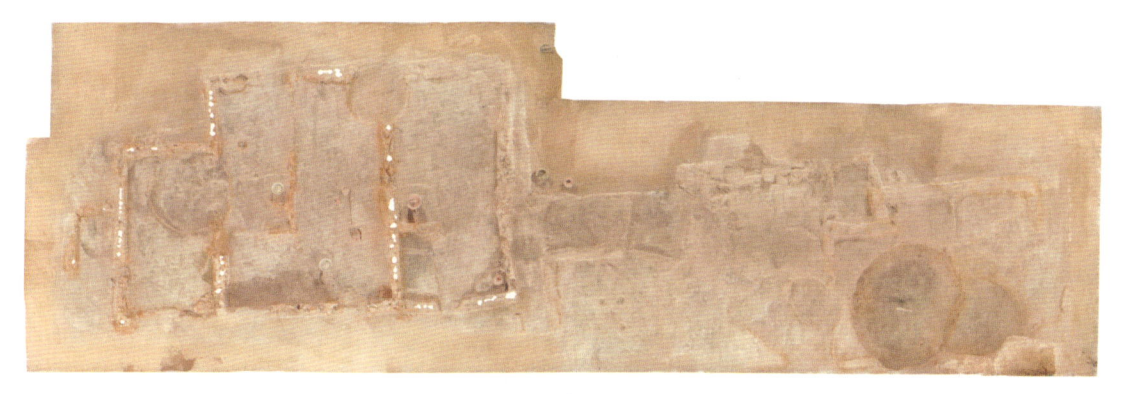

保护前（F1-F9）

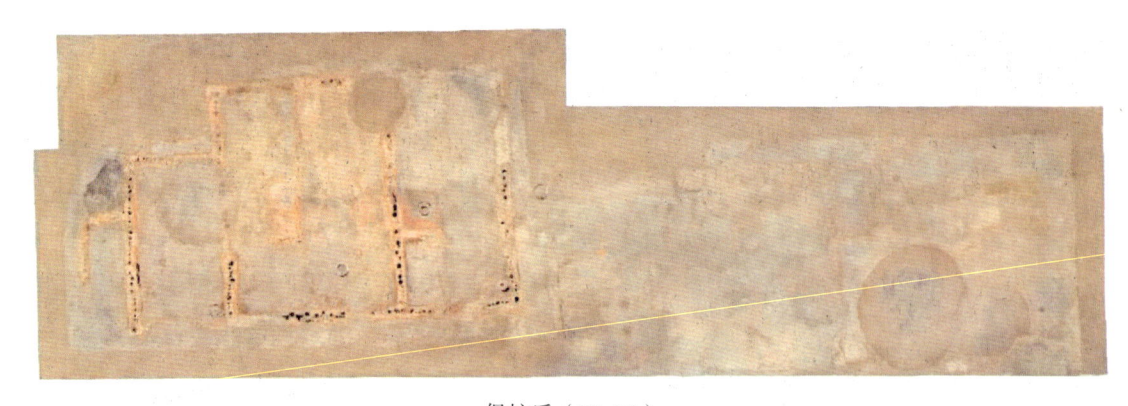

保护后（F1-F9）

图6.14 房基正射影像图

保护前　　　　　　　　　　　　　　保护后

图6.15 房基F1

保护前　　　　　　　　　　　　　　保护后

图6.16 房基F2

第七章

工程组织与管理

根据大河村遗址仰韶文化房基保护加固修复工程的特殊性，在保护施工现场成立了现场项目部，明确项目部成员的任务和责任。为有效协调、管理现场，提高施工技术人员对文物工程的认识和重视，工程项目部制定了施工现场培训、考勤、例会、档案管理、库房管理、文明施工管理、安全生产管理、消防管理、质量管理等制度。

第一节 工程准备阶段管理

1. 保护工程开工审批

1.1 开工申请

按合同或招投标文件编写开工报告申请开工，开工申请报告需附有以下资料：

1）施工组织设计；
2）材料、设备到场情况及材料试验和检测报告；
3）施工组织机构及人员情况；
4）技术交底及施工图会审记录。

1.2 开工审批

1）施工单位向监理单位和建设单位提交开工申请报告申请开工。

2）监理单位和建设单位审核开工申请报告，审查施工单位的开工申请资料是否符合开工要求，并签署意见。

3）开工申请报告审查合格后，由监理单位通报建设单位后签发开工令。如开工申请报告及相关资料审查不合格，由施工单位完善后重新申报。

4）开工申请报告报建设单位上级主管部门备案。

2.保护工程设计交底与图纸会审

2.1 设计交底与图纸会审目的

设计交底与图纸会审是保证房基文物保护工程质量和顺利施工的前提和重要环节。设计交底与图纸会审的目的是确保施工单位和监理单位能够明确设计意图和图纸要求，了解保护材料、工艺、工序、技术性能及施工注意事项等，使其加深对设计文件特点、难点、疑点、关键点的理解，掌握保护工程关键技术和工艺要求，确保保护工程质量。

2.2 设计交底与图纸会审会议的组织及程序

（1）会议组织

设计交底与图纸会审会议在保护工程开工前由监理单位决定开会时间并通知参会单位。会议由设计、施工、监理、建设等单位的项目及技术负责人参加。

会议由建设单位组织，由建设单位项目负责人主持或委托监理单位总监理工程师主持，参会单位分别编写会审记录，由监理单位汇总意见并起草会议纪要，总监理工程师对会议纪要进行签认，并提交建设、设计和施工单位会签。

（2）会议程序

设计单位介绍设计方案：设计单位负责人介绍工程概况、方案设计意图、工程范围、工程内容、技术措施、施工图纸等，重点介绍主要保护材料、技术及工艺要求及施工注意事项等。

各单位对方案及图纸中存在的问题进行质询：参会单位从各自角度校核方案设计说明与图纸相互之间是否存在矛盾和表述不清以及容易产生歧义的情况；工程保护材料、工艺、工序及技术等是否缺少施工说明及是否具有可行性和可操作性。

设计单位答疑：设计单位对各方提出的问题进行答疑。各单位在核查施工图的基础上，将施工图中出现的错、漏、缺等问题在图纸会审中提出，由设计单位负责完善。

问题研究与协调：各单位针对施工过程相关问题进行研究与协调，制订解决办法。监理单位负责书写设计交底和图纸会审纪要，并经建设、设计、施工三方签证。

2.3 设计交底与图纸会审的重点

（1）设计方案及施工图是否完整，设计说明及图纸内容、表达深度是否满足施工需要，保护范围、工程内容、技术和工艺是否明确。

（2）保护材料及工艺等关键点

设计采用的保护技术、材料及工艺是否符合文物保护相关规范的要求，技术应用、材料使用、工艺操作、质量标准等施工要求是否明确或合理，施工现场应用是否可行或具有可操作性。主要保护材料来源有无正常保证，如无法保证能否通过替换来满足设计要求。

（3）保护效果及工程质量检测技术

房基表面污染物清除及检测技术；残缺及脱落区域修补材料、工艺及效果检测技术；

空鼓灌浆材料、工艺及效果检测技术；酥碱粉化加固材料、工艺及效果检测技术等。

（4）设计是否存在通过常规方法不能实现或不便于施工过程控制的技术问题，有无导致质量与安全等方面的问题发生的可能性。

2.4 会议纪要与实施

（1）监理单位将设计交底与图纸会审会议各单位会审记录整理汇总并形成会议纪要。经与会各方签字同意后，该纪要即被视为设计文件的组成部分，发送建设单位和施工单位，抄送有关单位，并予以存档。

（2）如有不同意见通过协商仍不能取得统一时，应报请建设单位商定。

（3）对会审会议上决定必须进行设计修改的，由原设计单位按设计变更管理程序提出修改设计。一般性问题经监理单位和建设单位审定后，交施工单位执行；重大问题报建设单位及上级主管部门与设计单位共同研究解决。

3. 保护工程施工组织设计

3.1 施工组织设计编写原则

文物保护工程施工组织设计编制须遵守"不改变文物原状""最低限度干预"的文物保护原则，并符合下列要求：

（1）符合施工合同或招标文件中关于文物保护工程的进度、质量、安全等要求，重视保护修复工程的质量控制。

（2）坚持科学合理的施工程序和施工工艺，科学配置资源，合理布置施工现场，提高施工的连续性和均衡性，实现文明施工。

（3）坚持"原材料、原工艺、原结构"，采用成熟保护材料、工艺及技术，遵循保护材料与工艺技术要求安排施工时间。

3.2 施工组织设计编制依据

（1）文物保护法律、法规和相关要求。

（2）文物保护有关的标准、规范。

（3）文物行政主管部门批准的工程设计文件及批复意见文件。

（4）工程施工合同及招投标文件。

（5）类似古遗址文物保护修复项目资料、经验和科研成果。

（6）工程施工范围内现场条件、工程地质及水文地质、气象等自然条件。

3.3 施工组织设计编制内容

（1）工程概况

1）工程项目简介：应包括工程项目类型、性质和地理位置，遗址房基文物整体保存现状、价值评估及保护修复史等；工程项目的建设和设计、监理等单位简介等。

2）设计文件简介：应包括遗址房基文物类型、规模及现状，工程范围、内容、技术、材料及工艺，质量要求等。

3）施工条件简介：应包括文物环境气象状况；水文地质情况；文物载体环境情况；实施地交通运输条件及供水、供电能力等。

（2）工程特点、重点、难点分析及应对措施

1）房基因其结构、材料及工艺等特征属脆弱性文物，极易受环境因素和人为因素的影响而损坏。施工前应明确房基结构、材料、工艺等特点及特征，调查分析文物病害类型、危害程度及病害机理等，便于科学精准施工。

2）房基保护工程的重点是掌握影响工程质量和安全的关键材料、工艺、技术等要求。优先采用原材料、原工艺做法及合理措施，保存房基历史信息和价值。新材料和新技术必须经过前期试验证实长期有效后方可使用。

针对房基不同病害类型，制作针对施工工艺的流程样板，包括工序、材料、节点及步骤等，指导施工人员操作。

3）考虑到施工过程房基安全防护及原址保护难度等问题，要提前做好预案或采取相应的措施进行事前控制。

（3）施工部署

1）工程组织机构：建立工程管理组织机构，确定管理人员的工作岗位及职责权限。

2）工程管理目标：根据文物主管部门及施工合同等要求，结合工程项目特点制定工程项目的质量、进度、安全、文明施工等管理目标。

3）施工阶段及顺序：根据工程性质及工程内容，划分施工阶段或施工程序，一般先结构加固后保护修复，确定施工顺序和工艺流程，便于保护程序和施工顺序间相互衔接。施工顺序应符合文物工艺要求，保证施工进度和工程质量。

4）工程例会制度：制订工程（或监理）例会制度，重点解决项目存在的问题，确保工程质量。

（4）施工进度计划

1）按施工合同、施工内容、施工顺序及起止时间进行编制；计划中关键控制点有开工日期、分段完成日期、竣工验收日期等。计划编制应考虑施工环境及天气对材料、工艺及养护时间的影响。

2）采用网络图或横道图表示，并附必要的文字说明。

（5）施工准备与资源配置计划

1）施工准备

施工准备主要包括技术准备、现场准备和资金准备。

技术准备包括施工所需技术资料的准备，主要材料检验、进场复检计划，文物保护样板制作及防护计划等；

现场准备根据现场施工条件和工程实际需要，编制施工现场平面布置计划；

资金准备是根据施工进度计划编制资金使用及保障计划。

2）技术人员配置计划

根据工程量确定施工用工数量，根据施工进度计划编制各施工阶段人力配置计划，并编制技术工人岗前培训和持证上岗计划。

3）材料设备配置计划

根据施工进度计划，确定各施工阶段所需主要材料、设备的种类、数量、使用部位及进场时间。优先选择传统工艺、技术、材料，传统工艺、技术、材料能够满足保护修复要求的，不得使用新技术、新工艺、新材料；使用新技术、新工艺时，应提出技术及管理要求。保护修复质量检测与监测仪器设备配置计划。

（6）施工方案

1）根据设计方案及施工图，按施工内容及施工顺序制定施工技术方案、施工方法和施工要求。

2）针对重要施工高大的异形脚手架的搭设，应有专项设计方案。

（7）施工现场平面布置

1）施工现场平面布置原则

平面布置科学合理，兼顾不同材料、设备、文物残块的存放；施工区域的划分应符合施工部署和施工流程要求，减少相互干扰；能够完好的保护房基及其附属文物；符合施工现场安全文明施工的相关规定和要求。

2）施工现场平面布置图内容

工程施工场地状况；拟保护文物的位置、范围、轮廓尺寸等；布置在施工现场的供电设施等；施工现场必备的安全、消防等设施；相邻的既有建（构）筑物等环境。

（8）文物保护与成品保护措施

根据工程内容、施工现场具体情况及项目特点，采用覆、盖、包、支等技术措施对未保护或已保护区域文物进行临时性保护措施，确保文物与成品安全的具体措施，防止施工过程文物损坏、文物污染等。

（9）施工资料管理

1）依据国家或地方有关规定进行编制，配备专职资料员，负责施工资料的收集、整理工作。

2）施工资料应包括管理资料、技术资料、物资资料、质量验收资料等；施工资料应实行报验、报审管理。

3）施工资料应实行科学信息化管理。

（10）主要施工管理计划

施工管理计划指在技术、经济和管理方面对保证工程质量、进度、成本、安全等目标而采取的方法和措施。主要包括进度管理、质量管理、安全管理、成本管理等，实际编制时可根据工程实际情况进行编制。

1）进度管理

围绕施工进度计划编写，从组织、技术、经济等方面制定进度管理措施。建立进度管理组织机构，建立项目控制动态管理机制和控制措施，确定施工进度控制点，保证进度目标的顺利实现。

2）质量管理

明确工程施工质量目标和管理要求，建立工程质量管理的组织机构，明确职责分工，制定现场质量管理制度、技术保障措施和质量预防控制措施，进行事前控制，保证工程质量目标的实现。

3）安全管理

安全管理包括施工安全和消防安全等，明确工程安全管理目标，建立安全管理组织机构，明确职责分工。建立有针对性的安全施工管理制度和职工安全教育培训制度；制定施工安全、消防安全、文物安全、人员安全等保证措施，侧重事前控制。

4）文明施工管理

明确项目文明施工管理目标，建立文明施工管理的组织机构，明确职责分工；针对工程项目特点而制定的文明施工与现场环境保护的控制措施。

（11）施工组织设计审核

1）施工组织设计应由施工单位负责主持编制，施工单位技术负责人内部审核。

2）施工单位报监理单位审核，经总监理工程师审核同意后，报业主单位认可后实施。如有修改意见，监理单位签发书面意见并退回施工单位修改，修改后再申报审核。

3）重点、难点分部（分项）工程和重大专项工程应编制专项施工技术方案，由施工单位技术部门组织专家评审论证，并由施工单位技术负责人审核。

第二节 保护工程施工现场管理

1. 施工现场安全管理

1.1 安全管理目标

施工现场安全管理目标是消除和减少施工过程中的人员和文物安全事故，保证施工人员和文物的安全。主要包括消除和减少人员的不安全行为；减少和消除文物、材料设备存在的不安全状态和隐患；控制影响施工人员和文物安全的因素及条件，避免因管理不当造成人员和文物安全受到影响。

在整个施工过程中，始终坚持"保护为主、抢救第一、合理利用、加强管理"的文物保护方针，坚决杜绝危害施工安全、人员安全和文物安全的事故发生，加强施工现场安全防护工作，强化对施工人员的安全教育，在施工现场出入口设置明显的警示牌，确保施工现场与外界环境相互隔离，施工人员在安全可靠的环境下施工，有力确保了在整个施工过程中安全无事故。

（1）施工现场安全生产管理制度

（2）施工现场保卫、消防管理制度

1.2 安全管理控制措施

针对房基遗址文物保护工程的特点制定安全保证计划及安全技术措施，确保安全目标的实现。安全计划的内容包括：控制目标、组织机构、职责权限、规章制度、资源配备、安全措施等。

（1）人员安全管理

1）上岗培训（技术及安全培训）

建立健全管理、技术及施工人员岗前管理、技术及安全教育培训管理制度。开工前进行岗前培训，持证上岗。制定岗前培训计划，明确培训内容、培训时间、授课人员、培训方式等。培训时间不少于4课时，内容应包括文物保护法律法规、文物保护基本理论原则、与工程相关的文物行业技术标准、规范和政策文件等；文物防火防盗、安全施工和文明施工要求；业主单位的特殊要求等。

2）安全防护

采取有效的防护设施，为施工人员提供符合要求的防护用具、用品。施工现场应结合季节及环境特点，做好施工人员饮食卫生和防暑降温、防寒取暖、通风通气等各项工作。

（2）文物安全管理

施工过程对房基及地坪进行防护、支护或预加固，接触面采用柔性材料，防止造成二次破坏；做好施工工序和工序安排，后道工序不得对后面工序造成影响。

本工程为遗址的保护，项目部必须制定相应的保护措施。

1）文物保护组织管理措施。

2）对房基遗址的保护措施。

3）现场项目部要求施工技术人员严格按照施工过程秩序和顺序，做好已完工部分的保护，保证不出现交叉施工造成的新污染与损坏。

4）组织实施：明确管理人员及相关人员的职责，加强组织管理，对于人员容易接触的部位用科学有效的方式进行保护，避免造成损坏。

（3）消防安全管理

施工现场消防安全工作应贯彻"预防为主、防消结合"方针，健全防火组织，认真落实防火安全责任制。

消防安全负责人在每次工作例会对施工现场消防安全工作开展情况进行总结，讲解消防安全知识，组织施工人员开展消防演练，学习消防器材的使用方法和消防安全自救等。

施工现场的垃圾应及时清理，材料、工具应合理放置，确保消防通道畅通。

1）施工现场建立健全防火安全制度。

2）施工现场应配备足够的消防器材。

3）施工现场使用的电器及仪器设备必须符合防火要求，临时用电系统必须安装过载保护装置。严禁超负荷使用电器设备。

4）施工现场材料存放、使用应符合防火要求，易燃材料应专库储存，并有严格的防火措施；易燃材料作业时，要有具体的防火要求和措施。

5）施工现场使用的安全网必须符合防火要求，不得使用易燃、可燃材料。

6）施工现场向施工人员进行消防安全教育和培训。

7）消防器材配备要求：施工现场每100平方米配备2只10L灭火器；施工材料存放间每25平方米配备一只灭火器，材料应按性质分类分库存放。灭火器应摆放在明显和便于取用的位置。

（4）现场临时用电管理

严格按照建设部颁发的《施工现场临时用电安全技术规范》，指定具有相应资质的专业电工负责施工现场临时用电的管理。现场使用的电气线路及设备需经验收合格后才可使用；施工现场所使用的包括手动电动工具在内的各种电器设备、设施必须符合安全生产要求，电器工具由专人使用、管理、检查、维护，确保电气设施设备时刻保持正常工作状态。各类配电箱、控制箱应完整好用，并做到人走电断。

（5）库房管理

按照施工方案、方法，确定各种施工用料，做出进料、加工清单；按进度计划做好采购计划；需要外加加工订货的材料提前订货，确定进场期限；主要物资在采购前核实厂家资质，需要取样进行试验的，经试验合格后再订货。进场后对需要复试的进行复检验，质量证明应同时到位。

1）材料入库必须由负责人验收签字，不合格材料决不入库，材料管理员必须及时对不合格材料办理退货手续。

2）保管员必须清点后方可入库，登记进账。填写材料入库单，同时录入电子文档备查。

3）材料账册必须有日期、入库数、出库数、领用人、存放地点等。现场的材料、设备及不能入库的材料要清点清楚，做好防护，防止环境污染。

4）仓库内材料应分类存入堆放整齐，有序，并做好标识管理。并留有足够的通道。

5）酒精、丙酮等材料自身挥发性强，易燃易爆，应与其他稳定性较好的材料分开存放，将其放置在通风性好的室内；需经常检查以避免鼠害及人为损坏。

6）仓库存放的材料必须做好防火、防潮工作。仓库重地严禁闲杂人员入内。

7）实行谁领用谁保管的原则，如有损坏，及时联系材料员维修或更换。

（6）安全检查管理

安全检查制度是清除隐患、防止事故、改善施工条件的重要手段，是安全施工工作的一项重要内容。通过安全检查可以及时发现施工过程中的危险因素，以便有计划采取措施，保证安全顺利施工。其安全检查的主要类型有：

1）全面安全检查；

2）经常性安全检查；

3）专业或专职安全管理人员的专业安全检查；

4）重点安全检查，主要查管理、查隐患、查整改、查事故处理。

2. 施工现场文明施工管理

2.1 文明施工目标

文明施工是施工单位形象的直接反映，是项目组织管理能力的综合体现，是施工进度、质量、安全的基础保证。文明施工目标是严格执行文明施工管理标准，严格按照有关文明施工的规定实施，争创安全文明样板工地。

文明施工是完成各大指标的前提，是项目部组织管理能力的综合体现，是施工进度、质量、安全的基础保证。切实地制定文明施工管理措施，做到施工组织文明、施工秩序文明，确保整个施工活动的文明，确保优质、高效、顺利地完成施工任务，提高施工人员的文物安全意识，从根本上确保文明施工及文物安全。尤其是本工程位于大河村遗址博物馆内，必须严格执行文明施工管理标准，严格按照有关文明施工的规定实施，争创安全文明样板工地。

（1）现场悬挂文物保护标识牌。

（2）向施工人员传阅文物保护相关文件及书籍。

（3）多次在保护工程现场进行文物安全宣传教育。

2.2 文明施工要求

（1）规范场容、场貌，保持施工环境整洁卫生。施工现场要做到工完场清、垃圾不乱弃，努力营造良好的施工作业环境。

（2）施工现场应当做到围挡、标牌标准化、安全设施规范化、施工人员文明化。

（3）现场实施封闭或开放管理。

（4）施工现场明显处设置"五牌一图"，即工程概况牌、管理人员名单及监督电话、消防保卫牌、安全施工牌、文明施工牌和环境保护牌及施工现场总平面图。

3. 施工现场进度管理

3.1 进度管理目标

施工进度管理是一个动态管理过程，进度管理的目标是通过控制措施以实现工程的进度目标。

3.2 进度控制措施

在保护修复项目计划执行过程中，由于组织、管理、经济、技术、资源、环境和自然条件的影响，往往会造成实际进度与计划进度之间的偏差，如果不能及时纠正偏差，将影响进度目标的实现。因此，在项目实施过程中，可根据实际情况控制调整项目进度，以达到预定进度目标。

（1）施工进度控制的组织措施

组织是目标能否实现的决定性因素，为实现工程的进度目标，应充分建立健全工程项目管理组织机构，由专人组织负责进度控制，根据实际需要调整资源配置。

（2）施工进度控制的管理措施

建立施工进度动态管理机制，及时纠正施工过程中的进度偏差。进度计划必须严谨分析和考虑各个施工阶段及工序间的逻辑关系，寻找关键点及关键路线，实现进度控制的科学化和信息化。

（3）施工进度控制的经济措施

资金需求计划和人力、物力的需求计划反映了工程实施各阶段所需的资源。通过分析资源需求，可发现编制进度计划实现的可能性。因此，经济措施是进度控制的主要措施。

（4）施工进度控制的技术措施

针对工程施工进度计划，按施工内容划段分析，确定关键节点，确保完成阶段性目标计划和最终工期目标。针对不同施工阶段的工艺特点、难点、重点，制定专项施工方案和施工方法，保证项目施工进度的目标。

3.3 进度检查与调整

（1）施工进度的检查

施工进度应按定期和不定期进行检查，主要检查工程量完成情况、检查工作时间的执行情况、检查资源使用及进度保证情况、检查前次进度计划，以及检查提出问题的整改情况等。

（2）施工进度的调整

根据检查存在的问题，在确保工程质量和安全的前提下，调整施工进度计划，主要包括施工工序、施工方法、资源配置等。

3.4 工程进度的控制

工程进度的快慢直接关系到工程项目能否按期竣工和投入时间使用问题。首先按照设计方案编写总进度计划，并报监理单位、业主审核同意后，严格按照总进度计划施工，发现偏差及时适当调整劳动力、设备、材料、资金等，确保工程按计划进行。施工过程中未出现人为怠工、停工等现象，工程进度基本满足施工合同的要求。保证施工活动的秩序，保证各道工序的一次性验收合格，不返工，不窝工，不影响关键技术线路的进度。

4. 施工现场质量管理

建立健全质量目标和质量保证组织检查机构，对施工过程影响工程质量的各种因素进行全面的动态控制，重点是施工材料、施工技术、施工工艺、施工工序等全过程控制和检查。

工程开工到竣工，隐蔽工程检查、监理抽查主体所含各分项工程质量验收合格，质量控制资料完整，安全及工程检验和抽验检测结果符合要求，观感质量验收合格；未出现质量事故及返工等现象。

4.1 质量管理目标

施工质量目标是"达到国家现行施工质量验收规范合格标准"。制定严格的质量控制措施、文物保护措施，做到"精心组织、精心施工"。

4.2 质量控制措施

（1）按设计施工

本次工程严格按照审核通过的设计方案和施工组织设计要求实施，施工前组织全体人员认真熟悉加固保护工程设计，熟悉各种施工工艺和操作规程，将可能出现的技术问题及施工质量问题解决在动手之前，保证施工顺利。

重视技术交底：施工前做好技术、质量、安全交底工作，使全体施工人员按方案设计施工，责任小组做好详尽的施工操作日志。

（2）施工材料质量控制

施工材料的质量直接影响到整个工程的质量，在施工过程中严把材料质量关。

严格按照施工方案选取材料，配制加固材料及严格控制材料浓度，每组在配制材料时严格遵守库房管理制度并做好使用记录，为避免一人操作造成浓度不准，配制材料时应不少于2人，并由现场管理员在现场监督，做到科学的管理和控制。

1）材料进场检查

按设计要求购置材料，进场材料或产品要严检质量合格证、检测报告等。如设计方案中的施工材料购买不到或者已经停产，则可通过设计变更经过确认后更换为文物保护中常用的且在同类项目中效果较好的保护材料，经确认后方可实施。主要材料检验、进场复检工作计划应根据国家规范、设计要求及工程规模、进度等实际情况制定。

2）材料使用质量控制

对材料性能、质量标准、使用范围和对施工方法要充分了解。现场配制的材料，应严格按照施工图或方案要求进行配置，经试配检验合格后才能使用。

重要结构或部位的材料，由专人核对及认证材料的品种、规格、型号、性能等，是否适合工程特点和满足设计要求等。

3）施工过程材料质量检验

施工过程材料检测项目和指标应根据国家现行相关标准，设计文件和施工质量控制的需要确定。施工过程材料质量检测试样，除按施工工艺制作模拟试样检测外，可从施工现场相应施工部位抽取自检或送检。材料抽检样应具代表性，检验方法应符合相应的材料质量标准与管理规程。

如修补材料密度、收缩性、强度等物理力学性质；灌浆材料的粘度、流动性、固结性、收缩率、强度等物理力学性质；加固材料色差、渗透性、加固强度等性能指标。

（2）施工技术质量控制

1）施工技术控制

施工方案和施工技术严格按照设计文件、施工图细化编制及相关国家行业施工技术、规范施工。施工过程中严格执行质量要求系列行准，确保质量。

2）施工工艺控制

施工工艺质量控制是施工阶段质量控制的重点。施工工艺细化到每道工序、每个部位，分项、分部工程及单位工程。通过技术交底和学习，施工管理和技术人员充分熟悉和熟练施工工序和工艺，确保工程质量。控制手段主要有检查、测试、试验、跟踪监督等。

4.3 质量检查控制

（1）质量检查

实行定期工程质量检查制度，消灭质量隐患。质量自检、互检、专检，隐蔽工程检验、质量事故（隐患）报告处理制度等，并贯穿于施工全过程，使工程质量始终处于受控状态。

项目技术负责人对每个工序进行不间断、不定期的检查，技术小组成员对每道工序完成情况进行检查并做好记录。资料收集小组在工序检查验收时留取视频、照片等资料，做到每道工序有据可查。

（2）质量检测

配备先进的试验、测量设备仪器，加强质量试验、测量复核制度。

（3）施工前做好试验段

施工前做好"试验段"，经甲方、监理、专家验收合格后，再统一进行大面积或主要部位施工。杜绝野蛮施工，严格施工工艺与施工方法，禁止随意性。

（4）严格控制质量检测程序

各项施工的每道工序均作100%自检、100%互检和100%抽检，最后由监理验收检查，待自检、监理检测合格后进入下道工序。

与监理单位河南东方文物建筑监理有限公司进行紧密合作，在整个工程质量控制上共同努力，对施工全过程进行监督检查。每个分项、分部工程施工前应提交监理方有关的施工方案，听取监理的意见，积极配合监理工作。现场项目部根据实际情况制定的制度及变更情况、月完成各项工程完成情况，施工日志及安全日志及时地与监理单位报告、沟通。

第三节　施工资料保护修复档案

按照《文物保护工程文件归档整理规范》（WWT 0024-2010）等，保护工程施工资料及保护修复档案建设贯穿了保护修复工作整个过程。

1. 施工资料收集原则

（1）及时性

及时性是指施工资料对文物保护修复过程的真实有效反映，因此必须按照施工阶段及施工进度及时收集。

（2）真实性

真实性指施工资料必须实时求是，客观准确。特别对于隐蔽工程，为了保证工程质量，修复过程中预检、隐检资料更应该保证其真实性。

（3）准确性

准确性直接反映了工程质量的可靠性，对工程技术的准确记载是后期查询、工程质量问题追责的重要依据。

（4）完整性

完整性是做好工程技术保证资料的基础，完整的资料是日后复原、修复等后续施工、研究等工作有力证据。修复施工基本资料应包括：立项相关的程序、审批等资料，施工资料，验收资料等。

2. 施工资料收集内容

（1）现状调查资料

按照实际工作内容做出格式规整的文物现状调查报告。

（2）病害研究技术资料

包括病害研究涉及的分析检测、模拟实验等相关数据、照片、结论等资料。

（3）保护修复材料和工艺筛选技术资料

包括保护修复材料的性能试验、材料筛选试验，与材料相适应的保护修复工艺筛选试验相关数据、照片、模拟实验、结论等。

（4）方案资料

记录保护修复设计及施工方案正式文本、方案的批复文件。

（5）保护修复日志

应对保护修复全过程作详细记录。主要包括文物保护单位名称或其单体名称、编号、保护修复人员、修复日期、工作区域、工作内容、使用材料、工艺、操作条件、现状描述、工作小结、存在问题及其他相关信息等。由保护修复人员根据实际工作情况填写使用材料，工艺主要记录技术方法和操作步骤。操作条件主要记录仪器设备和操作环境信息等。在保护修复过程中，如遇到方案设计时需技术变更的情况，应详细记录其现象和原因。

（6）影像资料

记录房基保护修复工作中，对清理、排盐、粘结、灌浆、修补、加固等技术实施过程，以及修复前原状与修复后现状所采集的影像资料，包括视频、照片等。

（7）验收资料

按照《全国重点文物保护单位文物保护工程竣工验收管理暂行办法》整理验收资料，主要包括工作报告、技术报告、自评估报告、验收意见等。

（8）图纸资料

为实现设计阶段与施工阶段间的对应关系，收集设计及施工阶段的设计图纸与施工图纸，竣工后绘制竣工图纸。

第八章
房基预防性保护建议

预防性保护概念的最早提出主要是针对博物馆文物环境的控制，其后扩展至文物的宏观决策、场馆建设、展厅与库房设置，以及对文物采取的整体环境、保存展示小环境的控制，甚至到文物提取、包装、安全保卫措施等。随着文物保护理念的发展，预防性保护概念进一步扩展至文物保护的整个领域。从国家政策层面，国家明确指出文物保护由抢救性保护向抢救性与预防性保护并重、由注重文物本体保护向文物本体与周边环境整体保护并重转变。古遗址保护作为我国文化遗产保护的一个重要领域，由抢救性保护逐渐向预防性保护转变，也越来越得到重视。古遗址的预防性保护、监测评估体系建立，以及风险管理等成为古遗址保护面临的新课题。

预防性保护是指通过防护和加固的技术措施和相应的管理措施减少灾害发生的可能、灾害对文物古迹造成损害、以及灾后需要采取的修复措施的强度。预防性保护的目的在于当影响因素达到对文物造成损伤的程度前，能及时提醒管理者采取行动清除或缓解该影响因素，将未来可能存在的文物风险降低到最小。在预防性保护中，最常见的引起文物老化的因素，包括光照、温湿度、污染、虫害等环境因素，通过预防性保护的手段，为文物创造出一个非常合适的保存环境，避免文物由于被侵蚀而遭受损害，达到长期保护的目的。

房基预防性保护是针对将要产生的病害或失稳状况采取的相应保护措施，主要包括环境监测与控制、临时保护措施和日常管理养护三个方面。房基的保护是个长期性工作，应定期进行观察，根据病害情况和发展趋势提出相应的保护措施，如控制环境的温度、湿度、保持环境清洁，切断对房基有危害的因素等。在日常管理养护中可以从建立环境监测系统、日常维护、加强遗址管理等方面着手。

1. 保存环境监测与控制

（1）环境监测

监测是预防性保护的基础。无论是环境控制还是日常养护，都离不开基于各种技术手段的监测。根据现场调研，做好对文物所处的环境因素（如空气质量、温湿度）与文物本体的监测工作，明确监测点、监测方法、监测技术、监测频率、监测数据处理等，促进建立以预防性保护为主的保护模式。

通过监测可以及时发现遗址房基劣化趋势，分析病害产生的原因，进而采取相应的防护措施，消除或遏制劣化的发生和发展。遗址监测包括展厅区域环境监测、房基微环境监测、房基本体监测、游客监测等。

根据监测数据显示，2019年遗址房基内最高温度为29℃，最低温度为-5℃，平均温度为7℃。最高相对湿度为95%，最低相对湿度为57%，平均相对湿度为78%。

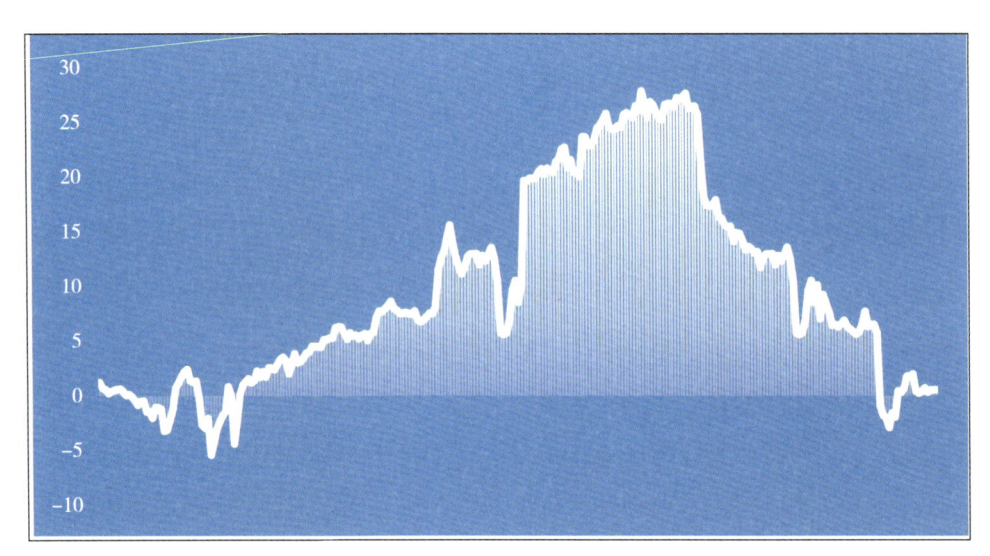

图8.1 2019年遗址温度变化统计

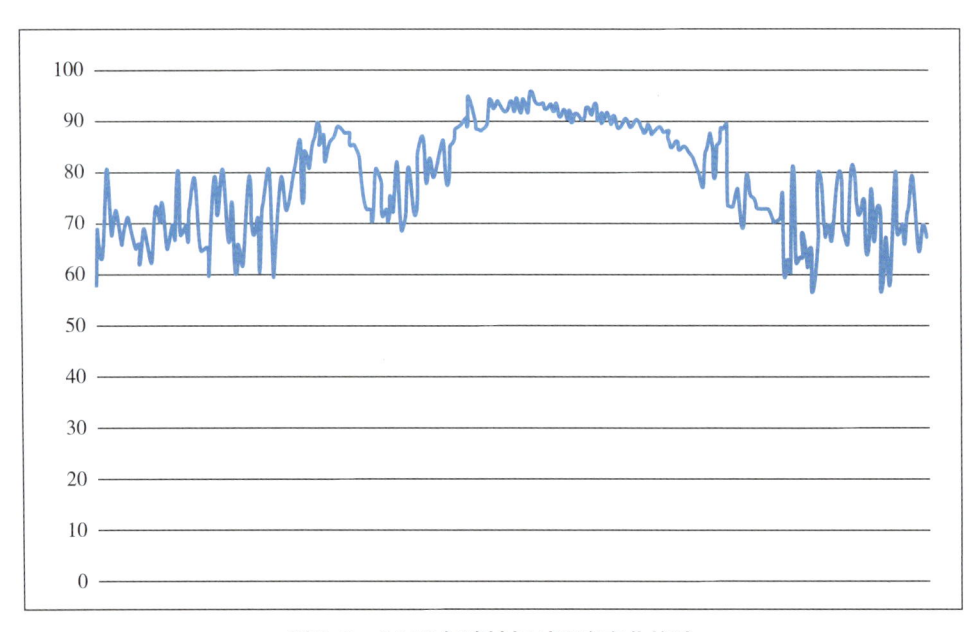

图8.2 2019年遗址相对湿度变化统计

（2）环境控制

根据监测结果，研究保存环境与遗址病害的关系，分析遗址破坏因素，从而进行遗址保存环境的调控。

遗址博物馆温湿度的控制主要依靠中央空调系统控制，但由于中央空调受到展厅环境、参观人流量以及外界大气环境的影响，往往很难精确控制。可适当控制参观游客人数，减少观众呼出的CO_2和自身的热量原因导致的湿度升高问题。可建立空气幕，通过空气幕将文物环境与游客环境分隔开，在不影响文物及游客参观的前提下保护文物。对于光环境，应减少不必要的照射时间，尽可能安装红外感应调光系统或使用冷光灯或光纤灯，降低光辐射影响。控制空气污染对遗址的影响，可在空调通风口过滤有害气体。

博物馆展厅通过整体的环境控制以保证遗址保存环境的稳定性，对遗址展厅保存环境控制的建议如表8.1所示。

表8.1 遗址房基展厅保存环境标准

项目		单位	控制指标
温度		℃	20±5
湿度		%	55±5
光辐射	照度	Lux	≤150Lux
	曝光量	Klx·h	≤200 Klx·h
	紫外辐射	μW/1m	使用无紫外线光源
有害气体	二氧化硫	μg/m³	0.05
	二氧化氮	μg/m³	0.08
	一氧化碳	μg/m³	4.00
	臭氧	μg/m³	0.12（1小时平均浓度限值）
	可吸入颗粒物	μg/m³	0.12
微生物（沉降法、个/皿）			≤75

2. 日常保养维护

日常保养维护是预防性保护理念的根本体现，是及时化解外力侵害可能造成损伤的预防性措施。

加强遗址房基的日常巡查与季节性保养性工作。做好房基遗址的防霉、防虫工作；防止尘土、柳絮在遗址表面的沉降。

3. 加强遗址管理

遗址管理的目的是为了保护，使其尽量减少损失或破坏。减少展厅内的震动，防治房基遗址因较大震动导致的坍塌。

PART 05

第五部分

总结篇

大河村遗址仰韶文化房基保护修复研究

第九章
房基（F1-F9）保护工程总结

红烧土类文物指过火的考古遗址、遗迹和遗物，被大火烧烤后表面颜色从微红色到红色的考古遗迹或遗物的土块或土体。国内红烧土类遗址多地区均有分布，大致包括新石器时代陶窑遗址、新石器时代中期红烧土排房房基遗址、东汉后期瓷窑遗址等，比如湖北枝江市关庙山遗址、安徽蒙城县尉迟寺遗址、淅川沟湾遗址、京山县屈家岭遗址、新郑仓城东周铸铁遗址、兖州王因大汶口文化考古遗址、含山县凌家滩遗址、茶陵独岭坳遗址、吴江县龙南遗址等。由于红烧土文物所处的自然环境和自身材质性质原因，大部分遗址已回填保护，多数原址展示的红烧土遗址易出现开裂、剥离、粉化等病害。

经过研究发现，红烧土材料的特征是组成土的矿物颗粒呈现出部分被烧结而没有玻璃化的状态，属多孔材料，具有风化后强度降低的特征。过火红烧土在自然因素作用下易粉化，可采用物理或化学加固增加其强度，延缓其老化破坏。通过采取一定的措施对土遗址进行保护，延缓土遗址的劣化并尽可能的延长其寿命，这对于当前和将来的研究都具有非常重要的意义。目前，采用现代的测试方法、表征技术以及材料合成手段，许多文物保护工作者针对风化、病害、冻融、风蚀等问题已经初步实现了破坏机理的研究，并提出相应保护措施，尤其是防风化材料、修复材料、灌浆材料的研究。另外，采用锚固技术对墙体进行锚固也已取得初步成果。根据文物保护"最少干预"的原则，文物保护中应尽量使用传统的（或同时期的）材料和工艺，这一理念已经在全世界考古研究领域达成共识。

大河村遗址仰韶文化房基（F1-F9）考古发掘后即进行原址展示，未进行系统保护，受自然环境、保存环境及地下毛细水的影响，红烧土墙体出现泛白、开裂、粉化现象，严重者墙体发生脱落、垮塌等；历史上因地下毛细水作用，高湿环境下房基墙体及地坪表面苔藓、藻类及霉菌等生物滋生严重，加重房址的劣化，这些病害影响房基的外观完整性、稳定性、安全性和艺术性，严重影响房基的长期保存和展示。

2015年，郑州市大河村遗址仰韶房基（F1-F9）本体保护加固立项书获国家文物局批复。2017年，中国文化遗产研究院编制的《河南省郑州市大河村遗址仰韶房基（F1-F9）本体保护加固方案》通过河南省文物局（豫文物保[2017]号）的批复。为了更好地保护大河村遗址房基，保护工程前期结合物理、化学、生物、地质、测绘等多学科理论方法，对房基建筑材料、工艺、病害特征、病害机理、病害危害性及保存环境进行分析与评估；针对房基现存病害，综合文物保护学、材料学、物理学及化学等学科力量开展房基红烧土保护关键技术研究，进行实验室和现场保护加固材料、技术及工艺筛选试验等，通过保护效果评估选出了保护加固效果好、兼容性强且适应现场保存环境的保护材料和工艺。墙体红烧土剥离及空鼓病害采用水硬性石灰添加红烧土粉配制灌浆材料进行灌浆加固；墙体红烧土剥落病害采用水硬性石灰添加红烧土粉配制修补材料进行修补加固；墙体红烧土酥碱粉化病害先进行脱盐再用氟硅材料进行渗透加固，以提高墙体表面强度，增加其稳定性和抗风化能力。采用科学技术手段来对房基墙体进行保护加固修复，提高房基墙体的强度，同时建设房基本体及房基保存环境的监测系统，对保存环境进行实时监测、控制及预警，防止房基墙体病害的继续发展，保证房基墙体在目前保存环境条件下的安全性和稳定性。

2018年10月，中国文化遗产研究院承担了大河村遗址仰韶房基F1-F9本体保护加固工程，河南东方文物建筑监理有限公司作为监理单位，保护工程于2019年10月完成，2020年12月正式通过竣工验收。房基保护修复工程主要内容包括房基表面积尘、粉化物及苔藓霉菌死亡体等清除；墙体脱落、移位或碎裂的红烧土块的归位粘结加固；墙体空鼓和剥离等灌浆加固；墙体开裂裂隙补缝修补；墙体表面脱盐处理；墙体坍塌及掏蚀区域修补加固；墙体红烧土酥碱粉化渗透加固；房基窖穴保护加固。利用精细测绘获得了房基全要素三维模型，为价值研究、虚拟修复、科学展示、后期跟踪监测等工作奠定了坚实基础。

为确保遗址房基的保护效果，施工单位前期进行了试验性保护加固和修复，通过现场材料配比和工艺的大量适用性论证试验，有效保证了技术、材料与工艺的科学性和可行性。保护遵循材料兼容性和耐久性原则，利用传统无机材料作为胶结材料，使传统材料、工艺和技术得到科学化应用，增加材料的耐久性和稳定性。采用兼容性强的传统材料水硬性石灰添加考古发掘的红烧土粉配制灌浆材料进行空鼓区域灌浆加固，增加其稳定性；采用修补材料作为"牺牲性材料"进行房基墙体结构残缺不稳定区域修补加固，保证原红烧土不再劣化；采用有机氟硅材料对红烧土粉化区域进行加固，增加强度，保证墙体的稳定性。保护工程施工后安装环境监测系统开展实时监测，并采用色差、硬度计、热成像仪等多种设备进行保护效果检测评估，经过长期保护效果跟踪监测和检测，遗址保护区域较稳定，保护修复效果较好，保护措施有效地防止或减缓了房基的劣化速度，保证了房基在目前保存环境条件下的安全性、完整性和稳定性。

在竣工完成到验收一年多时间里，遗址房基经历了四季气候波动，未出现任何收缩开裂等现象，充分展现了施工质量的可靠性。仰韶文化房基保护修复工程，是目前国内重要的红烧土遗址保护修复项目，在保护修复工作中开展的研究与探索、改进与创新，为同类型遗址的保护修复提供了可靠的借鉴了依据。同时在组织管理、质量控制、档案建设等方面，为遗址的保护修复和可持续研究提供保障，另外，保护工程为遗址博物馆培养了1名保护修复人员，为其未来开展日常性保护工作储备了力量。

附　件　房基F1-F4保护修复档案表

1.仰韶文化房基F1保护修复档案			
1.1基本信息			
房基时代	仰韶文化第三期	外形尺寸	南北长约5.2m，东西宽约4m，面积约20.8m^2
基本情况	房基F1位于F2和F3之间，与F2是同时建筑，共用一墙。房基西南角和东墙的中部分别被仰韶文化第四期的灰坑H11和龙山早期的灰坑H12打破，周围墙壁高低不同，大部分还保存着一定高度。房基东、西、北三面墙壁保存较好，高约0.5~1.05m，厚约0.26~0.36m。房基北墙中段和东墙北段都保存高约1m，南墙保存较差，高约仅0.2 m，南墙内侧发现附加有厚约0.1m的两段曾修补过内墙，修补部分东段长约0.9 m，西段残长约1.3 m，宽约0.1~0.15 m，残存高度与南墙相同。房内地坪基本平坦，地势西北部略高于东南部。		
1.2病害类型			
房基F1形制保存较为完整，房屋内组成结构清晰可见。尤其是北墙保存较好，西墙与套间的隔墙坍塌严重。整个房基墙体主要存在红烧土块松动、坍塌、开裂、酥碱粉化、盐析等病害。			
 墙体红烧土块脱落	 墙体红烧土开裂		 烧火台碎裂
1.3保护修复措施			
保护措施主要有房基表面积尘、粉化物、坍塌土及柱洞等清理、盐析排盐、坍塌或掏蚀区域修补加固、脱落断裂移位红烧土块的归位粘结加固、红烧土酥碱粉化渗透加固、裂隙修补等。			
（1）房基积尘、粉化物、霉菌死亡体的清除			
采用毛刷、竹刀等物理方式对房基表面及柱洞等积尘、酥碱粉化、苔藓霉菌及墙体柱洞内杂物等进行清理。			
工程范围	房基表面积尘、粉化土、盐壳等杂物	材料工具	物理清除，毛刷、洗耳球、吸尘器等
工程措施	毛刷清除—洗耳球吹—小型吸尘器—2A溶液清洗		
 毛刷除尘	 洗耳球除尘		 小型吸尘器除尘

| 除盐壳 |  柱洞除尘 |  柱洞除尘 |

（2）墙体盐析排盐处理

针对房基盐析区域采用排盐材料进行排盐处理，并检测排盐前后盐含量、成分及排盐材料水溶液的电导率变化以评估排盐效果。

工程范围	房基墙体盐析及粉化区域	材料工具	排盐纸浆
工程措施	清洗—涂排盐材料—养护—清除—效果检测			

| 敷纸 |  敷纱布 |  润湿 |
|  敷排盐材料 |  养护 |  去掉排盐材料 |

（3）房基墙体坍塌或掏蚀区域修补加固

采用水硬性石灰添加红烧土粉及助剂配制的修补材料，对房基墙体坍塌或掏蚀等影响结构稳定性的区域进行修补，增加墙体的稳定性。

工程范围	墙体坍塌、掏蚀及脱落等区域	材料工具	水硬性石灰添加红烧土粉及助剂配制的修补材料
工程措施	清理—润湿—修补—养护—效果检测			

| 除尘 |  润湿 |  修补 |
|  修补 |  修补 |  修补 |

（4）墙体脱落、移位及碎裂红烧土块的归位粘接

采用水硬性石灰作为粘结材料，添加红烧土粉及助剂配制的粘结材料，根据脱落、移位、碎裂等红烧土块的位置进行归位粘结。

工程范围	墙体红烧土块碎裂、脱落及移位等区域	材料工具	水硬性石灰添加红烧土粉及助剂配制的粘结材料
工程措施	编号—清理—润湿—涂粘结材料—原位粘结—支护—养护—效果检测			

支护揭取	 清理	 润湿
 断裂粘结	 涂粘结材料	 归位粘结

（5）墙体开裂、裂隙的灌浆修补加固

采用水硬性石灰添加红烧土粉及助剂配制的灌浆和修补材料对墙体开裂、空鼓及剥离等区域进行灌浆和修补加固，充填开裂、空鼓及剥离等区域，增加墙体的完整性和稳定性，防止开裂、空鼓和剥离土体的继续开裂和脱落。

工程范围	墙体空鼓、剥离、开裂及裂隙等区域	材料工具	水硬性石灰添加红烧土粉及助剂配制的修补和灌浆材料
工程措施	清理—润湿—灌浆或修补—养护—效果检测			

除尘	 清理裂隙	 润湿
 插灌浆管	 灌浆	 修补

（6）墙体酥碱粉化墙体的渗透加固

采用有机氟硅材料进行房基红烧土体渗透加固，增加红烧土的整体强度，防止房基墙体的继续风化。

工程范围	房基墙体粉化区域	材料工具	氟硅材料
工程措施	清理—渗透加固—养护		

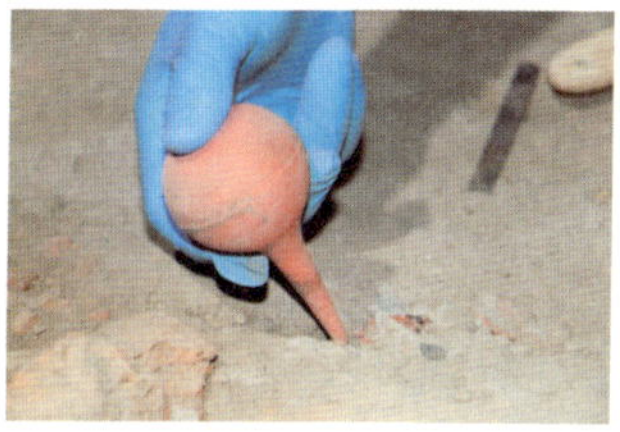

清理	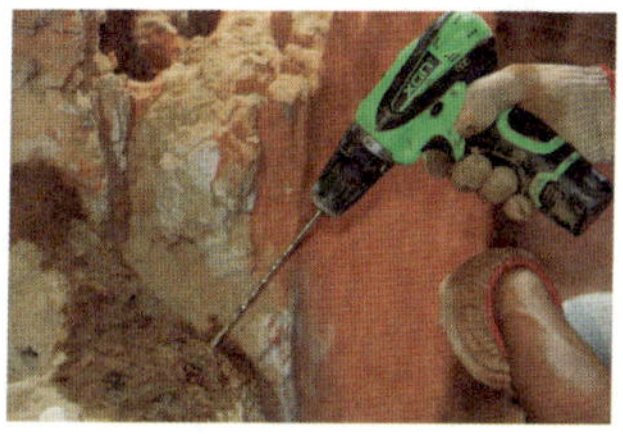 钻孔	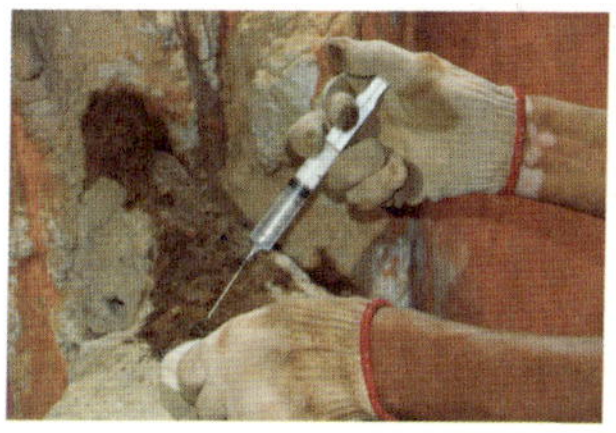 加固

（7）柱洞的修补

工程范围	房基墙体柱洞	修补及加固材料	水硬性石灰修补材料及氟硅材料
工程措施	清理—渗透加固—修补–养护		

吸尘器清除	 表面清理	 修补前润湿
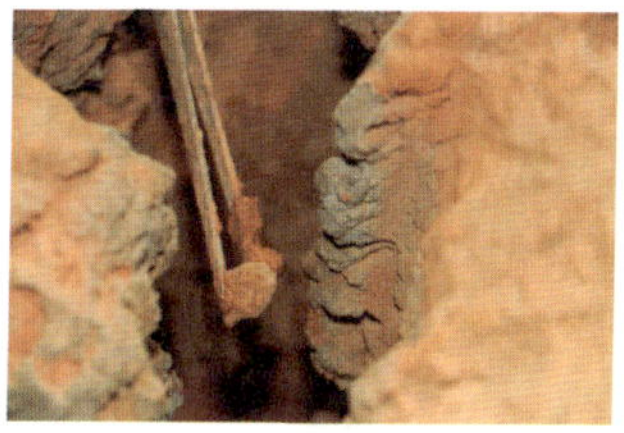 归位	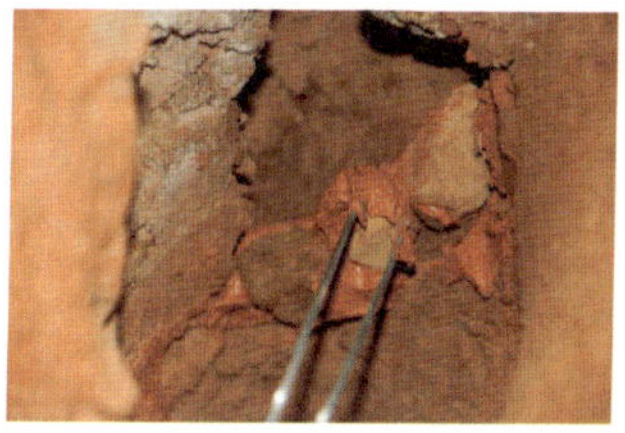 粘接	 修补

（8）房基烧火台的修补

工程范围	房基内烧火台	修补及加固材料	水硬性石灰修补材料及氟硅材料
工程措施	清理—渗透加固—修补–养护		

清理	 润湿	 修补
 裂隙除尘	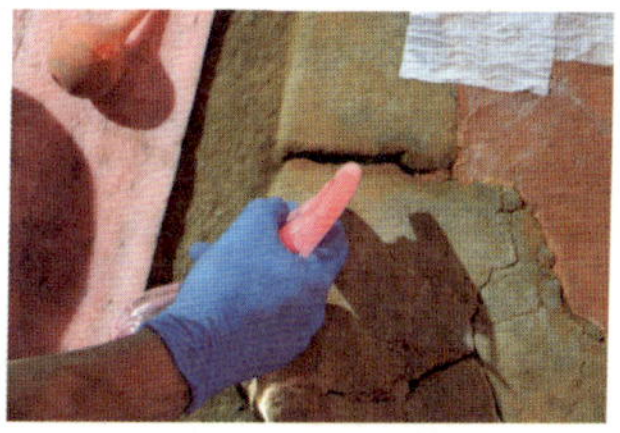 裂隙润湿	 裂隙修补

1.4 保护修复效果

保护前

保护后

保护前

保护后

保护前

保护后

保护前	保护后
保护前	保护后
保护前	保护后

2. 仰韶文化房基F2保护修复档案

2.1 基本信息

房基时代	仰韶文化第三期	外形尺寸	南北长约5.39m，东西宽约2.64m，面积约14.23m²
基本情况	\multicolumn{3}{l|}{F2位于F1的西侧，两者同时建筑，中间共用一墙，即F2的东墙为F1的西墙。F2平面呈长方形。房基的东南角被仰韶文化第四期H11打破。房门向南，位于南墙中部偏西，门宽约0.5m。东、西两侧门口的墙壁呈方形，底部无门坎。北墙和西墙保存较好，残高约0.5~0.74m。南墙保存较差，残高仅0.05m，三面墙宽约0.24~0.35m。西墙中部向室内倾斜较甚。在南墙内房门东、西两侧，曾加固修补一道厚约0.1m左右未经火烧的附加土墙，房门的东侧保存较高，约0.05m左右，西侧大部分被损坏。房内地势北高南低，特别是偏南部分有较明显的向南倾斜现象。西、北、南三面墙内有圆形、椭圆形和不规则形的柱洞56个。柱洞直径和间距与F1相似。墙内有横木，但未发现芦苇束痕迹。}

2.2 病害类型

房基F2形制保存较为完整，东、西墙坍塌严重。房基墙体主要存在松动、坍塌、开裂、酥碱粉化、盐析等病害。

红烧土块移位、松动	 红烧土粉化	 墙体裂隙

2.3 保护修复措施

保护措施主要有房基表面积尘、粉化物、坍塌土及柱洞等清理、盐析排盐、坍塌或掏蚀区域修补加固、脱落断裂移位红烧土块的归位粘结加固、红烧土酥碱粉化渗透加固、裂隙修补等。

（1）房基积尘、粉化物、霉菌死亡体的清除

采用毛刷、竹刀、吸尘器等物理方式对房基表面及柱洞等积尘、酥碱粉化、盐壳及柱洞内杂物等进行清理。

工程范围	房基表面积尘、粉化土、盐壳等杂物	材料工具	物理清除，毛刷、洗耳球、吸尘器等
工程措施	\multicolumn{3}{l|}{毛刷清除—洗耳球吹—小型吸尘器—2A溶液清洗}

毛刷除尘	 小型吸尘器除尘	 除盐壳

（2）墙体盐析排

针对房基盐析区域采用排盐材料进行排盐处理，并检测排盐前后盐含量、成分及排盐材料水溶液的电导率变化以评估排盐效果。

工程范围	房基墙体盐析及粉化区域	材料工具	排盐纸浆

| 工程措施 | 清洗—涂排盐材料—养护—清除—效果检测 |

|  敷纱布 |  敷排盐材料 |  养护 |

（3）房基墙体坍塌或掏蚀区域修补加固

采用水硬性石灰添加红烧土粉及助剂配制的修补材料，对房基墙体坍塌或掏蚀等影响结构稳定性的区域进行修补，增加墙体的稳定性。

| 工程范围 | 墙体坍塌、掏蚀及脱落等区域 | 材料工具 | 水硬性石灰添加红烧土粉及助剂配制的修补材料 |
| 工程措施 | 清理—润湿—修补—养护—效果检测 |

|  毛刷清理 |  吸尘器清理 |  移位土块确定位置 |

|  涂抹粘接材料 |  归位 |  修补 |

（4）墙体脱落、移位及碎裂红烧土块的归位粘接

采用水硬性石灰作为粘结材料，添加红烧土粉及助剂配制的粘结材料，根据脱落、移位、碎裂等红烧土块的位置进行归位粘结。

| 工程范围 | 墙体红烧土块碎裂、脱落及移位等区域 | 材料工具 | 水硬性石灰添加红烧土粉及助剂配制的粘结材料 |
| 工程措施 | 编号—清理—润湿—涂粘结材料—原位粘结—支护—养护—效果检测 |

|  洗耳球清除 |  土块润湿 |  粘接面润湿 |

| 涂抹粘结材料 |  归位粘结 |  修补 |

（6）墙体开裂、裂隙的灌浆修补加固

采用水硬性石灰添加红烧土粉及助剂配制的灌浆和修补材料对墙体开裂、空鼓及剥离等区域进行灌浆和修补加固，充填开裂、空鼓及剥离等区域，增加墙体的完整性和稳定性，防止开裂、空鼓和剥离土体的继续开裂和脱落。

工程范围	墙体空鼓、剥离、开裂及裂隙等区域	材料工具	水硬性石灰添加红烧土粉及助剂配制的修补和灌浆材料
工程措施	清理—润湿—灌浆或修补—养护—效果检测		

| 洗耳球清理 |  清理裂隙 |  润湿 |
|  补缝 |  清理多余修补材料 |  修补 |

（7）墙体酥碱粉化墙体的渗透加固

采用有机氟硅材料进行房基红烧土体渗透加固，增加红烧土的整体强度，防止房基墙体的继续风化。

工程范围	房基墙体粉化区域	材料工具	氟硅材料
工程措施	清理—渗透加固—养护		

| 清理 |  加固 |  加固 |

（8）柱洞的修补

工程范围	房基墙体柱洞	修补及加固材料	水硬性石灰修补材料及氟硅材料
工程措施	清理—渗透加固—修补–养护		

吸尘器清理	 毛刷清理	 修补前润湿
 涂抹粘接材料	 归位	 修补

（9）房基烧火台的修补

工程范围	房基内烧火台	修补及加固材料	水硬性石灰修补材料及氟硅材料
工程措施	清理—渗透加固—修补–养护		

吸尘器清理	 修补前润湿	 补缝
 归位	 缺失区域	 挡火墙修补

2.4 保护修复效果

保护前

保护后

| 保护前 |
|  保护后 |

保护前	 保护后
 保护前	 保护后
 保护前	 保护后
 保护前	 保护后

3. 仰韶文化房基F3保护修复档案

3.1 基本信息

房基时代	仰韶文化第三期	外形尺寸	南北长约3.7 m，东西宽约2.1 m，面积约7.8 m²
基本情况			F3位于F1的东侧，为二次扩建。它利用F1的东墙，其他三壁是二次扩建时新建的。平面呈长方形。房门向北，设在北墙中部，门宽0.5m，底部用灰黏土筑有门坎，门坎高0.1m，宽0.19m。F3的南墙和东墙保存较好，残高约0.5m，宽0.3m。北墙保存较差，残高0.1m，有些地方仅能看出痕迹。F3的南、东两面墙共有柱洞33个，其中南墙10个，东墙23个。北墙未发现柱洞。柱洞直径很小，一般为0.05~0.08m。南墙西半部被龙山早期H12打破北边一半。在打破的断面上有三道横木痕迹，横木直径0.05m，上下间距0.1m。

3.2 病害类型

房基F3形制保存较为完整，尤其是南墙保存最为完整，能看到房基的工艺，东、西墙坍塌严重，但西墙能明显看到墙体为多层的痕迹，东墙基本完全坍塌。整个房基主要存在墙体存在红烧土块坍塌、多层剥离、酥碱粉化、盐析等病害。

红烧土块移位、松动	 红烧土粉化	 墙体多层剥落

3.3 保护修复措施

保护措施主要有房基表面积尘、粉化物、坍塌土及柱洞等清理、盐析排盐、坍塌或掏蚀区域修补加固、脱落断裂移位红烧土块的归位粘结加固、红烧土酥碱粉化渗透加固、裂隙修补等。

（1）房基积尘、粉化物、霉菌死亡体的清除

采用毛刷、竹刀、吸尘器等物理方式对房基表面及柱洞等积尘、酥碱粉、盐壳及柱洞内杂物等进行清理。

工程范围	房基表面积尘、粉化土、盐壳等杂物	材料工具	物理清除，毛刷、洗耳球、吸尘器等
工程措施	毛刷清除—洗耳球吹—小型吸尘器—2A溶液清洗		

毛刷除尘	 吸尘器除尘	 除盐壳

（2）墙体盐析排

针对房基盐析区域采用排盐材料进行排盐处理，并检测排盐前后盐含量、成分及排盐材料水溶液的电导率变化以评估排盐效果。

工程范围	房基墙体盐析及粉化区域	材料工具	排盐纸浆
工程措施	清洗—涂排盐材料—养护—清除—效果检测		

|  敷纱布 |  敷排盐材料 |  养护 |

（3）房基墙体坍塌或掏蚀区域修补加固

采用水硬性石灰添加红烧土粉及助剂配制的修补材料，对房基墙体坍塌或掏蚀等影响结构稳定性的区域进行修补，增加墙体的稳定性。

工程范围	墙体坍塌、掏蚀及脱落等区域	材料工具	水硬性石灰添加红烧土粉及助剂配制的修补材料
工程措施	清理—润湿—修补—养护—效果检测		

|  清理 |  润湿 |  预加固 |
|  修补面润湿 |  涂抹粘接材料 |  补缝 |

（4）墙体脱落、移位及碎裂红烧土块的归位粘接

采用水硬性石灰作为粘结材料，添加红烧土粉及助剂配制的粘结材料，根据脱落、移位、碎裂等红烧土块的位置进行归位粘结。

工程范围	墙体红烧土块碎裂、脱落及移位等区域	材料工具	水硬性石灰添加红烧土粉及助剂配制的粘结材料
工程措施	编号—清理—润湿—涂粘结材料—原位粘结—支护—养护—效果检测		

|  移除剥离墙层 |  毛刷清理 |  粘接面润湿 |
|  移位墙层润湿 |  涂抹粘接材料 |  粘接面涂抹粘接材料 |

 回贴		 裂隙灌浆	 补缝

（6）墙体开裂、裂隙的灌浆修补加固

采用水硬性石灰添加红烧土粉及助剂配制的灌浆和修补材料对墙体开裂、空鼓及剥离等区域进行灌浆和修补加固，充填开裂、空鼓及剥离等区域，增加墙体的完整性和稳定性，防止开裂、空鼓和剥离土体的继续开裂和脱落。

工程范围	墙体空鼓、剥离、开裂及裂隙等区域	材料工具	水硬性石灰添加红烧土粉及助剂配制的修补和灌浆材料
工程措施	清理—润湿—灌浆或修补—养护—效果检测		

 洗耳球清理	 清理缝隙	 润湿
 预加固	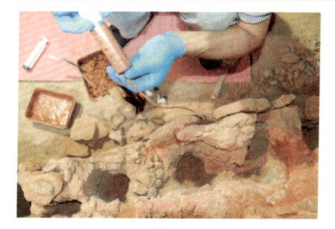 灌浆	 灌浆

（7）墙体酥碱粉化墙体的渗透加固

采用有机氟硅材料进行房基红烧土体渗透加固，增加红烧土的整体强度，防止房基墙体的继续风化。

工程范围	房基墙体粉化区域	材料工具	氟硅材料
工程措施	清理—渗透加固—养护		

 毛刷清理	 洗耳球清除	 加固

（8）柱洞的修补

工程范围	房基墙体柱洞	修补及加固材料	水硬性石灰修补材料及氟硅材料
工程措施	清理—渗透加固—修补–养护		

| 毛刷清理 |  洗耳球清理 |  缝隙清理 |
|  粘接面润湿 |  断裂土块粘接 |  修补 |

3.4 保护修复效果

保护前

保护后

保护前

保护后

保护前	保护后
保护前	保护后
保护前	保护后

4. 仰韶文化房基F4保护修复档案

4.1 基本信息

房基时代	仰韶文化第三期	外形尺寸	南北长约2.57~3.13m，东西宽约0.87m，面积约2.5m²。
基本情况	\multicolumn{3}{l|}{F4位于F3东侧，同属于扩建。它借用F3的东墙，平面呈梯形。房内向北，位于北墙的中间，门宽约0.5m。北墙和东墙北半部破坏较甚，墙壁仅显痕迹，东墙南部和南墙保存较好，残高约0.3cm，宽约0.18~0.25m。房内地坪也较粗糙。发掘时房内无遗物，仅发现墙壁上有两处烟熏痕迹和大量的灰烬。另外在南墙外F3东墙的拐角处放有一堆木炭。由于F4面积较小，室内又有烟熏痕迹和房外大量的木炭堆积，故此，推测该房基是用来保留火种用的。}

4.2 病害类型

房基F4形制保存较为完整，主要存在墙体存在松动、坍塌、开裂、酥碱粉化、盐析等病害。

红烧土块移位、松动	 红烧土粉化	 墙体多层剥落

4.3 保护修复措施

保护措施主要有房基表面积尘、粉化物、坍塌土及柱洞等清理、盐析排盐、坍塌或掏蚀区域修补加固、脱落断裂移位红烧土块的归位粘结加固、红烧土酥碱粉化渗透加固、裂隙修补等。

（1）房基积尘、粉化物、霉菌死亡体的清除

采用毛刷、竹刀、吸尘器等物理方式对房基表面及柱洞等积尘、酥碱粉、盐壳及柱洞内杂物等进行清理。

工程范围	房基表面积尘、粉化土、盐壳等杂物	材料工具	物理清除，毛刷、洗耳球、吸尘器等
工程措施	\multicolumn{3}{l|}{毛刷清除—洗耳球吹—小型吸尘器—2A溶液清洗}

毛刷除尘	 小型吸尘器除尘	 除盐壳

（2）墙体盐析排

针对房基盐析区域采用排盐材料进行排盐处理，并检测排盐前后盐含量、成分及排盐材料水溶液的电导率变化以评估排盐效果。

工程范围	房基墙体盐析及粉化区域	材料工具	排盐纸浆
工程措施	清洗—涂排盐材料—养护—清除—效果检测		

 敷纱布	 敷排盐材料	 养护

（3）房基墙体坍塌或掏蚀区域修补加固

采用水硬性石灰添加红烧土粉及助剂配制的修补材料，对房基墙体坍塌或掏蚀等影响结构稳定性的区域进行修补，增加墙体的稳定性。

工程范围	墙体坍塌、掏蚀及脱落等区域	材料工具	水硬性石灰添加红烧土粉及助剂配制的修补材料
工程措施	清理—润湿—修补—养护—效果检测		

 毛刷清除浮土	 吸尘器清除	 预加固
 支护修补	 缝隙修补	 修补

（4）墙体脱落、移位及碎裂红烧土块的归位粘接

采用水硬性石灰作为粘结材料，添加红烧土粉及助剂配制的粘结材料，根据脱落、移位、碎裂等红烧土块的位置进行归位粘结。

工程范围	墙体红烧土块碎裂、脱落及移位等区域	材料工具	水硬性石灰添加红烧土粉及助剂配制的粘结材料
工程措施	编号—清理—润湿—涂粘结材料—原位粘结—支护—养护—效果检测		

 毛刷清理	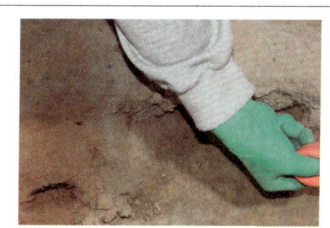 洗耳球清理	 润湿

| 涂抹粘结材料 | 归位粘结 | 修补 |

4.4 保护修复效果

保护前

保护后

保护前

保护后

保护前

保护后

保护前

保护后

PART 05 第五部分 总结篇

| 保护前 |
| 保护后 |
| 烧火遗迹保护前 | 烧火遗迹保护后 |
| 保护前 | 保护后 |

保护前	保护后
保护前	保护后

参考文献

[1]廖永民.大河村遗址的发掘与研究[J],中原文物,1989（3）：20-26.

[2]郑州市文物工作队,郑州市大河村遗址博物馆.郑州大河村遗址1983、1987年发掘报告[J],考古学报,1996（1）：111-142.

[3]郑州市博物馆.郑州市大河村遗址发掘报告[J],考古学报,1979（3）：301-374.

[4]张闯辉.大河村遗址仰韶时代晚期遗存研究[D],吉林大学,2008.

[5]张开广.郑州地区仰韶文化遗址空间模式研究[D],解放军信息工程大学.

[6]李乃胜,王吉怀,毛振伟等.安徽蒙城县尉迟寺遗址红烧土排房建筑工艺初步研究[J].考古,2005（10）：76-82.

[7]陈显泗,戴可来.从大河村房基遗址看原始社会房屋的建筑[J].郑州大学学报（哲学社会科学版）,1978（02）：89-90.

[8]闫海涛,周双林.过火考古土遗址理化性能与其过火温度的关系[J].河南城建学院学报,2018,27（2）：26-34.

[9]严富华,麦学舜,叶永英.据花粉分析试论郑州大河村遗址的地质时代和形成环境[J].地震地质,1986,8（1）：69-74.

[10]李最雄,王旭东,郝利民.室内土建筑遗址的加固试验-半坡土建筑遗址的加固试验[J].敦煌研究,1998,4：144-150.

[11]陈立信.郑州大河村仰韶文化的房基遗址[J].考古,1973,6：330-336.

[12] 李乃胜.凌家滩红烧土遗址建筑基础初探[J].中国文物科学研究,2008,（3）：64-66.

[13]郑州市文物考古研究所.郑州大河村[M],北京：科学出版社,2001.

[14]邓宏.无线传感网络技术在文化遗产保护领域的应用[J].文物保护与考古科学,2011,23（3）：60-65.

[15] WANG Pengfei, FENG Tao, LIU R onghua. Numerical simulation of dust distribution at a fully mechanized face under the isolation effect of an air curtain［J］.Mining Science & Technology,2011,21（1）：65-69.

[16]詹长法.预防性保护问题面面观[J].国际博物馆,2009（3）

[17]中共中央办公厅,国务院办公厅.关于加强文物保护利用改革的若干意见.2018.

[18]国际古迹遗址理事会中国国家委员会.中国文物古迹保护准则[Z].2015.

[19]西北农业大学主编.土壤学[M],西安：农业出版社,1996：71-72.